国家哲学社会科学基金特别委托项目

责任单位：文化部民族民间文艺发展中心

全国艺术科学规划重大项目
国家哲学社会科学基金特别委托项目
「十二五」国家重点图书出版规划项目

中国节日志编辑委员会 中国节日志·萨玛节课题组
名誉主编 周巍峙 主编 雒树刚 本卷主编 吴定勇

中国节日志·萨玛节

光明日报出版社

热依拉·达吾提　徐万邦　高丙中　高占福　陶立璠　萧　放　康玉岩
康保成　梁力生　董晓萍　朝戈金　蔡　华　廖明君　樊祖荫　潘剑凯

办公室

主　任：李　松（兼）

副主任：王　静　邱邑洪　朱飞跃

成　员（按姓氏笔画）：

王　彦　古　全　刘静颐　闫东东　许　政　孙　豪　杨晓南　张帆
张　烨　范　彬　耿永辉　高　颖　崔　然

《中国节日志》编辑部

主　任：张　刚（兼）

副主任：王学文　许雪莲　崔　阳（常务）

成　员（按姓氏笔画）：

马秋晨　张诗尧　苗丽燕　黄　莺　龚梓健　蓝广胜　魏　玮

《中国节日志·萨玛节》课题组

顾　问：张　勇

主　编：吴定勇

成　员：吴文志　龙　政

本卷评审专家（按姓氏笔画）：
石开忠　杨正文　杨进铨

责任编审：石开忠

编辑部责任编辑：崔　阳

凡例

一、《中国节日志》的"节日"，主要指中国各民族、各地区的民间传统节日、庆典、祭会等，是具有群体性、周期性，以及相对稳定的内容和程式的特殊时日。

二、《中国节日志》的内容时限不设上限，下限为编纂者调查时间。

三、《中国节日志》在文献梳理与实地调查并重的基础上，依据科学、客观、具体、全面、规范的原则撰写，同时兼顾民族、区域差异，力争全面反映节日的历史和现状。

四、《中国节日志》以单独节日立卷，由综述、志略、调查报告、后记等部分构成。其主要构成及功能如下：

(一) 综述：记述节日名称、分布区域，所在地区的自然生态和历史文化背景；叙述该节日的起源、传承、流布、变迁、组织、地区差异及现状等；简述节日活动的基本内容和过程；在本土文化语境中说明节日的意义和功能。

(二) 志略：根据节日的一般构成，按照节日时空、节日组织、节日缘起、仪式活动、表演艺术与口头传统、游艺娱乐、节日用品、节日文献等类别，分别设置本类别概说，其下根据节日的具体情况设置条目，对于各类别间交叉重叠之处，同时注明参照关系。

(三) 调查报告：以亲历、实录为原则，根据节日情况，由具体时间地点的节日调查报告及专题性调查报告两类构成，以完整记录调查点基本信息和节日过程。

(四) 后记：介绍各卷编撰者分工、调查过程、方法及其他需要说明的事项等。

总序

节日文化，总是牵动着人们关于生活的记忆和怀念。

家庭、长辈、同伴、乡亲、乡情，家乡连带着童年的欢乐与顽皮、长者的庄严与慈祥，好像留给人们一种无法释怀的文化记忆，节日总是与美好连接，与传统相通。庄严时，仪式伴随着敬畏与伦理，是期待和秩序，是未来的希望与祝福；祥和时，它令人淡忘生活的艰辛，把尊严和快乐送到所有角落；狂欢时，它恣意释放，给突破约束的本能找到出口。总之，节日使生命具有更丰富的节奏和更多的美感，也使社会在张弛之间更加富有弹性而变得温馨。正是这种切身的节日文化感受，标示了节日文化在人类社会文化中不可替代的作用。也正因为如此，节日成为全人类生活的必需。不同的文明体系里，不同的社会发展阶段中，人们都不约而同地创造着多姿多彩的节日文化，也正是这种美好的创造，使人类社会得以在节日中露出会心的微笑。

作为社会文化关系的纽带和文化传承创造聚集的联结点，节日成为文化研究者观察文化表象，洞悉文化内涵，了解时代变迁，收集各种文化符号，探寻文化深层结构的切入点。社会学、人类学、民族学、民俗学、艺术学等人文学科对节日研究的关注，不仅是学术方法论的建构，更是以人为本，关注民生的学术责任所在。随着社会生产能力的提高，城市化、城镇化进程的推进和人们劳动剩余时间增长，节庆中的创造力越来越反映着社会生活的多元化文化需要，对传统节日的研究，更是成为从理念到方法上提高现代公共文化服务水准的基础工作。

作为一个文化艺术领域的"老兵"，或思考文化，或感受艺术，或体验文化艺术与大众生活的和谐，或了解民众的创造和需要，节日这个绚丽多彩的"舞台"，总是让我流连忘返；感叹其创造的智慧，观察其变迁的纠结，总是让我受益匪浅。故很愿意尽一点绵薄之力，为从事文化研究的专家和有志于此的后来者提供一点方便。因此有了《中国节日志》这样的学术聚集，也有了我这个"老头"在这里的几句唠叨。想的是传统与未来的和谐，也算是国家文化建设与社会进步的一砖一瓦，不敢言志在千里，但十分期待《中国节日志》能够成为典籍，能够在中华文明的长河中留下一点印记，以无愧于我们的历史和未来，这当然要仰仗所有参与者的辛勤和智慧。

有幸与诸公为伍，共襄盛举，很是有些不合时宜的兴奋。算是一个老人的祝愿吧。是以为序。

周巍峙

2013年12月（癸巳年甲子月）·北京

目录

综述 **001**

一、萨玛节界定、名称及分布 003

二、节日分布地区的自然生态和历史文化背景 007

三、节日的起源、传承与流布 021

四、节日的变迁、地区差异及流行现状 032

五、节日活动的基本内容和过程 038

六、节日之于地方日常生活的意义和功能 041

志略 **049**

一、节日时空 051

节期 051

村、寨、格 052

萨坛 053

鼓楼 055

堂瓦 056

风雨桥 057

戏台 057

寨门 058

干栏木楼 059

田坝 061

土地庵 062

水井 062

二、组织 **063**

寨老 063

管萨人 065

主祭 066

陪祭 067

提篮人 067

嘎萨吟唱者 068

芦笙队 068

耶队 069

大歌队 069

点炮人 070

三、节日缘起 **071**

萨玛 071

土地崇拜（社神崇拜） 071

杏妮 073

冼夫人 073

四、仪式活动 **074**

开门扫祭 074

鸡骨卜 075

走阴 077

公祭请萨 078

赐萨玛茶 079

转寨巡游 080

祭田 082

萨堂祭拜 084

萨坛哆耶 085

杀牲 086

献生 086

献熟 086

会餐 087

为也 087

规约禁忌 089

五、表演艺术与口头传统 **090**

侗戏 090

芦笙舞 092

萨岁歌 093

哆耶 093

侗族酒歌 094

侗族大歌 095

侗族情歌 097

萨玛传说 098

六、游艺娱乐 **100**

斗牛 101

对大歌 101

演侗戏 102

行歌坐夜 102

宴客 103

七、节日用品 104

萨玛茶 104

安坛经典 105

鸡骨卜典籍 105

卦 106

法铃 106

铜锣 107

列萨 107

萨岁歌抄本 108

大歌抄本 108

侗戏抄本 108

腌鱼 109

三牲 109

米酒 110

串串肉 110

红肉 111

瘪 111

侗族烧鱼 112

酸汤鱼 113

鱼生 113

白煮鸡（鸭、鹅）..114

火锅..114

侗果..115

糯米糍粑..115

油茶..116

炒米..117

寨老服饰..117

侗族传统服饰..118

侗族银饰..119

芦笙..120

鼓楼木鼓..122

铁炮..123

铁铳..124

鞭炮..124

晌午饭包..125

红蛋..126

牟..126

胜..127

八、节日文献 **127**

女神与泛神——侗族萨玛文化研究................127

侗族简史..128

侗族通览..128

贵州"六山六水"民族调查资料选编（侗族卷） 128

侗族风俗志..129

贵州民族文化论丛 129

东书少鬼 130

溪蛮丛笑 130

峒溪纤志（清线装本） 131

边疆民族资料初编·西北及西南民族（丛书） 131

调查报告 **133**

2009年贵州从江县高传村萨玛节调查报告 135

2009年春节贵州黎平县银朝村萨玛节调查报告 153

2009年榕江县古州镇车江一村萨玛节调查报告 173

2012年广西龙胜宝赠村祭萨节调查报告 196

2012年通道县坪坦村萨坛安殿活动专题报告 217

萨玛神坛的专题调查报告 231

2010年从江县高传村萨玛节为也专题报告 243

参考文献 **255**

后记 **258**

综述

侗族萨玛节，是流行于南部侗族地区侗族萨玛崇拜的一种宗教祭会和民间习俗，它以村寨为基本组织单位集体进行，全民参与。举办时间一般在秋收之后、春播之前的农历十月到十二月或者正二月间，具体时间各村自定。其基本内容与环节包括敬祭请萨、饮萨玛茶、转寨巡游、哆耶、会餐等。鸡骨卜、走阴、杀牲、献生、献熟等也是非常重要的内容和环节，但各有一定的区域性，目前不在所有萨玛节流行区普遍通行。特制的萨玛茶是大小祭典都须具备之祭品，酒、肉、糯米饭等只在较大型祭萨和盛祭中出现。有的村寨，萨玛节期间有时还邀请客寨来为也[1]，开展赛芦笙、演侗戏、对大歌、行歌坐夜等娱乐竞技活动，宾主同欢，人神共乐。

一、萨玛节界定、名称及分布

（一）萨玛节界定及节日名称

侗族萨玛节，是流行于南部侗族地区侗族萨玛崇拜的一种宗教祭会和民间习俗。

萨玛，侗文写作sax mags（后文中，侗文除个别地方直接书写外，多标注在汉文谐音称谓之后的小括号内），也称"萨岁"（sax siis）、"萨滕"（sax daengc）、"萨柄"（sax biingl）、"萨玛庆岁"（sax mags jingp siis）等，或简称"萨"（sax），都有大祖母、圣祖母之意，是侗族民间信仰的最高神祇，是本民族的圣祖母和保护神，人们相信她可以保境安民，佑护村寨平安清吉、人畜兴旺、五谷丰登。有些地方使用汉称，直呼其为圣

---

1. 为也，侗文写作weex yeek，是流行于南部侗族地区的一种村寨之间群体互访做客的民间联谊活动与社交习俗，与侗族传统上的合款制相适应，是侗族鼓楼文化的重要组成部分。详见"志略"部分"为也"条。

▲ 萨玛屋／鄢从龙 摄／2013年

母、达摩天子等。传统上，南部侗族农村，村村寨寨都建有萨玛祭坛（简称萨坛）奉祀。一些村寨的萨坛有近似而又不同的两种，一种供奉萨玛，多为屋宇式建筑，称"然萨"（yanc sax，意为圣祖母屋），或直接以萨玛尊号，如"萨柄""萨岁""萨滕"等代称；一种供奉"萨温"（sax ons，意为小圣祖母，据说是萨玛的妹妹或女儿，在抗御李家王朝的一次战斗中她与萨玛坚持到最后，一同跳崖牺牲），多为露天土坛，称"萨堂"（sax dangx）。平日里，人们对于萨坛的祭祀和管理主要是针对萨玛坛，只在盛大祭典中才顺带来到"萨温"的神坛"萨堂"祭拜。

侗族民间对于萨玛的祭祀，可分为建坛祭、修（复）坛祭、临事祭、平时祭和周期性盛祭等。贵州省榕江县三宝地区的车寨一带还有介于平时祭与盛祭之间的年祭。

建坛祭，侗语称"为滕"（weex daengc）、"按萨"（anl sax），意为安萨坛，一般汉译为安坛、安殿、安萨，即新建萨坛并举行的盛大祭萨活动。建坛祭可能上百年甚至更久才遇到一次，很多人一辈子也没有遇见过，因此，不是通常意义上的节日。

修（葺）坛祭，侗语称"校萨"（xaok sax），即对旧萨坛进行大规模修葺并举行的盛大祭萨活动，也是数十年、上百年难以遇上一次，因此，也不是通常意义上的节日。

临事祭，侗语称"豆萨"（toux sax）、"送萨"（sunk sax）等，主要内容是面临大事或出现重大灾变时，拜祭并将萨玛请出来，祈祷其给予村寨、众人以护佑。通常是村寨面临重大事情，如外出为也、斗牛、赛芦笙或者征战、御敌等，出发前举行"豆萨"仪式，请动萨玛随行护佑以期逢凶化吉、遇难呈祥或克敌制胜。这种祭祀临事始兴，日期不定，故也不是通常意义上的节日。

平时祭，侗语称"随萨"（sigx sax），大多数村寨都是农历每月的初一、十五，由管萨人（萨坛管理者）代表村寨，到萨坛扫祭。一般只焚香化纸，敬献特制的、用一种茅草熬制而成、专门用来祭祀萨玛的萨玛茶，别无其他供品。由于规模很小，而且太过于频繁，故亦不能视为节日。

周期性盛祭，侗语称miot（莫哦切）或week miot，即各村寨按照一定的岁时，周期性地举办全村性的大型祭萨活动，一般是男女老幼人人参与，但孕妇除外。侗族传统上有"三年踩歌堂，五年斗牯牛"（samp nyinc miot, ngox nyinc guic）之俗，即周期性的盛大祭萨活动要连续举办三年，（全款）斗牛活动则要连续举行五年，然后中断若干年，再周而复始。举办时节多在秋收之后、春播之前的农闲季节，但具体举办日期各地不一，或在正二月间，或在秋收之后的农历十月至十二月。有些地方，如广西三江县林溪乡一带，周期盛祭还分为"春祭"和"秋祭"，"春祭"一般选择在春播前，"秋祭"多选择在秋收后举行，似属更加古老祭萨习俗之遗存。所谓萨玛节，应该主要指这种周期性的盛大祭萨活动，是一种原始宗教性质的民间祭会。

此外，贵州省榕江县三宝车寨一带的年祭，是各个萨坛辖区于正月初择一吉日，各家各户派出一对成年男女，清晨备办酒菜到所属萨坛享祭。祭萨过后，中午大家在萨坛附近就地摆合拢宴会餐。女人们吃完饭，就聚集在萨坛前的坪子上哆耶；男人们则猜拳饮酒，尽醉方散。由于其具有固定性和周期性，也具有一定的规模，故也可以视为一种地方性的萨玛节。

　　贵州省榕江县申报的萨玛节，2006年经国务院批准列入第一批国家级非物质文化遗产名录；贵州省黎平县申报的萨玛节，2008年经国务院批准列入第一批国家级非物质文化遗产扩展名录。从此，"萨玛节"成为侗族周期性盛大祭萨活动的官方统一名称。而在侗族民间，人们并不广泛知悉、认可"萨玛节"这个统一称谓，而习惯性地称为miot、week miot等。

（二）节日分布区域

　　侗语分南北两部方言，北部方言区包括贵州的天柱、剑河、三穗等县和锦屏北部，湖南的新晃、靖县（烂泥冲），以锦屏"大同话"为代表，称北部侗族地区；南部方言区包括贵州的黎平、榕江、从江，湖南的通道，广西的龙胜、三江、融水等县，和锦屏南部，称南部侗族地区。

　　龙迅在《侗族还愿文化考察与断想》一文中提到：清咸丰年间，"侗族农民起义领袖姜映芳、龙海宽于九龙山（今贵州天柱县的石洞、水洞）组织起义……实际上就是借祭萨神（按指萨岁）的活动来呼唤民众响应的。"[1]如果此说成立，北部侗族地区过去也应曾经流行过萨玛崇拜。席克定也说过，目前在北部侗族地区个别地方，似乎还可以见到萨岁崇拜的痕迹。[2]不管过去北部侗族地区是否普遍流行过萨玛崇拜，或者只是个别社区因为人口迁徙等原因从南部侗族地区带去萨玛崇拜，晚近以来萨玛崇拜在北部侗族地区不见流行是事实。

1.龙迅. 侗族还愿文化考察与断想[J]. 苗侗文坛，1992，（4）.
2.席克定. 侗族"萨岁"试论[J]. 贵州民族研究，1993，（3）.

至于南部侗族地区，直至晚近，这里的侗族农村，几乎每个村寨都还有自己的萨玛坛并依时享祭。不过到了今天，南部侗族地区也只有少数萨坛仍在使用，多数萨坛已经废弃或者正在逐渐被荒废，不过已被废弃者仍大多有迹可循。也即是说，即使在南部侗族地区，萨玛崇拜也已日渐式微，祭萨习俗在大多数村寨已经沉寂多年，只有少数村寨仍在坚持，民间自发的萨玛节活动更是已经非常稀少，并且节日活动多所简化、变通，不再严格恪守传统仪规。而政府部门主导的、带有浓厚官办色彩的萨玛节活动，则往往与传统上的萨玛崇拜习俗相去很远甚至尽失原貌。

二、节日分布地区的自然生态和历史文化背景

（一）节日分布地区的自然生态

侗族聚居的湘黔桂毗连地区和鄂西南一带，约当东经108°—110°，北纬25°—30°之间。湘黔桂交界地区，地势西北高，东南低，海拔为300至2000余米。东有雪峰山，西有苗岭支脉，北有武陵山、佛顶山，南有九万大山和越城岭。中有雷公山自西北向东南伸展，为长江和珠江两大水系的分水岭。其中有高山，有中山，有低山，有丘陵，山地面积约占整个侗族地区面积的80%以上。山谷之间，有大小不等的高原盆地，大者万余亩，小者数百亩。较大的低山河谷盆地有湖南靖县的江东、通道的四乡；贵州榕江的车江，天柱的兰田、伍家桥，黎平的中黄、中潮；湖北恩施的黄泥，宣恩的晓关等，这些都是著名的产粮大坝。其中以榕江县车江大坝最为著名，该大坝长约20公里，宽二三公里，四面环山，呈一狭长盆地，土壤肥沃，气候温暖，春收油菜、小麦，夏收西瓜，秋收稻谷，且适于种植双季稻，又紧挨县城，水陆交通方便，堪称侗乡最富庶繁华的好地方之一。

侗族地区年降雨量为1200毫米上下，年平均气温16℃左右，雨水充沛，

春少霜冻，夏无酷暑，秋无苦雨，冬少严寒。晨昏多雾，雨后爽朗。这些环境气候，皆适宜于粮食作物和林畜生长，为侗族人民开发山区、发展农林牧副渔生产提供了比较优越的条件。

境内盛产粮食。谷物产量占粮食总产量的十之八九，以粘稻为大宗，糯米次之，小米、小麦、苞谷、红薯等均有出产，但数量不大。至于稻田养鱼、粮鱼兼营，乃是侗族固有的传统生产习惯。

侗族地区是全国著名的木材产地和全国八大林区之一，素有"杉海"之称，以产杉著称。当地杉木不仅分布面广，蕴藏量大，而且木质优良，成长迅速。如锦屏一带盛产的速生丰产杉"八年杉""十八杉"，移栽8年或18年左右即可成材。著名的林区和采伐区有贵州的三江（锦屏），乌下江、洪州（黎平），乐里（榕江）；湖南的播阳（通道）；广西的溶江（三江）等地。木材每年沿都柳江、清水江、渠水、浔江流放，或从陆路运往外地的，不计其数。明朝永乐年间迁都北京后，为营造宫殿，朝廷开始对侗族地区派征大量木材，俗称"皇木""贡木"。新中国成立后，侗族地区的优质木材源源不断地运往外地，支援国家建设。武汉长江大桥、三门峡水库等重大工程的建设，都有侗族地区优质木材的贡献。其他木材如马尾松、香樟、楠木、梓木、柏杨等亦为数不少。特别是贵州黎（平）、榕（江）、从（江）出产的水杉，纹理清晰，木质细密，色泽美观，是制作家具的优等材料。广西龙胜的银杉，大者高二十余米，挺拔秀丽，碧叶细长，于阳光之下迎风吹拂，银光闪闪，十分壮观，为世所罕见。

经济林木有油茶、桐油等。油茶盛产于广西浔江两岸及贵州黎平、广西三江交界地区。桐油则盛产于湖南新晃、通道，贵州天柱、玉屏、三穗，广西三江、龙胜等县。其他如贵州从江县的"滚郎茶"，色香味俱佳，是清代时献给封建朝廷的"贡品"；从江碰柑个大汁甜，1993年在泰国曼谷"中国优质农产品博览会"上获金奖；从江香猪1999年获"中国国际农业博览会"名牌产品称号。20世纪70年代末，贵州榕江县车江一带种植从广东引进的西瓜，皮薄肉厚，香甜多汁，名驰省内，畅销省外。侗族地区远销外地的土特产还有木耳、香菇、玉兰片等类。药材计有四百余种，名贵的有麝香、牛黄、杜仲等。野生动物有虎、豹、猴、狐、野猪、野羊、穿山甲等。水产有龟、鳖、娃娃鱼等，以鲤鱼、草鱼为最普遍。家畜家禽亦应有尽有，其中从江的香猪、新晃的马头羊是稀有品种。矿藏有金、银、汞、煤、铁、铜、磷、硫黄、石棉、滑石、重晶石等，其中万山、新晃的汞矿，历史悠久，驰名全国，远销海外。

今天，侗族地区水陆交通便利。公路四通八达，县与县、乡与乡之间都有汽车来往，基本上实现乡乡通公路、村村通汽车、天天有班车。2007年开工的夏蓉高速公路、贵广高速铁路，经过贵州的榕江、从江、黎平和广西三江等侗族聚居县份。水路也四通八达，其中都柳江的贵州榕江至广西融安段，以及广西老堡至古宜段，还畅通浅水汽轮。所有这些，不仅给侗族内部交往以及和外界联系带来极大的方便，同时也促进了侗族地区经济、文化的繁荣和发展。

侗族地区山川秀丽，风景优美。都柳江沿岸，十里

▼ 入选国家级文物保护单位的增冲鼓楼／吴定勇　摄／2009年

侗村，依江而建，寨边榕树荫翳，盘根杂错，江中小舻木船，上下穿梭。清水江清可见底，木排逐浪飞驰，奔腾而下。浔江江面，碧波粼粼，俗称的"娘崽船"日常往返其间，河边的侗家人往往合家大小同舱共渡，满载而归。山区丛林密布，杉林、茶林郁郁葱葱。夹冲河谷间，溪涧潆洄，梯田重叠，层层而上。平川大坝，田连阡陌，春天油菜花金黄，秋来稻谷飘香。村落依山傍水，寨边千筱箐竹，村头参天古树，房前屋后栽满桃李。南部侗寨，更具特色，溪水环绕或穿寨而过，"花桥"（或称"风雨桥"）横跨其上。寨中鼓楼，重檐叠阁，高耸入云；"干栏"式的楼房鳞次栉比，鱼塘四布，谷仓、"禾晾"错落排立于寨间。村道蜿蜒，多以卵石或石板铺设。远近山坳、路口建有凉亭，或于平坦处置木凳、石墩，并凿井引泉，供行人休息和饮水解渴。所有这些，都是侗乡特有的风光。其中湖南通道的芋头侗寨古建筑，2001年被定为国家重点文物保护单位。

（二）节日的历史文化背景

1. 侗族族源

侗族源于百越，这已成为史学家们的共识，但具体源于百越的哪一部分或者说哪一支系，则看法不完全一致。归纳起来主要有以下几种较典型的观点：

第一种是"骆越说"，认为侗族是由古越人中的骆越支系发展而成的。主要依据是历史上骆越的分布地就是今天侗族的分布地，而且侗族在文化上同骆越有许多共同之处，堪称骆越文化的直接继承者之一。由于越族消失之后，分布在今侗族地区的骆越后裔又被称为"僚"（音老），因此，侗族的族群演变轨迹大致可表述为越－僚－侗族。

第二种是"外来说"，认为侗族是由古越人中的干越支系发展而来的，其后被称为"东越"或"东瓯"，大约在战国初期，西迁岭南落居在今天的广西梧州一带，继而逐步发展为东达怀集、高安、罗定，西及柳州、象州、武宣、贵县，南至玉林、北流、信宜，北抵鹿寨、荔浦、恭城、贺县，即粤西、桂东相接之地，史称其民为"西瓯"。约在唐代以前，又在"西瓯"的基础上，随着自身发展和外来因素的影响，逐渐发展为新的人们共同体，即侗族，然后，才迁居到今天侗族分布的地方。持这种观点的学者，认为侗族的自称gaeml（干），系由"干越"中的"干"音演变而来。

第三种是相对于"外来说"的所谓"土著说"。"土著说"认为，今天的黔东南和湘西南的大部分侗族地区，春秋战国至秦时属黔中地，居民被称为"武陵蛮"，又因境内有五溪（据《南史·蛮传》所载，应为雄溪、满溪、酉溪、沅溪、辰溪），六朝时被称为"五溪蛮"。所谓黔中蛮、武陵蛮或五溪蛮，均可归之于南蛮，这些显然都是统治阶级对居住在这一地区各少数民族的侮辱性的泛称，其中就包括有侗族先民在内。这是土著说的第一种说法。土著说的第二种说法是：侗族先民是由百越中的"区"人发展而成的。持这一说法的学者认为，越人居住区域较广泛，如《汉书·地理志》引臣瓒的话说："自交趾至会稽七八千里，百越杂处，各有种姓。"《逸周书·王会解》中有"区阳以鳖封"的记载，"区"的活动区域在"阳"。"阳"之所在，据王念孙引《荆州记》说："武陵郡西有阳山"。西汉武陵郡西有阳山郡，治义陵，即今之溆浦县。溆浦之西是今之辰溪、泸溪、怀化一带。因此，这里的"区"应是指活动在沅水中游一带的越人。

以上几种较为典型的关于侗族来源的说法，论证都比较充分，也都有其道理。综合上述意见和流传于侗族民间的迁徙传说和迁徙古歌，再吸收一些学者的最新研究成果，笔者认为，侗族来源应不止一个，今天分布于黔桂湘毗邻地带的侗族，既有一部分系由当地本属越人后裔的僚人发展而来；也有一部分从岭南一带迁徙而来，也是越人后裔；还有一部分则是历史上由其他民族成员不断融合进来（当然，历史上也不断有部分侗族成员融进了其他民族）。侗族分为金佬、金坦、金姣等支系，也从一个侧面说明了侗族来源应不止一个。

▲ 从江县朝利村全貌／吴定勇 摄／2009年

2．社会结构与公共建筑

  侗族聚族而居，一寨一姓，或以一姓为主、多姓杂居于一个村落，其居住村落当地汉语统称为村寨。其实，"村"（senl）与"寨"（xiah）在侗语词汇中是两个近似却又不完全相同的概念：村是基层行政单位；寨则指人们居住的自然寨。一般地说，村包含数寨，如贵州省从江往洞乡的信地村，就包括了宰成、宰友、宰兰、荣福4个寨子（自然寨）；有的村则以一个大寨为主体，再加上一两个离得很近的小寨组成，如贵州省从江县往洞乡的往洞、增冲、增盈，黎平县岩洞镇的竹坪等；有的较大的寨子也独自为一村，即一村只有一个自然寨，如从江县往洞乡的朝利、黎平口江乡的银朝；还有几百户、上千户的大寨子，如贵州省榕江县古州镇的车寨、黎平县肇兴乡的肇兴等，现在又各自被分成若干个行政村。这些村寨在对内对外的社会活动中，有时以村为单位出现，有时以寨的名义参与，所以，在当地村与寨往往混称。

大约在唐宋以后，侗族开始使用汉姓。侗族村寨聚族而居，往往以一两个姓氏最先落户，发展为当地大姓；后来又陆续来些小姓加入。姓，侗语称"圣"（singk），一个"姓"（singk）相当于过去一个父系氏族部落。在"姓"之下包括若干个"兜"（douc）。"兜"，是侗族社会组织的基本单元，有固定的名称，由出自同一父系血缘的若干个家庭组成，当地汉语俗称"房族"，它有共同的墓地、山林和祭祖田等，"兜"内严格禁止通婚。后来，外来异姓或没有血缘关系的同姓人户也可通过结拜加入某个"兜"，故尽管"兜"内成员彼此视为兄弟，但"兜"内各户不一定同姓，或虽同姓但并不出自同一父系血缘。"兜"之下为"基"（jih），一"兜"包括两个以上的"基"。各"基"之间是兄弟关系，不能开亲。"基"的作用主要体现在办丧事上，一"基"内有老人过世，全"基"各家都要忌肉食（但可吃鱼），如分"基"了，就可以不忌肉食了。"基"之下为"公"（ongs，即祖父），一"基"包括数"公"；"公"之下为"然"（yanc，即家庭），一"公"包括数"然"。上述"姓"（singk）—"兜"（douc）—"基"（jih）—"公"（ongs）—"然"（yanc），是侗族父系家族由大到小的五个层次。其中，"兜"是社会组织的基础单位，各"兜"间不再是兄弟关系，而是亲戚关系，可以互相通婚了。

此外，在寨与"兜"之间，有些上百户的大寨子还可以根据地段并照顾血缘关系，而分成若干个"格"（gebs），或曰"团寨"（duanc xiah），大致相当于片段或片区。一"格"包含若干"兜"。对外为也、斗牛等联谊活动，既可以村寨为单位参加，也可以"格"为单位参加。村寨内部，"格"与"格"之间也可以开展为也等联谊活动。

侗族地区边远闭塞，历史上，中央王朝虽然很早就在侗族地区建立了郡县，但多为"入版图者存虚名，充府库者亡（无）实利"[1]之地。而侗族本

1.〔元〕脱脱等. 宋史[M]. 卷494. 蛮吏二·西南溪峒诸蛮上.

身又从未建立起统一的地方政权，故侗族实际上长期处于以村寨为基本单位的氏族农村公社自治状态，"千人团哗，百人合款，纷纷籍籍不相兼统，徒以盟诅要约，终无法制相縻"[1]。其村寨领导者，侗语称为"宁老"（nyenc laox）或"样老"（yangp laox）。"宁老""样老"等现在一般统称为汉语借词"寨老"。

寨老是侗族村寨自治的自然领袖，人员没有定数，起核心作用的一般有一二名或三五名不等。寨老一般是由为人正直，办事公道，懂得乡条峒理的中老年人担当，他们是在处理村寨内纠纷时能公平合理排解、在处理与外部纠纷时能维护本村寨利益而自然产生的领袖人物。在中华人民共和国成立前，寨老和保长职责是分开的，保长执行政府委办的事务，寨老负责处理村寨内部的民间纠纷和民俗事宜。今天，寨老仍然是自然形成，有相当多的寨老是那些办事公道、关心群众疾苦的老村干担当，他们主要管理村寨公益事务和有关风俗习惯事宜；村寨的行政事务归村干部管理。概括而言，今天的寨老，一般具有调解纠纷、维护社会秩序和执行习惯法等职能。

侗族村寨的传统民居均为干栏木楼，2—3层。过去，楼下圈养禽畜、堆放杂物，楼上住人，但这种居住格局在最近的建设新农村运动中已经有所改变——很多家庭已将起居室和炉灶搬到一楼，禽畜搬到屋外圈养。

▼ 侗寨民居（位于地面一层的堂屋——起居室）/吴定勇摄/2007年

村寨的公共建筑/设施有风雨桥、寨门、戏台、鼓楼、萨坛、土地坛、水井等。

风雨桥，也称花桥，一般横跨在村头寨尾的溪

1.〔明〕刘欣.渠阳边防考[M].

流上，方便行人往来、休憩，也是美化村寨的一道景观，横跨寨脚溪流之上的风雨桥还起到风水学意义上的关拦作用。

寨门多为门楼式建筑，是进出寨子的出入口，类似于城门。戏台是上演侗戏的舞台，位于鼓楼附近，台前有广场或空地，可供观众看戏。

萨坛是侗族奉祀圣祖母萨玛的神坛，主要有屋宇式、露天式两种，传统上是侗族村寨最重要的建筑，可以村寨或村寨内的地段为单位修建。

▲ 增冲寨脚横跨溪流之上的风雨桥／吴定勇 摄／2007年

▲ 位于增冲村寨脚风雨桥头的土地坛／吴定勇 摄／2009年

与萨坛类似，过去各个侗族村寨一般都集体设有一个土地神坛，多立在村头寨尾，四时祭祀。

鼓楼是村寨或村寨内某一地段的公共活动中心。侗寨一般是聚族而居，小寨建一座鼓楼，就是全寨共有的公共活动场所；大寨可有数座鼓楼，即按地段分别由一个或数个房族联合建筑一座鼓楼，作为房族或一个地段人们共同活动的场所。无鼓楼的村寨，则设有干栏木楼式的公房代替，侗语称为"堂卡"（dangc kah）或"堂瓦"（dangc wagx）。平时，鼓楼或"堂瓦"是人们休闲、聚会的地方，遇有集体客人来访时，则引导客人首先聚集于鼓楼，然后才分散到各家各户备酒肉款待；若遇有一群外寨姑娘到本寨做客，

▲ 寨高出发前祭萨：芦笙队面向的建筑系寨高"堂瓦" / 吴定勇 摄 / 2010年

酒宴后，主寨的腊汉（男青年）们便邀请姑娘们到鼓楼对大歌。除了作为重要的社交场所，鼓楼更是村寨实行村民自治的中心。凡族姓内或村寨内重大事务，都要在鼓楼里举行氏族大会或村民大会商量解决。氏族大会或村民大会，是处理一族一寨事务的最高权力组织，召开会议时，一般由各户男户主参加，无男户主者，女户主也可以与会，与会者都有发言权和表决权。大会通过的决议，必须执行，不得违反。除此而外，人们还在鼓楼里召开村民大会，制订、重申款约寨规。款约寨规包括规范家庭、婚姻、土地、房屋、财产、森林、治安以及男女青年社交活动等事项的条规，具有习惯法效力，有人违反乡规民约时，寨老就在鼓楼主持村民大会商议处罚事宜。寨内有人发生纠纷需要处理时，也在鼓楼召开村民大会，依照款约寨规来裁决。

水井是侗族必备的重要公共设施之一。位于溪洞山区的侗族村寨，一般坐落在山间河谷或小盆地，依山傍水，地下水源丰富。人们往往在寨子附近，于洁净处择一口或几口泉眼开凿成井，以作全寨或临近地段人户的日常饮用水源。

3．侗族合款制与鼓楼文化

侗族在村寨之上，还有以地域为纽带的村寨之间的联盟组织，侗语称曰"款"（kuanx），是侗族历史上带有半军事性质的缓急相助、攻守相望的民间自治联盟。上面引述的刘欣《渠阳边防考》内容，正是当时侗族合款情况之概述。侗款的范围有大有小，小款一般就是一个村寨；中款由一二十个相邻的村寨组成；大款由若干个中款组成，方圆上百华里或更大。无论是小款或大款，都有固定的集会议事地点，称为"款坪"或"款场"；都订立有在全款范围内具有约束力的民间自治规约——款约。款的领导人称"款首"。小款首多自然产生，由社会经验丰富，享有威信，熟悉款约和乡条峒理的寨老充任；中款首由各寨寨老推选；大款首由中款首协议推举产生。无论大中小款首，都不是终身制，都不脱产，也都没有特殊报酬，平日里都要从事自家的农业生产。款首如果被认为不称职或者不尽职，随时可以被款众大会撤换。

在小款首（寨老）之下，有一专职负责村寨杂务的角色，汉语借词称"款脚"；其生活费用由全寨分担，平时负责鼓楼或公共场所的柴火供应，有事则登楼击鼓，或巡回寨中传呼群众集会，传递信件情报，鸣放信炮，等等。款首喜欢将复杂、抽象的款规，逐条编成生动、押韵的乡条峒理，便于人们记诵。一般情况下，每隔三五年，款首要主持召开一次全款民众集会，称"起款"。在"起款"大会上，或增修规章，杀牛盟誓；或由款首宣讲乡条峒理，重申款约款规，号召大家自觉遵守，侗语曰"刚款"（kgangs kuanx），可汉译为"讲款"。寨老和款首们平时主持处理村寨内事务，代表本村寨出席商讨有关款内事宜及执行款约和款会决议；有外敌入侵时，则指挥款内青壮年男子——款兵抗敌御匪。

凡参与"联款"者，都有互相支援的义务和监督执行"款约"的权利。如某一村寨遇敌来犯，在鸣放"堂炮"（peeuk dangc）的同时，一般还用一块木牌系以鸡毛、火炭子、辣椒等向款内邻近村寨报警，表示事件急如失火，须飞快驰援，这叫作"鸡翅信"，侗语称"寸罢介"（senk bav aiv）。邻近村寨获此信息，即一面召集适龄款兵携带武器奔赴指定地点，把守要隘，拦截路口；一面将此信息火速滚送至下面有关村寨，并鸣放"堂炮"，邻近村寨闻听炮声，须燃炮响应，并同样火速增援。若某些村寨违此规例不予驰援，事后将被全款依款条惩处。

合款制这种以军事防御和民间自治为目的的部落联盟制度，一直沿袭至民国初年，历史上对于侗族维护社会秩序，抵御外侮，对付匪患等均起着重要作用。今天，合款制作为一种文化现象，在南部侗族地区依然有所遗存：首先，一些款组织的地域范围依然明晰，且款的名称依然沿用至今，作为一个区域的统称，如黎平、从江、榕江一带的"六洞""九洞""十洞"等；其次，以款约为核心的乡条峒理至今仍在当地侗族民间具有一定的影响力，甚至被转化为乡规民约的形式而保存下来，发挥作用；其三，斗牛等民俗活动，仍习惯性地在款的地域范围内举办；其四，起款、为也等合款制时代的一些民俗文化现象，仍然一定程度上流行。

合款制的核心内容之一，是以款约为行为规范，在全款范围内实行民间自治。除了订立、修改款规，以及处理跨村寨（小款）的重大纷争，需要在款坪召开全款大会（起款）处理之外，日常对于款规的宣讲、重申以及处理民间纠纷和对于违规者的惩处，一般都是在寨老主持下，在村寨内部的鼓楼里召开村民大会来完成。可以说，村寨是合款制的基本单位，对于款约的遵守和执行最主要地体现在村寨日常的民间自治和管理中，而鼓楼则是村寨实行自身日常管理的核心场所。

合款制的另一个核心内容是款内各村寨缓急相救、守望相助。要实现这一条，一方面固然以款约的施行为保障，而另一方面还需要建立并不断巩固各村寨之间的信任和友谊。于是，斗牛、为也等村寨之间的社交联谊习俗成了合款制的润滑剂，并成为合款制本身的重要内容。

▲ 七十二寨斗牛场面／潘朝勇 摄／2014年

斗牛一般以村寨为基本单位（也可以村寨内部的地段等为单位），在全款范围内举行。尽管角斗活动在款坪进行，但专事角斗的打牛的购买、饲养、处置等都在村寨内部的鼓楼里商议、举行。

为也多是款内友好村寨之间互相集体走访的社交联谊活动，为也活动中的迎客、散客、对大歌、赛芦笙、哆耶等，一般是在鼓楼和鼓楼坪进行。

由于上述与合款制相适应的民间自治、民间交往活动，大多以鼓楼为中心来展开，故侗族文化被一些学者统称为鼓楼文化。这里不妨姑且从之。

4.侗族社会的母系时代痕迹

两合组织，是母系氏族社会的组织形式，主要残存于侗族的亲属称谓和婚姻关系之中。在侗族家庭里，有的地方，称妻为"买"（maix），其他同辈成员亦称之为"买"。大多数地区的同胞兄弟姊妹或房族兄弟姊妹之间，都称兄或姊为"解"（jaix），称弟或妹为"侬"（nongx）。在历史上，侗族盛行姑舅表优先婚，姑家之女要优先嫁予舅家为儿媳，侗语称之为"买标"（maix biup）。侗族《破姓开亲》史诗有云：侗族在远古时候，"族内不婚"，"要走三十天的路程，才到姑娘的村子里；要走四十天的远路，才是姑娘嫁往之地"。这应是当时此一氏族与彼一氏族原为两个不可分割的婚姻集团，后来迁徙彼此远离之后仍得相互履行固有的婚姻权利与义务所导致。在贵州省榕江县的都江及平永河、寨蒿河两岸的侗寨，每当有姑娘出嫁时，所有的族内姑娘，不分辈分，只要年龄相适，均可以同伴身份陪伴新娘同往夫家进亲；而夫方的青年男子，只要年龄相当，也不分辈分均可以新郎同伴的身份，与陪同女方前来进亲的姑娘们唱歌作乐，谈情说爱。所有这些，显然是两合族外群婚制的遗迹。

母系氏族社会的母权残留，首先表现在侗族的亲属关系上，即侗族亲属关系仍然存在以母系为中心的痕迹。如母亲姊妹的子女，统统视为己之兄弟姊妹，彼此不能通婚；若母亲受到凌辱或迫害，舅父有权干涉或处理；母亲的陪嫁财物，包括金银首饰、山林、田土等，一般由姊妹继承，兄弟无权享受。其次，在侗族信奉的众神当中，用侗语称呼者，大多属于女性，如"萨对"（sax tiuk·山坳奶奶）、"萨高乔"（sax gaos jiuc·桥头奶奶）、"萨多"（sax doh·天花奶奶）、"萨高降"（sax gaos xangc·床头奶奶）等；汉族称"雷"曰"雷公"，而侗族则称之为"雷婆"（萨岜·sax bias），也显然属于母系氏族社会母权制的产物。

5.侗族的原始信仰和女神崇拜

在侗族生活中，还保存有许多原始宗教残余，信仰多神，无论是山川河流、古树巨石、桥梁、水井等，都是人们崇拜的对象。因此，人们认为有的山岭不能挖掘，有些古树不能乱砍，有些巨石不能开凿、爆炸，否则会损伤了"地脉龙神"，损坏了"风水"，会给村寨带来"灾难"。有的地方，每至岁首，须敬祭"水神"，新年首次下河或到井里汲水，要携带神香纸钱插于河坎、井边，或点火焚化，而后才能汲水回家。在榕江县车江一带，逢年春初，合寨妇女还各备酒菜来井边敬祭，围井哆耶，歌颂水井给人们带来幸福，祷祝井水终年长流，四季清凉。侗族过去出猎时，须先敬"山神"，认为这样才能获得野物，否则会失利，甚至发生意外。由于侗族传统民居干栏木楼系纯木结构，而且分布非常密集，经常发生火灾，火患历来是侗寨一大威胁，故侗族历史上十分敬畏"火神"，过去每至岁末腊月，合寨要集资买猪等三牲进行祛除"火殃"活动。

历史上汉族文化的传播和渗透，已在相当程度上改变了侗族原有的原始宗教信仰。在许多侗族地方，特别是靠近汉族地区的侗族村寨，人们常把自己的命运与自然物联系在一起，根据不同的"年庚八字""生肖五行"而崇拜不同的对象，如年庚缺"木"者，即拜祭古树；缺"水"者，拜祭水井；缺"火"者，拜祭"灶神"，求其"保佑"，以图"长命富贵，易养成人"。

侗族相信灵魂不死，认为人死之后，其魂魄要返回祖先的故乡，到所谓"高正鹅安"（gaos senl nyoc nyanh）或"岑阳抗蛮"（jenc yangc kangp manc）、"半边河水浊，半边河水清"等地去寻其先祖，或升天界。后来受到汉族风水文化之影响，发展为以风水学说为核心的、类似汉族的祖先崇拜。

除受汉族宗教的影响，出现了一些男性神祇之外，传统上侗族所信奉的众神多为女性，如上述之"萨高乔""萨多""萨高降"等。而萨玛，即是侗族传统上所信奉的众多女神之一，只是她被尊奉为本民族的圣祖母和保护神，处于至高无上之地位。

三、节日的起源、传承与流布

（一）节日起源

综合张民、向零等侗学前辈的研究成果和最新的一些研究发现，侗族萨玛崇拜最初应起源于一种古老的土地崇拜，即社神崇拜。这种土地崇拜后来与英雄崇拜和女始祖（祖先）崇拜相结合，演化而成萨玛崇拜。

后土信仰源于中国古代对于土地的崇拜。《礼记·都特牲》曰："地载万物，天垂象，取材于地，取法于天，是以尊天而亲地也。故教民美报焉。"古代人们生活有赖于土地，故"亲于地"，并加以"美报、献祭"，遂有"后土"崇拜，大约始于春秋时期。

古人尊天而亲地，《汉书·五行志》有云："土地广博，不可遍敬，故封土为社而祀之，以报功也。"可见，古人系为报答大地之恩赐而奉土祭社。东汉时，已称社神为社公或土地。社者，地方之最小行政单位。《礼记·祭法》注称："大夫以下包士庶，成群聚而居，满百家以上，得立社。"《汉书·五行志》又称："旧制，二十五家为一社。"社神初无姓名，后来在民间被称为土地神，而祭土之神坛（社坛）则演变为土地庙。

东晋以后，民间以生前行善或廉正之官吏为土地神，土地神遂有了人格及姓氏。有个传说称，周朝一位官吏张福德，自小聪颖至孝，36岁时成为朝廷总税官，为官廉正，勤政爱民，至周穆王三年辞世，享年102岁。有一贫户以四大石块围成石屋奉祀之，不久即由贫转富。百姓咸信神恩保佑，乃合资建庙并塑金身膜拜，取其名而尊为福德正神。

关于后土的记载很多，大多集中在《左传》《礼记》《山海经》《淮南子》中，文意大致称后土为共工氏之子，为中央之神。子者，男子也，故后土当为男性。但古代典籍上也有后土为女性之记载。《文献通考》载："汉元帝时祭地，以高后配。"高后者，汉高祖之妻吕雉也，以吕后与大地之神配飨，说明大地之神为女性。《后汉书·世祖本纪》亦载："光武中元元年……高皇后配飨地只。"地只者，土地之神也，以高皇后与其配飨，说明土地之神为女性。事实上，汉武帝所立之后土祠中，后土的形象为女性，后人称圣母、娘娘。《通典》《晋书》《宋书》也分别有曹魏明帝、东晋成帝、宋武帝祭祀土神时，以祖辈皇后配飨的记载。这些都说明了当时人们把土地之神视为女性，亦即后土是女性。

《周易·系辞下传》第六章说："乾，阳物也；坤，阴物也。"《周易·说卦传》第十一章又说："乾，为天，为父"，"坤，为地，为母。"

这种天阳地阴、天男地女的观点，是我国古典哲学对天地性质的最早的、也是最权威的界定。既然大地为女性，那么大地的至圣代表后土自然应属女性了。这样，后土祠的后土形象为圣母女神，就是很有道理的了。

另外，"承天效法后土皇地祇"是道教尊神"四御"中的第四位天神，简称"后土"，俗称"后土娘娘"，她与主持天界的玉皇大帝相配合，为主宰大地山川的女性神。这从又一个侧面说明后土之神系女神。

综上可知，后土崇拜最初是一种自然崇拜，寄托着古人对于土地的敬畏与报恩，直接向土地献祭、礼拜，用酒、人血、牲血等祭品洒在地上。后来，社神崇拜逐渐与英雄（忠臣良吏）崇拜相结合，逐渐人格化，而其性别仍然更多地呈现为女性。其祭坛，最初是封土为社，其后发展为以大石块围成石屋奉祀，最后演变为屋宇式的土地庙。

侗族是中国南方典型的稻耕民族之一，侗族先民对于土地的依赖与崇拜非常自然，侗族历史上出现土地崇拜当在情理之中。再说，在一些侗族歌谣里保存下来的许多古侗语基本词汇的读音，与汉语词汇音同或音近，如"天"（tiinp）、"地"（dih）、"江"（kgangl）、"河"（hap）、"路"（luh）、"风"（hongp）、"吹"（xuup）、"光"（guangl）、"人"（nyenc）、"牛"（nyuc）、"马"（max）、"猪"（jul）、"羊"（yangc）、"夫"（fuh）、"妻"（siip）、"公"（ongs，祖父）、"舅"（juc）、"儿"（lagx，谐"儿"之古音）、"老"（laox）、"大"（dal）、"小"（xiaox）、"金"（jinl）、"银"（nyenc）、"钱"（seenc）、"木"（mogc）、"土"（tut）、"村"（senl）、"寨"（xiah）、"姓"（singk）、"男"（namc）、"女"（nux）、"身"（xinp）、"蔸"（douc）、"门"（menc）、"桥"（jiuc）、"楼"（louc）、"龙王"（liongc wangc）、"神仙"（xinc seenp）等；而数字，从"一"到"十"以及"百""千""万"都与今天广东白话音同。词汇中的对应现象更是不胜枚举。这些情况甚至远远超过现

代侗语，说明古时侗族同汉族之间的交往非常密切，其土地崇拜或受到汉族社神崇拜的影响，或二者互为影响，都很自然。

事实上，侗族萨玛崇拜确实带有诸多社神崇拜的特点：其一，萨坛既有露天封土式的，也有屋宇式的，与社神祭坛从封土为社向后来的土地庵、土地庙的演变相一致。其二，根据汉族的历史典籍、哲学观念和民间信仰，土地神更多时候为女性，而侗族萨玛系女神，二者一致。其三，侗族以村寨（较小村寨）或片区（较大村寨）为单位建立萨坛奉祀，与汉族旧制"二十五家为一社"，立社奉祀的情形类似。其四，在神威功能上，二者都以保境安民为己任，特别是都具有保佑风调雨顺、五谷丰登、人畜兴旺之功能。其五，在侗语中，萨玛坛别称"地头"（dih douc），如高传村手抄本安坛经典《占推遮地多滕》有云："mix xiv menc louc, sinc xiv dih douc。mix xiv menc singl, sinc xiv dih biingl……"（汉译："未置门楼，先置地头；未置寨门，先置地柄……"）在这里，"地"即地，"头"即社，"地头"即社地，与"地柄"均指萨柄神坛，更是社坛与萨坛互为指代，点明了萨坛即社坛。

可以说，今天的侗族萨玛崇拜，系古代土地崇拜历史上同祖先崇拜、尤其是英雄崇拜相结合，逐渐演变而来。至于谁是那位传说中的英雄原型，则有不同的理解。

观点一：萨玛原型系侗家女杏妮

今天流行于南部侗族民间的口头传说，多称萨玛的原身系六甲侗寨（或丹阳寨，均位于今贵州黎平县龙额乡境内）一位侗族女性。传说她自幼聪明能干且漂亮，名杏妮（侗语"仙女"之谐音），但她家被当地恶霸李姓财主压榨迫害，她成为孤儿，逃往螺蛳寨投奔母舅九库，并与螺蛳寨后生石道结为夫妇。谁知李姓恶霸步步进逼，又将盘剥压榨的魔爪伸到了螺蛳寨。忍无可忍之下，杏妮夫妇率领众乡亲奋起反抗，杀死李姓恶霸，开仓放粮分给穷人。朝廷派兵镇压，杏妮率众御敌、保卫家园，曾多次挫败官军，但终因寡不敌众，她与女儿（或称妹妹）战到最后，在"弄堂概"（longl dangc gaiv，侗语地名，位于今贵州黎平县龙额乡境内）跳崖牺牲，母亲躺着死，女儿（妹妹）站着亡。后来，侗族人民尊杏妮为萨玛（sax mags），即大圣祖母；尊其女儿（妹妹）为"萨温"（sax uns），即小圣祖母。给杏妮盖房子住，称"然萨"（圣母屋），有时又以萨玛（萨柄）尊号代称其神坛，如叫"萨柄"；给女儿（妹妹）建露天祭坛，称"堂萨"（圣母堂），有时又以"萨温"尊号代称其神坛，叫"萨温"或"萨堂"。但在许多唱词或歌词中，一般只提到"萨"或"萨岁""萨玛""萨玛天子"，鲜少提到"萨温"。

但另有学者认为，这种说法比较牵强附会。理由如下：

首先，根据流行侗族民间的手抄本安坛经典《占推遮地多滕》《圣母咒语》《东书少鬼》等和民间古碑刻的记载，以及各地传唱的《萨岁歌》，侗族（至少是侗族中的一部分）系宋元之前由岭南的梧州一带迁徙而来，迁徙途中就曾携萨（神）同行，迁到今分布地落寨定居之时，首要任务就是修建萨坛。如榕江古州镇的口寨村于清道光十八年（1838）刻有一碑，竖于该村萨坛"通灵祠"前，碑文说："此村鸡卦神坛也，始祖由浙右之粤，移徙雷州星县，沿河而上，寄迹于斯。自车鲁及月墨等处，共十二姓。越元明清，因不知来自何年，先代祖始立寨于壬申螺形之半山（按，该寨对门山间），迄兹故垣基址，至今尚在，盖平原树木掩翳，深林密满，难以居人，至明始入平地而居之。溯未辟以来，缘本设立于此，迨雍正平成后，乃迁居于是焉。立坛于池畔之西南角，以大石盖其上，每岁孟春，毕聚于兹，执鸡卜之，择其吉而从之，以为终岁平安乐业之兆，无不应验。然未有栋宇，不无阴雨而祈寒，是以吾辈新起遮风蔽雨之举。至嘉庆二十年，众等会集三姓，同心建亭于此，一举而两善，将见人神共庆亦祀，并留于石上，题曰敬亭，以垂不朽。"侗族民间流传的《祭祖歌》说："未置门楼，先置社坛，未置寨门，先置'柄'（biingl）神之位。"按这种记载和说法，可断此神坛与口寨同生，与侗族先民同迁而至，并揭示了该村萨坛由露天式到屋宇式的演变过程。

其次，位于今贵州省黎平县龙额乡境内的六甲寨或丹阳寨，自古以来都只是一个小寨子，土地资源贫乏，仅能承载十多户人家，且其所在的整个"弄堂概"地区亦是山多地少、地势逼仄，土地贫瘠，人烟稀少，根本无法产生像传说中李姓恶霸那样能够制造深刻民族矛盾的、有财有势的本土大财主，有关李姓恶霸与侗家女杏妮之间压迫和反压迫斗争的传说明显站不住脚。退一步说，即使历史上这一带确实有一名侗家女率众反抗"弄堂概"地区一位恶霸地主的压迫剥削，并抵抗前来镇压的官兵而牺牲，其规模也不会太大、影响不会太广（各种史志文献中丝毫不见相关记载即是明证），她也不足以被整个侗族（至少是南部侗族各支系）顶礼膜拜，尤其是尊奉为本民族的圣祖母和最高保护神。

其三，如果萨玛崇拜确实起源于今聚居地，则迁徙古歌、《萨岁歌》以及手抄本安坛典籍中关于侗族先民携带萨玛溯江而上，一路迁徙而来的记述，又当如何解释？

因此有学者指出，基于上述理由，基本上可以排除萨玛崇拜的本地起源说。

观点二：萨玛原型即《隋书》中的冼夫人

冼夫人（512—602年），原名冼英，广东高凉（广东高州）人，俚族部落首领之女，后嫁与当时的高凉太守冯宝。《隋书·列女传》"谯国夫人传"有云："谯国夫人者，高凉冼氏之女也。世为南越首领，跨据山洞，部落十余万家。夫人幼贤明，多筹略，在父母家，抚循部众，能行军用师，压服诸越。每劝亲族为善，由是信义结于本乡……及宝卒，岭表大乱，夫人怀集百越，数州晏然。至陈永定二年，其子仆年九岁，遗帅诸首领朝于丹阳，起家拜阳春郡守。仆以夫人之功，封信都侯，加平越中郎将，转石龙太守。诏使持节册夫人为中郎将、石龙太夫人，赍绣幰油络驷马安车一乘，给鼓吹一部，并麾幢旌节，其卤簿一如刺史之仪。至德中，仆卒。后遇陈国亡，岭南未有所附，数郡共奉夫人，号为圣母，保境安民。"后冼夫人率领岭南民众归附隋，隋朝加封她为谯国夫人，去世后追谥"诚敬夫人"。冼夫人的儿媳妇也姓"冼"，她继承婆婆的事业，管理岭南一带，也是历史上出色的女豪杰，后世也称其为"冼夫人"，而称她的婆婆谯国夫人为"冼太夫人"。但一般史籍中皆称谯国夫人冼英为"冼夫人"，本书从此说。

冼太夫人历经梁、陈、隋三朝约80年，其军事、政治活动横跨南越十余州。她生逢全国时局最混乱之时，作为南越首领，拥有自己庞大的武装力量，并且深得民心，但她始终致力于国家的统一和民族团结，一生不遗余力地协助朝廷剪除地方割据势力，惩治贪官污吏，革除社会陋习，以促进民族融合和推动社会文明进程。她事国以忠，亲民以德，行政以仁，治兵以义，因此恩播百越，威震南天，而深受人民爱戴，屡得皇朝的信任和褒扬，逐渐上升为有权调动指挥六州兵马，雄踞一方的赫赫有名的部族首领，在中华民族历代英雄豪杰中亦少有可比者，被周恩来总理赞誉为"中国巾帼英雄第一人"。

为了世代纪念和祭祀冼太夫人，岭南人在人群活动的中心地方都为她立庙。在宋朝以前，化州署内已建有冼太夫人庙，官府拨专款每年定期隆重祭拜，以纪念这一家乡英雄儿女、地方长官、巾帼英雄。

根据南部侗族地区的一些迁徙古歌、萨岁歌和有关碑刻记载，张民等学者认为，萨岁是一位能征惯战、平息祸乱、治理地方、保家卫国、功勋显赫、深孚众望，并深得朝廷信任和厚重封赏的女性军政首领，与《隋书》等史籍中记载的冼夫人，在地望、出身、族属、时代背景、生平、业绩、封赏、岁寿、为神的称谓及职能等方面，都十分类似，冼夫人应该就是萨玛的原型。[1]

---

1. 张民. 萨岁是侗族先民越人首领——巾帼英雄冼夫人（自然土地神演为人神化的社会土地神）[J]. 贵州民族研究，2003，(4).

史载冼夫人系俚人首领，在母家时即能"抚循部众，能行军用师，压服诸越"，后岭表大乱，"夫人怀集百越，数州晏然"。而俚僚渊源颇深，都是越人后裔，语言相近（比如都称首领为"都老"）、风俗相似、地域相接，故作为侗族先民的僚人至少有一部分或大部分当时在冼夫人的控制、保护之下，他们对恩播百越、威震南天的冼夫人产生崇敬爱戴完全有可能。冼夫人与其儿媳两代豪杰，均被后世尊为"冼夫人"，亦与萨玛崇拜中的母女（姊妹）分别被尊为大、小圣祖母的情形暗合。

民国《续修儋县志》卷4《建置·坛庙》记载："宁济庙在州署前直街东南坊，祀谯国夫人冯冼氏。……自有唐来已立庙。"可见在冼夫人去世后不久，就被尊奉祭祀，冼夫人崇拜很早就成为粤西和海南等地一种地方传统文化现象。这种偶像崇拜使冼夫人的事迹代代相传下来，并且不断散发出光芒，成为粤西地区和海南岛地区民俗文化的一道亮丽的风景。隋封冼夫人为谯国夫人，宋封其为显应夫人，明封为高凉郡夫人，清封为慈佑夫人，历代王朝的不断加封，更使冼夫人崇拜由民间地方神祇升格为国家的正统神灵。王朝的加封，使得冼庙神灵的威力得到增强，信仰圈也会随之不断扩大。

从南部侗族的一些迁徙古歌、萨岁歌和历史碑刻来看，侗族（至少是侗族的一部分）先民的原住地是两广交界的高州、梧州一带，在冼夫人时代应属越人支系之俚僚部落，后来才溯江而上迁徙到今天的黔桂湘毗邻地带，而且一路上带着"萨玛"随行，到了今贵州省黎平县龙额乡境内的"邓海美麻"（daeml neit meix mags，侗语地名），才建立了迁来黔地后的第一个萨玛坛。正如榕江县脉寨、美蝉等地的《嘎萨》所唱：

danl xup sax siis,　　　　　　　　当初萨岁，

nyaoh aox muc xul xinv,　　　　　在那梧州郡，

muc xul xogl xingv,　　　　　　　梧州起身，

yinh xul map.　　　　　　　　　　从那浮州来。

yidx sax qak nyal,	扶萨上河,
map gangh gangh,	来纷纷,
map touk nyogl yangc,	来到富禄,
sax sav soh,	萨休息,
map touk nyal yoh.	抵达"约河",
sax qak jenc.	萨上岸。
daeml neit meix mags,	邓海美麻,
weex nyil dangc jeenh sax,	建立萨殿堂。
Siik weengh bav nyax,	四支纱枕,
Saip sax xut.	让萨来守防。

　　吴世华曾经撰文提出，侗族萨玛崇拜早在宋元时期已经存在[1]。从贵州省从江县往洞乡九洞地区发现的《东书少鬼》一个手抄本的传抄情况来推断，萨玛崇拜至迟在明代业已出现。[2]

　　综上可以推断，侗族萨玛崇拜最初应属冼夫人崇拜之一种，在岭南侗族先民从岭南迁来之前已经出现，后随着侗族先民迁入今住地，并受迁入地自然条件和人文社会环境之影响，不断发展演变而成今天的样子。

（二）节日的传承、流布

　　上面说过，冼夫人去世后不久，就被尊奉祭祀，并逐渐神化，冼夫人崇拜自唐以降已成为粤西和海南等地一种地方传统文化现象。当时还处在岭南一带的侗族先民，其社神崇拜很可能从那时开始同以冼夫人为原型的英雄崇拜相结合，逐渐演变成与当地其他部族冼夫人崇拜、尤其是官方冼夫人崇拜

---

1. 吴世华. 侗"萨"时代初探——三江林溪萨神遗迹调查[J]. 贵州民族研究，1990，（2）.
2. 向零. 一本珍贵的侗族古籍——《东书少鬼》[J]. 贵州民族研究，1990，（2）.

▲ "弄堂概"萨岁山山顶祭坛／韦志忠等 摄／2012年

有所差异的信仰形式。

　　根据侗族迁徙古歌、传说，上述提到的贵州省榕江县三宝地区口寨萨坛"通灵祠"前刻于清道光十八年（1838）的碑刻，以及有关侗学研究成果，侗族先民（至少其中一部分）很可能于唐宋时期，由两广交界的高州、梧州一带，溯都柳江等水路迁徙，来到黔桂湘毗邻地带定居，沿途带着"萨玛"同行。

　　张民在《关于榕江县车江的"萨岁"调查》一文中写道："据《嘎萨》和《安坛经典》云：其根基或称'祖籍'，在'容音（yongc yingh）河'头。居'王胆（wangc danx）山'，或'容胆（yongc danx）山'中，这里，'上是悬崖峭壁'，'绿草郁郁'，'下是水潭深渊'，'水声怒吼'。也有的说她最初落居'三耸岩'（bial saemp sens，可译为'笔架山'），其后移居'卡秀'（gax xul），或住'南山水'，随侗族先民，沿河而上。从'木秀'（muc xul）、'学县'（xogl xinv）出发，经'巨

秀'（juiv xul）、'音秀'（ying xul）等地，到了'六阳'（logx yangc
或nyogx yangc），停留暂驻，休养生息，继上'约河'（nyal yoh），登
陆'扎营'于'邓海美麻'（daeml heit meix mags），测方位，定地盘，
牵绳索，划界线，设堂殿，镇其间。查上述地名，与之音近的，有'容
县''高州''梧州''新县''贵州''浔州''六阳'等地，在今之
广东、广西交界之区。至于'约河''邓海美麻'，据说，在今之贵州省
黎平和从江两县相毗邻的龙额一带。所以有许多地方，在修建这位女神的
祠坛时，都到这里挖一撮土，背回村里，置于坛中，表示获得其灵，迎之
而至，以保寨民。"[1]

　　综上可以说，侗族的萨玛崇拜很可能并非起源于今天的分布地域，而是
早在迁出岭南之前已经出现，并随着侗族先民从两广交界的岭南一带迁徙而
来。今贵州省黎平与从江县毗邻的龙额乡之"邓海美麻"，很可能是当年侗
族先民迁徙到现分布地之后，建立第一座萨坛之所在。以后各地设立新坛，
都要来这个老坛取一碗土背回去，以寓意请得萨玛神灵同去。

　　后来，历史上迁徙的事件逐渐被众人所淡忘，人们很可能是由果推因，
由现实中建坛要到"邓海美麻"取土，推想出历史上萨玛之根源应在"邓海
美麻"，于是以"邓海美麻"为活动中心，编造出种种关于萨玛原型身世、
生平的故事。上述侗家女杏妮率众反抗李姓恶霸盘剥欺压，抵抗官府镇压，
后在"邓海美麻"跳崖牺牲的传说，很可能就是这样编造而来的。

　　据已有研究和侗族地区萨坛建筑（或遗址），萨玛崇拜曾经一度盛行于
今贵州省黎平、从江、榕江，湖南通道，广西三江、龙胜等南部侗族地区，
而且以黎平、从江、榕江为中心，向北、向南播散开去。湖南通道县一些侗
族村寨，称他们的萨玛源头在贵州古州（今榕江县城一带）；广西三江、龙

---

1. 张民. 关于榕江县车江的"萨岁"调查 [A]. 贵州省民族研究所编印. 贵州民族调查（之
七）[C]. 1989.

胜等县的一些侗族村寨，也称他们的萨玛源头在贵州，这与迁徙传说中侗族先民来到现分布地以后，在贵州省黎平县境内的"邓海美麻"建造第一座萨坛的说法相一致。

四、节日的变迁、地区差异及流行现状

（一）节日的变迁及地区差异

1. 关于萨玛的称谓

"萨玛""萨岁""萨滕""萨柄""萨堂""萨玛庆岁"等，作为萨玛的不同称谓，各地都能知晓和接受，但常用的具体称呼又各有所不同。"萨岁"，尤其是"萨玛庆岁"更接近古侗语，且多出现在各地安坛手抄本典籍中，应属比较古老的称谓。"萨玛""萨滕""萨柄""萨堂"等，更接近现代口语，可能较"萨岁""萨玛庆岁"等称谓晚些出现，且区域性很强，如榕江三宝一带称"萨玛"，从江九洞一带称"萨柄"，从江高增称"部兵"，黎平牙双称"萨当"等。至于有些地方称萨玛为"圣母"等，称萨坛为"圣母祠""圣母元堂""威宁祠""通灵祠"等，则显然系受汉文化影响所致，应是比较晚近的现象。

至于为什么祭萨的祭会被称为萨玛节，应与榕江县申报的萨玛节2006年进入第一批国家非物质文化遗产名录有关。过去，侗族民间并没有明确把祭萨的祭会称为节日，当然也没有相应的节日称谓，自从榕江县的萨玛节成功申报成为国家级非物质文化遗产，"萨玛节"自然也就成为该节日最权威、也是迄今其作为节日的唯一的名称。

2. 关于萨坛

原先，侗族萨坛沿袭社神崇拜封土为祀之传统，都是露天而建，垒土成堆并以石头围砌，至多围以石墙或木篱笆。后来，因受到佛道寺观的影响，才逐渐出现屋宇式萨坛。榕江三宝口寨萨坛"通灵祠"前的碑刻所记"……然未有栋宇，不无阴雨而祈寒，是以吾辈新起避风蔽雨之举。至嘉庆二十年，众等会集三姓，同心建亭于此，一举而两善，将见人神共庆亦祀"，正揭示了当地萨坛由露天土堆式向屋宇式演变的重要史实。今天，南部侗族地区现存的萨坛，主要有屋宇式、露天式两种。边远闭塞、交通不便的山区，如贵州从江九洞，黎平银朝、口江、铜关、宰拱等地，湖南通道的坪阳、坪坦等地，广西龙胜的宝赠等地，萨坛依旧是露天封土式居多；而以榕江三宝一带为代表的靠近城镇、交通便利、受汉文化影响相对较深的地区，则其萨坛以屋宇式居多，如三宝一带十余座萨坛全系屋宇式，而且建得相对更接近汉地寺观，不似他处那么古拙简陋。此外，有的地方，萨坛罕见地设在村民的家里，如贵州省从江县信地村的萨坛，设在居住于宰友寨的"登萨"（dens sax）杨公平发的家里面，以"邓你"（dinl nyax·纱桄礅——络纱具）为桩，束一纸伞，置一长凳，摆三个小杯，用糯米草比量人体四肢骨骼，长短相等，捆成一束，以代人体，侗语曰"夕"（xigt·尺），陈于其

▼ 位于增冲村寨子背后的露天萨坛／吴定勇 摄／2011年

▼ 银朝村露天萨坛（以篱笆围住）／吴定勇 摄／2009年

▲ 寨头村萨玛屋大门／吴定勇 摄／2009年

旁；三江林溪岩寨的"萨坛"，设在吴全德家的二楼堂屋里。

萨坛的建置，有些是以自然寨为单位，每寨一座；有些是以村为单位，全村数寨共建一座，如从江高传；有的全村共建一座，作为总坛，各寨又各设分坛，如贵州省从江县的高增；而某些特大寨子，如榕江三宝的腊夏（车寨）、黎平肇兴，几百上千户人家按地段分成若干"格"，以"格"为单位各设一座萨坛，各坛之间地位平等，没有凌驾于其他萨坛之上的总坛。

新建萨坛，过去无论远近，都要派人到黎平县境内的"邓海美麻"老坛取土。后来这道程序逐渐简化，多数时候取土队伍只是象征性地走出村寨一二里，半道上象征性地取点土就打道回府交差。真正到"邓海美麻"背萨（取土）的已经非常少见。

3. 关于管萨人

各地负责萨坛日常管理和扫祭的人员，侗语称"登萨"（dens sax）或"堆萨"（deic sax），可译为萨坛管理人，简称管萨人。管萨人传统上均须出自最先落寨的家族（老户），可世袭，也有的通过占卜从老户中产生。各地登萨都由中老年男性出任，但榕江三宝一带须由老年妇女出任。

4. 关于萨坛的公共田产

不论过去现在，多数村寨都集体凑出一定的田亩作为"萨田"，交由管萨人自种自收，作为他管萨的报酬并供平时祭萨之费用，只是现在各村寨的萨田都比从前少得多。比如从江县高传寨，以清道光年间的亩产折算，当时高传村的萨田面积产量合8360斤，而今天只有1200斤。[1]

5. 关于节期

侗族传统上有"三年踩歌堂，五年斗牯牛"之俗，即周期性大型祭萨活动要连续举行三年，然后中断若干年，再周而复始，流行区各地都是如此。而且，各地周期性大型祭萨的节期一般是比较固定的，有的在春播之前的正二月间，有的在秋收之后的农历十月至十二月；有的地方，如广西三江的一些村寨，还保持更加古老的社祭传统，一年里分别举行春祭和秋祭。

可最近二三十年来，绝大多数村寨已经多年未举行这种周期性大型祭萨活动了，就是仍在偶尔为之的村寨，也早已不再严格遵循"三年踩歌堂，五年斗牯牛"这个传统，多趁外出打工者春节回家过年、村里人口最集中的正月上旬（春节期间）举办，不再固守传统的节期。

至于官方主导的萨玛节，出于政治、经济方面的原因，有时一个村寨一年里要举行三五次或更多次的大型祭萨活动，节日本身的神圣性、严肃性几乎荡然无存。譬如在榕江县有关部门的主导下，该县三宝侗寨仅2007年1—8月就被动举办了4次萨玛节，当年新华社贵阳8月5日专电《榕江："萨玛节"过几回，糟蹋原生态》对此提出了质疑。

6. 关于祭品

黑毛猪、绿头公鸭、打鸣公鸡等三牲各一只，是传统上大型祭萨活动必备的祭品，而且只能淹死（猪）或勒死（鸡、鸭）。但贵州从江县的九洞一带，牺牲中的公鸡要两只；而广西龙胜的宝赠一带，大型祭萨活动的牺牲，除了猪、鸡、鸭之外，一般还有羊。如今举办萨玛节，许多地方已经不再刻意备办这些祭品了，一般只用特制的萨玛茶、三条鱼（鲜鱼或腌鱼均可，但多为腌鱼）、三杯酒和糯米饭等来敬供。但榕江三宝、三江林溪、通道坪

---

1. 向零. 从江县九洞侗族社会组织与习惯法[A]. 贵州省民族研究所编. 贵州民族调查（之三）[C]. 1989. 228.

坦等地，萨玛节至今仍需要有黑毛猪、绿头公鸭、打鸣公鸡等牺牲。包括榕江三宝一带一些地方的祭品，还有为萨玛献祭而新制的老年妇女的衣裙鞋袜等，其中草鞋必备。

关于萨玛茶，这里得强调几句。侗族妇女平常一般不饮酒，故侗族祭萨以茶为先，每月的例祭只供茶，盛祭才外加米酒和三牲、腌鱼等。祭萨的茶不是人们日常饮用的茶，而是用一种特别的香茅煎制而成，专用于祭萨，侗语称"血萨"（xiec sax）或"血少"（xiec shaop），可意译为"萨玛茶"或"草茶"。这种香茅比较难寻，过去每个萨坛附近都有种植，以备不时之需，每煎必用。现在早已不再那么讲究了，萨坛附近鲜有种植，煎制萨玛茶时一般就用平常茶叶替代，或者随便扯点芭茅草充数。

7．关于鸡骨卜

鸡骨卜和蛋卜、米卜等，是侗族传统的卜卦方式。根据流传于侗族民间的各地手抄本安（萨）坛经典，诸如从江县朝利村的《东书少鬼》、高增村的《请神圣安社堂言语》、高传村的《占推遮地多滕》、榕江县脉寨的《招谢圣母咒语》等手抄本所记载的情节，和流传于黎平、榕江、从江等县民间祭祀的颂歌——"嘎萨岁"（或称"耶萨岁"），以及有关调查资料，过去各地的萨玛崇拜活动都要举行鸡骨卜。榕江三宝口寨萨坛前的古碑刻记载，就明确指出该萨坛乃"鸡卦神坛"，即通过鸡骨卜选定的坛址，而且"每岁孟春，毕聚于兹，执鸡卜之，择其吉而从之，以为终岁平安乐业之兆"。现如今，除了从江县往洞乡的高传村、西山镇的陡寨村，黎平县肇兴乡的堂安村等地，仍在萨玛节活动中举行鸡骨卜之外，其他如榕江县的三宝等地已不再行鸡骨卜，而换成了走阴。目前在萨玛节活动中仍行鸡骨卜的村寨，则多不在萨玛节活动中走阴，由此可以推知在萨玛节活动中走阴是比较晚近才出现的现象，可能是近代以来受到当地苗侗巫术文化的影响所致。

（二）节日流行现状

调查中，据南部侗族地区各地七八十岁以上的老人回忆[1]，中华人民共和国成立以前，几乎每个侗族村寨都有自己的萨坛，岁时供祭，香火不绝。1949年以后，接二连三的政治运动对萨玛崇拜造成巨大的冲击，使之逐渐式微。尤其是"文革"期间，萨玛崇拜被当成破"四旧"的对象之一遭到严厉打击、取缔，许多萨坛被破坏，大型祭会基本绝迹，只是少数村寨的管萨人还暗地里进行一些扫祭活动。十一届三中全会以后，农村实行联产承包责任制，农民的经济生活迅速改观，温饱问题得以解决，加之拨乱反正，党的民族宗教政策得到贯彻落实，政策环境宽松，侗族的萨玛崇拜和斗牛、为也等许多传统民俗事项一样，久被禁绝之后忽然放开，一度强力反弹，在20世纪八九十年代迎来了一个辉煌而短暂的黄金时期，许多萨坛被修复，各地祭萨活动一度非常活跃。

20世纪90年代中后期以后，尽管政策环境仍然很宽松，但市场化、城市化、全球化日甚一日的冲击，严重削弱了萨玛崇拜赖以生存的社会文化基础。因此，最近二三十年来，萨玛崇拜在南部侗族地区急剧衰落，除了一些村寨因举行斗牛、为也等外联活动而偶尔临时祭萨之外，自发举办带有节日性质的盛大祭会（萨玛节）的村寨已经寥寥无几。以笔者调查所见，进入21世纪以来，如贵州省从江县的九洞地区（地域范围大致相当于今从江县往洞乡）十多个侗族村，只有高传村分别于2005、2006、2009、2010、2012、2013、2015年春节期间举行过萨玛节活动，其余皆未见举办萨玛节活动，不少村寨甚至连萨坛都已经废弃不管了。

在榕江县三宝地区，各个村寨的萨坛目前还有管萨人管理，负责每月初一、十五开门扫祭。其中的腊夏（车寨），每年正月初的年祭还在坚持，算

---

1. 从江高传村王光华、信地村吴安昌、往洞村吴公格，黎平宰拱村吴显文、铜关村吴必方，榕江车寨杨朝明等侗族老人，在接受笔者访谈时，都提到类似观点。

是一种保存得较好的地方性萨玛节，这也许正是榕江县萨玛节申报国家级非物质文化遗产并获成功的主要原因。不过除了车寨，民间自发举办的大型祭会在三宝地区其他村寨也已经非常稀少，据笔者所知，这一带近年来似乎只有月寨于2007年3月30日（农历二月十二日），举办过民间自发的萨玛节活动。由县镇有关政府部门发动、组织而在三宝一带举办的萨玛节活动近年来不少，有的年份还反复举办多次，但这类活动已经离传统意义上的萨玛节越来越远，甚至严重走形变味。

在黎平县的龙额等地，通道县的坪坦一带，三江县的林溪一带，龙胜县的宝赠一带，萨坛的管理还比较正常，萨玛节活动也还相对比较活跃，但官方、半官方介入的成分越来越浓厚，真正属于民间自发举办的萨玛节同样越来越稀少。

相应地，各地萨玛节的仪式、规约、禁忌等也已经变得越来越简约、松弛，不再那么考究了。比如节期，一般都趁正月上旬春节期间人员最为集中的时机举办，且不再遵循连办三年告一段落的旧规。基本内容与环节也会有所简略，譬如九洞的高传村，如今的萨玛节活动一般只包括请萨、游寨、萨堂祭祀、哆耶等环节，鸡骨卜少见，进田坝祭田更罕见。

五、节日活动的基本内容和过程

萨玛节活动，各地均有且大致相同的基本内容和过程，包括村寨集体敬祭请萨、共饮萨玛茶、转寨巡游、哆耶娱乐、会餐等。

敬祭请萨。是为萨献祭并将她请出来，和大家一起活动。一般是晨饭[1]

---

1. 在侗族农村，传统上一日三餐虽然也称早饭、午饭和晚饭，但时间安排有些特别：早饭时间大致在上午十点前后，为了与通常意义上的早饭或午饭相区别，可称之为晨饭；午饭即晌午饭，时间在下午三点左右；晚餐在晚上七八点左右。晨饭之前，有时还过早，则相当于通常意义上的早餐。

过后，由寨老召集村众聚集萨坛四周，由主祭、副主祭人主持祭萨仪式。献祭之后，请动萨玛出来与民同乐，或随行护佑。祭毕，呐喊、吹芦笙，以壮声威，以助行色。

共饮萨玛茶。即在请萨之后、出发之前，由管萨人将献祭给萨玛的萨玛茶，分赐给在场的众人，每人抿一口，以示大家都得到萨玛护佑，可以逢凶化吉、遇难成祥。有时人们还摘一点萨坛里的黄杨树枝叶戴在身上，也取这个彩头。

▼ 从江县庆云村转寨前祭萨／鄢从龙 摄／2013年

转寨巡游。有的地方称"转寨"，即请出萨玛并分赐萨玛茶之后，铁炮鸣放，芦笙响起，在寨老、祭师、管萨人的主持和带领下，村众排成长长的队伍，沿着村内干道将整个寨子巡游一遍，以求萨玛神威庇护整个村寨，以期盗贼不能进村，老虎不能进寨，一切灾祸不吉均远离村寨，保护人畜兴旺、五谷丰登。

踩歌堂哆耶娱乐。即转寨巡游结束后，大家来到田坝里传统的踩歌堂[1]或萨玛坛，先是绕堂（坛）几周，

▼ 银朝祭萨时芦笙队在萨坛前助兴／吴定勇 摄／2009年

---

1. 一般是一两块较大的稻田，因萨玛节举行在秋收之后、春播之前，故干硬如空地。

▲ 宰拱哆耶：环绕萨坛哆耶（儿童）／吴定勇 摄／2010年

然后大家手牵手围成圆圈，哆耶[1]歌唱萨玛。哆耶一阵之后，人们开始自由娱乐活动，吹芦笙、弹琵琶、唱山歌，甚至斗牛、斗鸡、斗鸟，人神共欢，各得其所。

聚餐。傍晚，巡游队伍从踩歌堂又浩浩荡荡一路返回萨坛，并在萨坛前的空地上哆耶一阵之后，大家坐在一起，与萨玛共进晚餐，在上首留一空位，为萨玛之位。晚餐酒菜，可集资备办，也可各家各户各带几样，大家共享。

其他带有区域性而又重要的内容或环节，主要有鸡骨卜、走阴、杀牲、献生、献熟等，请详见志略部分，此处不赘述。

1.哆耶，是侗族一种集体歌舞形式，即众人手牵手围成圆圈唱耶歌，踏歌起舞。

六、节日之于地方日常生活的意义和功能

作为一种全民性的流传久远的重大宗教祭会和民俗活动，侗族萨玛节的历史作用和社会影响是深远而巨大的。关于以萨玛节为核心的萨玛崇拜之性质、功能和意义，笔者1995年在《萨岁崇拜与侗族抗暴自卫》[1]一文中作过探讨，兹概述并补充、修正如下——

就其历史形态而言，萨玛崇拜属于原始土地崇拜与英雄崇拜、始祖崇拜相结合而形成的民族保护神崇拜，其实质仍属村寨（地域）性的社神崇拜。社神的职能，一般是掌管五谷丰登、人畜兴旺和住区安全。我国许多民族，如汉、傣、景颇、拉祜、布朗等族的社神崇拜，均是上述几种职能均衡并重。但侗族的萨玛崇拜更加突出反抗封建压迫和抗御地方匪患之功能。这种功能之所以变得非常突出发达，主要是由侗族特殊的社会历史条件和民族生存状态所决定。侗族大约形成于唐宋时期，此后长期生存栖息在湘黔桂结合地带。这里虽属高原山地，却是所谓的"溪洞"地方，崇山峻岭之间，散布着许多溪谷小盆地，为侗民族的稻作经济提供了比较理想的耕作条件，再辅以丰富多彩的采集渔猎活动，人们的经济生活相对具有较大的保障，无须在这些方面过多仰仗村寨保护神萨玛的佑助。另一方面，侗族地区主要位于作为长江水系和珠江水系分水岭的雷公山南北麓，是两大流域之间最边远的腹心山区，极端闭塞偏僻。与此有关，封建王朝对这里的治理开发比较晚，此地的社会治安管理长期处于非常薄弱的状态，社会秩序混乱，盗匪横行，民不聊生。同时，唐宋以降，尤其明清时期，封建王朝对于侗区的势力渗透陡然增强，其间伴随着血腥的武力征服和残酷的阶级掠夺。这样，侗民族自形成之初羽毛未丰之际，就饱受各种来自外部的侵扰和冲击，灾难格外沉重。为了生存下去，人们不得不抱成一团，在全寨、全村乃至全款范围内联合

---

1. 吴定勇. 萨岁崇拜与侗族抗暴自卫[J]. 西南民族学院学报，1995，(3).

抗暴，同各种侵犯、压迫力量展开斗争。在敌强我弱、穷于应对的艰难处境中，村寨（地方）保护神护佑社区清吉平安的职能遂为人们所格外青睐和借重，被运用于频繁发生的各种反抗封建压迫和抗御地方匪患的斗争中，致使萨玛崇拜带上越来越浓厚的抗暴自卫色彩。

侗族萨玛崇拜服务于侗族反抗封建压迫和抗御地方匪患斗争的功能及方式，主要体现在如下几个方面：

（一）萨玛的英雄业绩成为一种榜样力量，鼓舞着侗族人民前仆后继，不懈斗争

有关萨玛的传说、故事，将萨玛描绘成一位抗击外侮、英勇献身的民族英雄，和一个起兵杀贼、平息祸乱的女豪杰，她为保卫家园南征北战，为维护民族利益不惜殒身，功高德重，垂范千古。这种光辉业绩和抗暴精神为人们家喻户晓，世代传扬，逐渐潜移默化渗透到人们深层的人格心理结构中，内化为一种民族性格和民族精神，驱使人们为争取民族的自由幸福不畏强暴，英勇斗争。龙迅曾撰文指出，清咸丰年间，"侗族农民起义领袖姜映芳、龙海宽于九龙山（今天柱县的石洞、水洞）组织起义……实际上就是借祭萨神（引者按：指萨玛）的活动来呼唤民众响应的。"[1]如果此说可靠，则说明历史上确曾有人利用萨玛崇拜这种榜样精神组织发动过大规模的侗族农民起义。

（二）萨玛崇拜的民族认同功能促进了侗族的团结互助，共谋生存

宗教具有重要的认同功能，因为"个人通过接受那些包含在宗教之中的价值观念和与他们自身相关关于人类本质命运的信念，便在一些重要方面逐步形成了他们对自己的自我理解和自我认定。而且，通过参加宗教仪式和

1.龙迅.侗族还愿文化考察与断想[J].苗侗文坛，1992，(4).

礼拜活动，他们还可以体现一些关于他们是什么的这类问题的理解。"[1]作为一种宗教形式，萨玛崇拜自然也具备这种认同功能。更由于其崇拜偶像是本民族的女豪杰、女英雄，能够引起侗民族共同的崇敬、缅怀和自豪，由此产生感情上的共鸣和沟通，达成彼此间的亲近和认同。此外，历史上英雄崇拜往往向祖先崇拜转化，人们常常把传说中的民族英雄视为本民族的共同祖先，譬如华夏族尊奉黄帝、炎帝为始祖，苗族尊奉蚩尤为始祖等。侗族也有视萨玛为民族共同祖先的倾向。榕江章鲁村的《嘎萨玛》唱道："……'三宝古州'，只有她是始祖，如今祖母成君，坐在大殿堂……"[2]明确指谓萨玛为"始祖"。其他许多地区的侗族人家，事实上亦都是把萨玛当作他们的共同祖先看待。因此，萨玛崇拜实际上还作为"共同血缘关系"的象征促进着侗民族的凝聚和团结。

侗族虽有聚族而居之传统，可是作为私有制时代建立于地缘关系基础之上的村社组织，侗族村寨的血缘关系并不是单纯的，一般每个村寨包含有三五个或更多的"房族"（相当于血缘氏族）和姓氏。正是通过集体奉祀萨玛这位共同的"始祖母"，在全体村寨成员之间罩上一层"同源共祖"的色彩，有助于人们克服狭隘的亲属意识，可以超越家庭、家族等血缘界限，在全村、全寨范围内做到不分彼此，共求生存。侗族村寨素有团结齐心，内求自治，外御强暴之传统，成为一种高度整合的社会，这与萨玛崇拜的认同凝聚作用应是密不可分的。

通过供奉这位民族女"始祖"，还有助于侗族不同村寨之间的团结互助，联合抗暴。具有地方性自治联防性质的侗族款组织的形成，固然以互为唇齿的地域关系为基础，但更主要的是以民族认同为前提。通过其民族认同

1.〔美〕托马斯·F·奥戴等著，刘润忠等译. 宗教社会学[M]. 北京：中国社会科学出版社，1990. 29.
2. 张民. 关于侗族"萨"神的调查报告[A]. 贵州省民族研究所编. 贵州民族调查（之九）[C]，1989. 15.

功能的发挥，萨玛崇拜对于侗族款组织的形成和巩固无疑起着巨大的作用。

（三）队伍出发之前的祭萨仪式起到良好的组织动员作用

在反抗封建官府的武装斗争中，以及抗盗御匪的军事行动中，或者在斗牛、吃相思等社会活动中，出发前均须由寨老组织带领全体参与人员会集萨坪（萨坛附近的小广场）祭祀萨玛，这本身就是一种督责之举和组织形式，促使人们齐集一处，为部署任务、统一行动做了必要的准备。祭萨过程中，神秘莫测的宗教氛围，肃穆庄严的礼拜仪式，容易唤起人们一种神圣感和使命感。司祭者还可以趁此机会借助宗教说教极尽其鼓动宣传之能事，为这些行动笼上一层神圣的光晕，向它们提供最高的辩护，使之显得格外神圣、崇高，令参与者无有推托、犹疑之余地，唯有义不容辞，奋勇向前。以此，达到最佳的组织、动员效果。

（四）萨玛崇拜的神威佑助承诺，鼓舞人们无所畏惧，拼命杀敌

萨玛这位最高保护神，在信众心目中具有无与匹敌的威力。对其神威，《东书少鬼》描述道：萨神，"转面向东，青龙应起；转面向南，贼人心惊胆颤；转面向北，贼人逃走；转面向西，贼人消散……口叫一声，天上神龙应起，五路相随；口叫二声，地兵显灵；口叫三声，作贼之人，心慌身中箭，面目慌张。"侗族民间其他关于萨玛的传说、歌谣、宗教祭词等也多有类似描述。总的来说，人们相信萨玛可以感应、驱遣天上神龙、地下阴兵等神秘力量暗助己方作战，叫敌人闻风丧胆，逃之夭夭；同时，她还像一柄巨伞一样荫护我方军兵人众，使之人强马壮，不受伤害。这种佑助期许，对于困境中孤弱无助的侗民族来说不啻无价珍宝和无上权威，历来为人们所宝贵和依靠。

在战事活动中，侗族村寨对萨岁军事保护神威的利用形式一般是：队伍出动之前，寨老率领全体参战人员祭萨求告，恳求她："发动千万神龙阴

兵"随军作战，"早上出发管前头，晚上回来管后面"，保佑我军"大腿硬似铁，小腿硬如钢"，"箭矢锋利，枪尖锋芒"，"所向披靡，锐不可当"，叫敌人"当堂败退，慌忙逃跑"[1]。祷毕，主祭者分赐参战人员各饮一口祭萨用的"萨岁茶"，摘下萨坛上黄杨树叶插在每人的头巾上，表示萨神随身佑助，逢凶化吉。出发时，还让管萨人手持一柄象征萨神所附的"萨岁伞"打头开路，意谓萨岁随军征战，冲锋在前，必将所向无敌，胜利而归。在斗牛、吃相思活动中，请萨仪式与此类似。

宗教可以给信徒以安全感和依赖感，"和自己信仰中的神相沟通的信徒……是最有力量的人。无论是忍耐生活的磨难还是去征服这些磨难，他都会感到自己身中含蕴着更大的力量"。[2] 因此，上述萨玛神威信仰和崇拜仪式对虔诚的侗族信众无疑是一种巨大的力量源泉，赋予他们无穷的信心和勇气，使之排除一切杂念和畏惧，在战斗中"有恃无恐"，勇猛冲杀。借此，侗民族还可以在心理上拥有强大的精神支柱，面对强敌敢于反抗，勇于斗争，不屈服于任何强暴势力的凌辱和侵犯。

（五）萨玛崇拜以其纯粹的群体功利目的之群体崇拜活动，不断巩固并强化侗族群众的群体观念和公益意识

许多民族宗教（如印度教、犹太教）和世界宗教（如佛教、基督教）虽为很多人所共同信奉，然其崇拜动机和崇拜活动则基本上以个人为中心，信仰从根本上说是为了个人的"得救"。民间的原始宗教相对地具有较多的群体性质，但往往也或多或少地包含个体的内容和形式。相对而言，侗族的萨岁崇拜则体现出最纯粹的群体性和公益性。

从侗族今天的萨岁崇拜现状，可以看出这样几个特点：第一，神坛是

---

1. 摘译自九洞增盈村"请萨词"，口述者杨金合。

2. 〔美〕托马斯·F·奥戴等著，刘润忠译. 宗教社会学[M]. 1990. 5.

公共性的，以村或自然寨或村寨内的片区为单位共建一个萨坛，没有任何家庭或个人私自拥有这方面的宗教设施；第二，管理、祭祀活动完全是群体性的，平时由管萨人代表村寨管理和祭祀，逢大祭年期或出现村寨性的重大涉外活动时，则举行隆重的集体祭祀活动，一般个人或家庭不会私自出面进行祭祀和管理；第三，无论常规祭祀还是临时性祭祀，人们都站在群体的立场上请求萨玛垂降恩泽，保佑村寨兴旺平安或者出师得胜，个人有事可以求助于任何别的神灵，但一般不会惊动萨玛。这一切，说明了萨玛崇拜纯粹是一种群体性质的宗教活动，体现的是原始的集体主义观念。长期为这样一种宗教信仰和民俗活动所熏陶，自然有助于培养、巩固人们的集体观念和公益意识。侗家人热心公益事业，对桥梁、道路、渡船等公共设施的建设，侗族群众都乐于献工、献料、筹资兴办。农闲时节，人们即组织起来将山间道路两旁之荆棘杂草铲光割净，让行人便于通行。山冲坳岭或村头寨尾，往往建有凉亭，或蓄古木，安置木凳，供行人乘凉休息。有的还于凉亭内或桥头桥尾，设有水池或木桶，盛凉水供行人解渴；悬挂草鞋，免费供过路人更换；燃起烟火，供人们吸烟、取暖。山道小路的岔口处，多立有"指路碑"，以便过往行人不至于迷路……所有这些，皆为侗族固有的风尚，而这种风尚之形成，应在一定程度上同萨玛信仰相关。

（六）萨玛节为侗族群众提供了很好的联谊、娱乐机会

侗族地区山高谷深，山多田少，边远闭塞，加上生产力落后，过去，为了温饱人们终岁劳作，鲜少休息，日子过得相当辛劳贫困。不经常有（平均一年不到一次）却隆重、热闹的萨玛节，足以让人们翘首以待，并在节日中积极投入、尽情参与，从中获得暂时的放松与快乐。特别是转寨巡游，几乎是全村男女老幼倾巢出动，结集游行，更为少男少女们提供了大好的展示机会，在众人面前尽情展示他们的盛装、银饰与容貌。而寨老们此时身着长袍马褂，也过了一把乡绅的瘾。游行队伍中，夹杂一些蓬头垢面、衣衫褴褛、

拖儿带女的"乞丐"或怪模怪样的丑角，给大家带来了乐趣。节日聚餐，大家猜拳行令，开怀畅饮，也是一大快事。如果节日期间举行为也活动，更会带来塞寨门、大宴宾客、演侗戏、对大歌、行歌坐夜等一系列社交联谊与娱乐活动，让老中青幼各类人群各有所乐，愉悦身心……

　　总之，萨玛节是一个制造欢乐的节日，可以让人们在长期的艰苦劳作之后，暂时放松身心，享受快乐。

一、节日时空

节日时空，包括节日举办的时间和空间。节日时间，指侗族举行萨玛节活动的比较固定的节期和时长。节期，一般是秋收之后到次年春耕之前的农闲时节；时长，可从一天到数日，具体情况因时因地而异。节日空间，指萨玛节活动展开的地域和场所，包括村寨、片区、萨坛、鼓楼、寨门、桥、民居、田坝、踩歌堂等。

节期

侗族普遍使用农历。除了管萨人农历每月初一、十五到萨坛烧香献茶和村寨临事祭萨之外，各地举行萨玛节的具体日期不尽相同，但一般是在秋收之后到来年的正二月间水稻播种前的农闲时节，择吉日举行。也有的村寨节期更加固定，如贵州省黎平县龙额乡境内的六甲、岑国、岑邑、牙库、岑枯、岑灿等近二十个村寨，将每年正月初八至正月十二定为祭萨节，届时各村各寨的群众都来到六甲村举行隆重的祭萨仪式。广西龙胜一带，年祭祭期大都是农历正月初八或十月初五、十月初八、十月十五日。还有少数地区节期比较特殊，如广西三江县的林溪一带，其萨玛节活动还保留着春秋两祭，春祭叫"傲松"（aol songc），每年春插前进行，春祭以后，众人才可以插秧；秋祭，主要内容是感谢萨玛护佑获得丰收，并向萨玛祈祷人丁兴旺、团寨安宁，是带有还愿色彩的祭会，一般在秋收之后的农历十月份举行。而榕江三宝一带，萨玛节活动包括年祭和盛祭，年祭的节期是正月初，盛祭则在农历正二月间择吉举办。

最近二三十年来，大多数村寨已经不再举办大型祭萨活动，少数还在偶尔为之的村寨，也多选在正月上中旬的春节期间人口最为集中的时候举行，不再严格遵守传统节期，如从江县的高传村，黎平县的银朝村、铜关、宰拱等。

各地侗族举办萨玛节、甚至同一个村寨不同年份举办萨玛节的具体时长不尽相同。一般是一天到三天，但如果当次萨玛节包含有鸡骨卜、安坛等内容，则时间难以预料。比如从江高传村，带有鸡骨卜的萨玛节，须在正月初择吉进行鸡骨卜，在全寨范围内寻找符合吉祥条件的鸡腿骨，耗时可能是一至数日；然后停下来办理娶嫁送礼／还礼事宜，之后再择吉举行为时1天的转寨活动，如果转寨加上进入田坝祭田的内容，则耗时3日。这样，高传村带鸡骨卜的萨玛节的实际总时长最短为2天，多的可达3天、5天或更长。

不管何地，如果萨玛节期间新建或修复萨玛坛，要备办很多东西，有更多的讲究，耗时会更长。

村、寨、格

侗族地区，"寨"与"村"的关系是：村是基层行政组织，寨是自然居住聚落（即自然寨），一般而言，村包括数寨（以一两个大寨为主体，加上周近若干个小寨），但有时一个大寨就是一个村，如黎平县的银朝村；有的特大寨子可划为若干个行政村，如黎平县的肇兴寨被划为5个行政村，榕江县的车寨被划为3个行政村。大寨又按地段与家族相结合，分为若干"格"（gueds，可大致理解为具有血缘关系色彩的居住地段或片区。"格"，有些地方也称"团"或"团寨"），"格"内居民无论有无血缘关系均互相视为兄弟，各家族之间不能通婚（近代有所变化）。如黎平的肇兴就分为仁、义、礼、智、信5个"格"，一个"格"为一个行政村；榕江的车寨（含妹寨）有"海格""宣格""饶格""流格""曼令""威格""万格""金格""香格""迫洛"和妹寨11个"格"，分为3个行政村：一村辖5个"格"，二村辖3个"格"，三村辖3个"格"加一自然寨（恩荣堡）。"格"下可包括若干个"兜"。"兜"是侗族社会组织的基本单位，最初是由出自同一父系血缘的若干个父系家庭组成，过去它有共同的墓地、山林和祭祖田，"兜"内严格禁止通婚。但一些后到的外来户，也可通过结拜而加入某个"兜"为兄弟，成为"兜"内的一员，只是不享有该"兜"的共同墓地、山林和祭祖田。随着人口的发展，"兜"可上升为"格"。

侗族的萨坛与行政村没有必然联系，它属于自然寨和"格"。如黎平肇兴5个"格"，每个"格"有一个萨坛。榕江车寨（含妹寨）有5个萨坛：妹寨一个，"海格"和"宣格"共一个，"饶格""流格"和"曼令"共一个，"威格"一个，"万格""金格""香格"和"迫洛"共一个。龙胜宝赠村辖普团、上寨、江边3个自然寨（屯），共有上寨那一个萨坛。每个萨坛都有自己的属地（居民、土地、水流），各坛各管，各萨各祭。

因此，一般情况下，侗族的村寨或"格"就是萨玛节的举办单位，也是萨玛节活动的空间范围。如果整个村寨拥有共同的萨坛，共同举办萨玛节，则其活动空间为全村及其附近的田坝和踩歌堂。拥有共同萨坛的一"格"或数"格"也可以成为祭萨单位，但其活动地域小于其所在的村寨。榕江三宝的章鲁、寨头、脉寨、月寨、口寨等，过去盛行联祭，联祭的活动区域可达若干个村寨。

萨坛

萨玛神坛，是侗族奉祀萨玛的祭坛，简称萨坛。南部侗族地区的黎平、从江、榕江、通道、三江、龙胜等县的侗族地区，过去几乎每个村寨（有时是"格"）都有自己的萨坛。这些祭坛起源相同，性质相同，而其内容、形式、规模、称谓不尽一致。在一些特大寨子里，一"格"或数"格"各建有自己的萨坛，如黎平肇兴5个"格"，每"格"各有一个萨坛；榕江车寨（含妹寨）11"格"，共有5个萨坛。

传统上，南部侗族地区侗族村寨均在寨头、寨尾或寨中的僻静之处建立萨玛神坛。神坛大小不一，多封土成丘，围以白石。坛内有的埋有活鱼及碗、筷、三脚架等餐具炊具；有的埋有刀、剑、弓、箭等武器。坛顶栽一棵

▲ 从江县庆云村佰你萨坛／鄢从龙 摄／2013年

黄杨树或桂花树象征神主；有的则埋长形白石头或立桂木木桩为神主；旁置一把黑色半开的纸伞。有的村寨还在神坛的白石堆上放置女性衣裙、蒲扇、草鞋等用品。

　　神坛多为露天，有的虽围以砖墙或木栅栏，但不盖顶。只有少数地方的神坛建有屋宇。各地都有专人看管萨坛，侗语曰"登萨"，可汉译为管萨人。管萨人专门负责平时给萨神烧香献茶，打扫萨坛卫生，大祭时准备祭品等工作。中华人民共和国成立前，一些村寨的萨坛还置有田产，交由管萨人耕种，其收成的一部分作为其酬劳，一部分作为大祭时的费用。祭萨的时间各地颇不统一，有的地方一年之中凡大小节日均要祭祀，有的地方则农历每月的初一、十五祭祀，有些地方在一年中只有三次祭祀，即二月祭、九月祭、腊月祭。平时坛门紧闭，任何人不得入内。

鼓楼

鼓楼是侗族特有的标志，是侗家人集会、议事和日常休息、娱乐的公共场所。

南部侗族地区的黎平、从江、榕江、通道、三江、龙胜等县的侗族村寨，过去一般一个自然寨建有一座鼓楼，如从江县九洞地区信地村的4个自然寨各有一座鼓楼，高传村两个自然寨各有一座鼓楼。一些大的寨子，则因分成若干个"格"而建有多座鼓楼，如黎平县的肇兴有鼓楼5座，从江县的朝利有鼓楼4座。

按照建筑造型，侗族鼓楼可以分为干栏式、楼阁式、密檐式、门阙式、民居式等，其中以密檐式鼓楼为最常见，这种鼓楼在绝大多数侗寨中都能见到，通常有5层、7层、9层、11层、13层，甚至更多，一般高达15—20米。

密檐式鼓搂下半部像座亭子，内外各有4根大木柱，支撑起一座正方形的大厅堂。厅堂中央是火塘，火塘四周有栏杆和大木板制成的长凳。

密檐式鼓楼的上半部好像一座密檐式的宝塔。通常是四边形或六边形，檐角高高翘起，态势如飞似跃。楼顶小阁放置着一根原木制成的长木鼓，这也许就是鼓楼名称的来由。宝塔尖顶上塑饰宝葫芦或千年雀等象征吉祥的造型。2001年修建的三宝鼓楼位于榕江县三宝地区的寨头寨内，建筑面积1050平方米，占地面积225平方米，楼高36.8米，21层，是迄今建在侗族村寨内最高、最大、层数最多的鼓楼（稍后建于从江县县城的侗族鼓楼高达29层、近50米，但不算侗寨鼓楼）。

雄伟的鼓楼完全是用杉木制作的，全楼找不到一根铁钉。站在楼下仰望可以看到大大小小的条木，横穿直套、纵横交错，结构异常严密。鼓楼内部也非常讲究，楼顶上、檐角上和封檐板下都装饰着精美的彩塑和绘画：有飞禽走兽、花鸟鱼虫、人物故事，更有大量的侗乡风情画。

楼门前一般留有一块小广场，铺以青石板，称为鼓楼坪。侗寨有坐鼓楼的习俗，每当夏日炎炎，男女老少至此乘凉；寒冬腊月，鼓楼里燃起熊

▲ 从江县庆云村鼓楼／鄢从龙 摄／2013年

熊篝火，人们聚集到这里烤火、聊天、听故事。节日里，全寨男女老少通常都到鼓楼围火而坐，或在鼓楼前的坪场上吹芦笙、跳舞、唱歌。村寨有重大事务或调解村民纠纷，人们会在鼓楼里举行由寨老主持的村民大会，商议解决。客寨来为也，主宾男女歌队则在鼓楼里对唱侗族大歌……总之，鼓楼是人们平时休闲集会、商量和处理公共事务的重要公共场所，是村寨的政治与文化活动中心。

鼓楼顶部的阁层悬有木鼓。鼓楼内一般架有梯子附着在大木柱上，遇到紧急情况时，便派人登上楼顶的小阁，敲响木鼓，向全寨传讯或报警。

有关祭萨事宜要在鼓楼里商议，有的祭萨仪式要在鼓楼举行……如果萨玛节期间举行为也活动，还要在鼓楼里分配客人，在鼓楼下唱侗族大歌，在鼓楼坪上吹芦笙。

堂瓦

侗族鼓楼高大雄伟，工程浩大，建造鼓楼需要耗费大量的人力、物力、财力，不是一件简单的事情，一些没有鼓楼的村寨便建"堂瓦"作为鼓楼的替代品。"堂瓦"，侗文写作dangc wagx。dangc，即场所；wagx，即公众，dangc wagx，意为公共（建筑）场所。有些地区亦称"堂卡"（dangc gkax）、"贡"（guemv）等。"堂瓦"一般为一层或两层简易木房，地面一层为聚会大厅，中央设火塘，四周摆放长长的条凳；二层堆放杂物。屋外有类似于鼓楼坪的岩坪或土坪。

作为鼓楼的替代品，"堂瓦"承担了鼓楼几乎所有的功能。自然，有关萨玛节的一些重大事项和萨玛节的一些重大活动，也会在"堂瓦"中进行。

风雨桥

侗族居住在溪河纵横的苍山翠谷之中，有逢水架桥的习惯。侗乡的桥梁有石拱桥、石板桥、木板桥、竹筏桥、板凳桥、独木桥等，尤以木质结构的风雨桥（又名花桥或福桥）最为多见。风雨桥多建在寨中、寨尾的溪流上或离村寨不远的通衢溪河上，一般都为杉木组合托架简梁式木桥，桥台上建长廊，桥墩上建亭阁，构思独特，造型美观，既便于人们通行，又是歇脚休息的好落处。许多村寨把萨坛、鼓楼、鼓楼坪、戏楼、寨门等有机地组合在一起，形成村寨祭祀、集会、议事、娱乐的中心。

当然，桥在一些村寨、尤其是被溪流一分为二的村寨，也是祭萨转寨游行的必经通道。如从江高传寨，转寨游行必须经过两道指定的桥梁；如果进田坝踩歌堂，还要再多走两道桥梁。这些桥有的属于风雨桥，有的只是一般的石板桥或木板桥。

戏台

侗族有唱侗戏的传统，有时本村寨自娱自唱，邀请其他村寨来为也时则客寨戏班子更要表演侗戏，因此建有固定戏台或临时搭建戏台，前面都有一块较为宽阔的空地（广场）以方便观众看戏。

固定的戏台一般为三柱排扇单间二层，台顶盖瓦。一层高约6尺，四围未装；二层高约1.2丈，铺装楼板为台面。台面宽约2丈，深约1.5丈，左右

▲ 庆云村寨门／鄢从龙 摄／2013年

两侧围以木板或栅栏。后台深约6尺，前后台之间用壁板隔开，左右两边各留一门，门挂红绸门帘。今多于后台两侧附建化妆室和休息室。台顶多无天花板。

　　萨玛节期间，有时会邀请友好村寨来为也，客寨戏班子会登台唱戏，为节日助兴。此期间如果没有客寨来为也，有的村寨也由内部戏班登台唱戏，自娱自乐。

寨门

　　侗族村寨，多建于依山傍水之河谷台地或山间峡谷之中，少的十几户或几十户，多的数百户乃至上千户。侗族村寨周围，过去常采取维护措施，或设篱笆栅栏，或筑土墙，或垒石墙，或环寨遍栽荆棘野刺，并在村寨的出入口处设寨门。寨门，侗语称"门胜"（menc singl）或"胜"（singl）。寨门多少要看村寨的大小、出入通道的多少而定，小的村寨设一两个寨门，大的村寨设三四个或更多寨门。如从江县高增寨是一个三百多户的大侗寨，过去寨门有12座，其主寨门修建在桥头，十分讲究，门楼顶上有五重檐攒尖顶宝顶装饰，横脊上各塑了两条游龙沿脊攀附。

侗族的寨门多为"井干式"木构建筑，有四柱、六柱或八柱框架的；有一间、两间或三间大屋的。有耸立于寨边的；有和鼓楼连接建造的。大门一般为两扇，其余则用木板装饰。寨门高度，有一丈多的，有两丈多的。寨门屋顶，有的盖瓦，有的盖杉树皮；有的前后两面倒水，有的四面倒水；有的为人字形，有的为宝塔形。寨门四角，有的装四个斗拱蜂窝作为装饰，有的只在门前上方装两个斗拱蜂窝。门柱、门板、门壁，有的雕龙绘凤，有的画鸟绘花。门前地面嵌有圆形或方形大石板，石板上刻有双鱼戏水等图案。寨门与村寨之间有石板路或花街路相接。寨门一般与鼓楼、风雨桥遥相辉映，三者融为一体，形成侗乡的特有风光，体现了侗族传统文化的特点。

传统上，侗族寨门具有多种功能：一可抵御外敌入侵；二可防止家禽家畜自由外出损害庄稼；三可作为迎宾送客之场所；四是从风水学的角度考虑，人们认为寨门还有贯通龙脉、关拦聚气的作用。但如今在村寨四面敞开、没有围墙的情况下，侗家的寨门实际上已没有任何防御性功能，剩下的只有作为迎宾送客场所的仪式功能，村寨之间的大型交往活动实际上是从这里开始也在这里结束的。因此，寨门不仅只是界标，它更是一个仪式的场域。

侗族村寨在萨玛节期间，有时会邀请客寨（或仅是戏班、大歌班、芦笙队）来为也，就会在寨门迎接客人，之后又在这里送走客人。

干栏木楼

南部侗族地区（尤其是山区）的民居多为"干栏"木楼，高二三层（阁楼层除外）。传统上是一楼安置石碓，堆放柴草、杂物，圈养牲畜；二层为主要生活起居的用房；三层多作为贮存粮食的仓库或晾晒农作物的场所，人

▲ 从江县庆云村侗族民居（干栏木楼）／梁忠海 摄／2013年

口多的农户也作卧室用。侗族"干栏"木楼的平面布局与汉族民居不同，通常由侧向木梯进入二层外廊，通过外廊到堂屋。外廊部分开间封闭，与堂屋相连成一体，廊宽1.5-2米，是全家起居活动的主体空间。卧室与堂屋都不大，厨房却很大，中间设火塘，既是"祖宗"安坐之位，也是冬天全家人围坐取暖之所在。火塘两侧是卧室。

进入21世纪以来，在建设新农村和文明村寨的运动中，许多地方的侗族已纷纷将起居室搬到一楼，把牲畜、家禽等置于屋外圈养。

侗族干栏木楼一般是一家一栋，也有将同一房族各家的房子连在一起，廊檐相接，可以互通。侗族干栏木楼的另一特征是"倒金字塔"形状，即第二层在第一层的基础上四面挑出60厘米左右，第三层又在第二层的基础上再挑出60厘米左右，形成上大下小的倒金字塔形木楼，这是侗族人利用空间的一种办法，这种占天不占地的办法可谓是巧夺空间。

诸如榕江三宝等坝区侗族，过去也住干栏木楼，清朝中晚以来已改住地屋，与周近的汉族民居接近，以穿斗架式三开间为主。

有些村寨，如从江九洞的信地、三江林溪的岩寨等村寨的萨坛，设在民居里面，当地的各种祭萨活动以该民居为中心。萨坛不设在民居的村寨，其萨玛节期间的转寨活动沿着村中干道巡游，实际上也是围着民居行进，意在借助萨玛神威护佑到全村各家各户。另外，萨玛节期间如果邀请他寨来为也，民居则是招待为也客人的重要场所。

田坝

侗族村寨多坐落于山谷溪峒，依山傍水，村落外多有或大或小的一片田坝，俗称坝子，侗语曰"变"（bieenv）。村落附近（一般位于寨脚）田坝中的某一两块大田，可能被指定为大型祭萨活动祭田、哆耶之场所，侗

▲ 位于黎平县银朝村寨脚的踩歌堂／吴定勇 摄／2009年

语曰"堂耶"（dangc yeeh）、堂谬（dangc miot），俗称"踩歌堂""耶堂"。盛大祭萨活动中，长长的游行队伍在游完寨子之后，会沿着传统线路进入田坝，来到踩歌堂祭田、哆耶、吹芦笙、弹琵琶，唱歌跳舞，人神共乐。最后又沿着指定线路返回萨坛。

土地庵

如前所述，侗族萨玛神坛实际上是社坛的性质，或者说是由社坛演化而来，但由于萨玛已上升为民族保护神和至高无上的圣祖母，其社坛性质逐渐被圣母神坛的光环所遮蔽，以致不为人们所明确觉察。于是，在汉族土地神崇拜的影响下，南部侗族地区的侗族村寨又在萨坛之外，另建土地庵来供奉土地神，岁时享祭。

侗族一般以村或寨为单位设立土地庵。侗语称土地神为"独堆"（duc dih），称土地庵为"堆头"（dih douc），晚近以降多用汉语借词"土地"直接代指土地庵。侗族村寨的土地庵一般设在村口要道旁，多以石刻人偶当作土地神像，并用石块围成小庵供奉之。过去，但凡逢年过节，都会有人前往土地庵拜祭；特别是萨玛节期间的转寨和祭田过程中，每当路过土地庵，人们都会驻足行礼，甚至祭拜一番。如今，绝大多数村寨的土地庵基本已经废弃，极少有人拜祭，但在萨玛节活动中的转寨巡游过程中，路过土地庵时人们一般还是要驻足行礼。

水井

侗族村寨一般位于河谷小盆地，依山傍水，聚族而居。溪流蜿蜒，水田成片，地下水源丰富。人们多在村寨附近，择一出水量较大的泉眼，开挖成水井，以供村寨日常的生活用水。水井四周围以巨大的青石板，顶上亦覆盖着青石板，以防止雨污水流进井里；只在正面留个口子，以便村民打水。井旁的地面也用大青石板铺设，显得非常整洁干净。大的寨子，一般挖有多处水井，以供村民们就近取水。

在远离村寨的要道旁，人们也喜欢到处挖掘水井，并放置碗、瓢，以便行人饮水。还在井旁设置木凳、石礅，以供行人休息。有些地方还用青石雕琢成水瓢状，接引山泉供过路人饮用，俗称瓢儿井。

二、组织

节日组织，包括组织单位、组织者、参与者等。组织单位有村、寨、"格"；或者说，村、寨、"格"都可能是萨玛节活动的主办（组织）单位。组织者，过去主要是寨老、管萨人、祭师等，现在还可以加上村干。现在的各级地方政府部门有时也会成为萨玛节活动的组织者。参与者，可以是一般村众，但孕妇甚至孕妇家属不允许参加有关祭萨的活动。

寨老

"寨老"系汉语借词，侗语曰"样老"（yangp laox），可汉译为"乡老"，但现在多用汉语借词"寨老"。寨老，是在处理村寨（团寨）内纠纷时能公平合理地调解，在处理与外部纠纷时能维护本村寨利益的过程中，自然产生的领袖人物。这些人办事公道，懂得乡条峒理，能为群众办好事，威信极高，所以寨子上无事不请寨老到场。而当地一旦偏离正道，受贿偏袒，假公济私时，其威信自然降低，寨老地位自然消失。如果寨老失职，视情节轻重，同样受罚，如黎平肇洞一带的《六洞议款规约》规定："做寨老的人哪个不好，勾引坏人进寨，吃里扒外，暗中吃群众的钱财，罚他十二串钱。"由于寨老是自然形成的，人员没有定数，有一二名、三四名或更多。如今一些地方五六十岁以上、有了孙儿（女）的男性村民也都被称为寨老，他们都可以寨老的身份参加萨玛节等重大民俗活动，但在其中起决定作用的仍然只有两三位核心人物。

▲ 从江县高传村寨老们在萨玛屋下的广场合影／吴定勇 摄／2009年

　　历史上，寨老们依据乡规民约处理村寨事务，对维护侗族地区正常的社会生产和生活秩序、兴办公益事业、组织群众娱乐活动、传承民族传统文化等方面起到了重要作用。中华人民共和国成立后，由于基层村民组织建设的加强，原来寨老制度和它的作用受到了巨大的冲击和削弱。但在一些边远的侗族地区，由于社会发展不平衡和血缘关系的影响，寨老制度如今仍在一定程度上发挥作用。近年来，在另一些地区，由于基层村民组织的作用削弱，传统的寨老制度又出现复兴的端倪，在组织民间传统活动和维护生产、生活秩序方面显示出一定的作用，指导着人们的行为规范。

　　1949年之前，寨老和保长职责是分开的，保长执行政府委办的事，寨老负责处理村寨内部民间纠纷与公共事宜。也有个别保长、甲长由于办事公道，在封建政府的苛政下能为本寨人民说话，得到群众拥护而成为寨老的。现在寨老仍是自然形成，有许多寨老是那些办事公道、关心群众疾苦的老村干担当，他们多是管理村寨公益事务和有关风俗习惯事宜。如今，有的村寨成立了老年协会，协会的领导多是由有威望的寨老担当。

寨老不直接管理萨坛，但祭萨、整坛等大型祭萨活动，都要由寨老协同祭师来决定。在萨玛节活动中，寨老们身着长袍马褂，起到决策、引领和主导的作用。但在榕江三宝一带，萨玛节活动的核心和主体是中老年妇女，这里的管萨人是老年妇女；祭萨仪式上以中老年妇女为主体，男性寨老只有少数几个人参与；转寨游行和哆耶，更是以中老年妇女为主体。

管萨人

管萨人，即萨坛管理人之简称，侗语称"登萨"（dens sax），意为萨神根基或管理萨坛的主人。每个萨玛坛都有一位管萨人，被认为是最亲近萨、可与萨对话的人。其职责主要有：平常，打扫萨坛周围环境卫生和室内外卫生，初一、十五给萨坛燃烛、烧香、化纸、敬茶，管理祭祀用品；年祭或隆重祭祀时，由管萨人先祭祀，然后才轮到各户来祭祀。如需游寨、哆耶，管萨人则作为萨的替身，掌伞（托伞、夹伞）走在游行队伍的前面。游行到达耶堂后，管萨人掌伞站在耶堂的中间，众人结队围成若干同心圆环绕其哆耶。管萨人纯属义务角色，没有报酬；有的村寨拿出一定的田产作为萨玛田，交由管萨人自种自收，收入作平时祭萨费用，有节余算作管萨人的微薄报酬。如果没有萨玛田，祭萨的费用由众人平摊集资。

▼ 黎平宰拱寨祭萨完毕，管萨人擎起萨伞象征带萨一起去转寨／吴定勇 摄／2011年

管萨人的产生是严肃的，多由老户（最早到该村

寨定居的家族）世袭，比如从江高传村，一般在"苋省""苋仙""苋共"三大上格房族中推举出几位家里男女老少齐全、当时没有孕妇的男性老年人作为候选人，再通过神卜仪式产生；也有的是由众人推举或经过巫师卜测产生。不管由哪种情况产生，都要求管萨人为人正派，仪表端庄，勤劳节俭，讲究卫生，家境中等或以上；且须经卜测认为萨玛喜欢他，他也表示乐意管理萨坛。

管萨人一般都是中老年人，绝大多数地区是男性出任；也有少数地区由中老年妇女担当，如榕江县三宝侗乡和龙胜县平等侗乡萨坛，都是由女性管理。

主祭

萨坛主祭是侗族民间从事祭萨活动的师傅，多为中老年男性，没有女性。祭师须通晓侗族的传统文化、乡规峒理、风俗习惯等，还须口齿伶俐，能说会道；有的村寨还要求祭师会走阴通灵，能够请萨玛出来对话。新建萨坛、维修老（萨）坛、隆重祭萨等，都要请祭师来主持。

萨坛祭师一般由本村寨寨老充任。有的村寨甚至规定，在不同的祭萨场合，祭师必须分别从哪些房族（即侗语所称的"苋"）内产生。比如从江高传村，在寨内的屋宇式萨坛圣母屋（当地侗语称"萨柄"·sax biingl），须由"苋仙"房族的寨老主祭；在寨外的露天土坛圣母堂（当地侗语称"萨堂"·dangc sax），须由"苋四然"房族的寨老主祭。在黎平银朝村，盛大祭萨时，只由下格寨老主祭。当然，在榕江三宝一带，盛祭时须由精通祭萨仪式且会走阴的师公主祭，师公可以是本村寨老，也可以从外面请来。

新建萨坛或者修复萨坛的安殿仪式，不是一般祭师所能胜任，必须请有专门师承、被认为法力广大的安坛师来主持。

陪祭

陪祭是在盛大祭萨仪式中协助主祭人，起辅助作用的人员，一般由寨老充任，人数多少各地不同。在榕江三宝一带，在走阴仪式中有数名老年妇女协助

▲ 祭师（右一）和登萨（左一）等在萨坛遗址烧香敬祭／吴定勇 摄／2010年

管萨人为萨坛烧香化纸、供奉祭品，协助主祭为萨坛更换剪纸、插纸幡，与主祭作为替身的萨玛"对话"等等；在转寨游行中，由一位寨老走在队伍最前面鸣锣开道，由两三名寨老手持草标（令箭）走在手擎萨伞（萨玛化身）的管萨人前面驱邪除障；到达耶堂后，数名陪祭人或坐或站簇拥在管萨人身边，聚在耶堂中央，让村众环绕其哆耶。在从江高传、黎平银朝等地，有一位嗓门特大、专司呐喊的陪祭人，每当主祭念诵一首（段）祭词完毕，他都会抡起右臂带领村民呐喊。

提篮人

提篮，侗语曰"应孟"（yiinl mungl），意为手提（盛放祭品的）篮子。在从江高传等地，重大祭萨活动中还有专门手提盛放祭品篮子的角色，而且角色身份非常讲究，不是任何人可以充当。比如在高传，如果转寨之后又进田坝祭田，须由"兜四然"成员提篮；如果仅是转寨而不进田坝祭田，则由"兜共"成员提篮。篮中的祭品主要有腌鱼、糯米饭、米酒、香蜡纸钱等，由提篮人自己或其所在的"兜"提供。提篮人一般是中老年男性充任。

嘎萨吟唱者

在从江高传等地，盛大祭萨活动中，还指定专门人员来吟唱"嘎萨"（萨岁歌）。在高传村有7个"兜"，但"嘎萨"（萨岁歌）吟唱者只能来自"兜仙"和"兜四然"。而且规定，转寨完毕到圣母堂"萨堂"祭萨时，由来自"兜四然"的男子面向村众吟唱萨

▲ 从江高传村嘎萨吟诵者王平华手扶树干吟唱萨岁歌／吴定勇 摄／2009年

岁歌；游行队伍最后回到圣母屋"萨柄"后，在村众哆耶之前，由来自"兜仙"的男子面向众人吟唱萨岁歌。

芦笙队

传统的萨玛节活动一般都要有芦笙队。侗家芦笙的声音很喜庆祥和，侗家人闻听芦笙的声音多会欢欣雀跃，因而吹奏芦笙是侗家人节庆必备的节目，也是他们取悦鬼神的主要手段。芦笙队一般由7名中青年男子组成，7把芦笙大小高矮不一，最高可近3米、重七八公斤；最小的不足1米、重约半公斤，它们的音高、音色也各不相同。

▼ 从江庆云村转寨队伍中的芦笙队／鄢从龙 摄／2013年

在祭萨仪式开始之前，芦笙队集结于鼓楼坪或萨坛前的广场上吹奏芦笙，起到告知村众、凝聚人气的作

用。在转寨游行过程中，芦笙队走在寨老（在三宝一带是中老年妇女）队伍之后，一路走一路吹，以娱人神，以壮行色。到达耶堂之后，芦笙队也是重要角色之一，会根据主祭和寨老的安排，不时吹奏芦笙，营造热烈喜庆的氛围。

如果萨玛节期间邀请客寨来为也，则祭萨活动中客寨芦笙队也会加入其中，与主寨芦笙队互相唱和。

耶队

在萨玛节活动中，哆耶是必不可少的内容。有的村寨，男女老少都参与哆耶，哆耶人员不怎么固定。但在有些村寨，哆耶人员是比较固定的，甚至形成一些不同的哆耶组合，姑且称之为耶队。在榕江三宝一带，耶队由中老年妇女和一些少妇组成。在从江高传，黎平银朝、宰拱、铜关等地，情况要复杂一些，有按照年龄、性别划分的不同哆耶队伍，如中老年妇女耶队、年轻妇女耶队和少儿耶队等。

▼ 黎平银朝村上片区男童耶歌队哆耶／吴定勇 摄／2009年

目前，在很多地方，罕见中老年男子哆耶，只见妇女耶队和少儿耶队，哆耶的主体是少年儿童。少儿耶队，又可分为男队和女队，但更多见的是男女生混合哆耶且以女生为主。

大歌队

传统的侗族大歌队首先要分男队和女队。因年龄不同，男、女两性又都

▲ 黎平铜关为也：客寨中老年男队唱大歌／吴定勇 摄／2011年

分别有中老年大歌队、青年大歌队和少儿大歌队。如果萨玛节期间有客寨来为也，过去都要在晚上聚集于鼓楼对唱大歌，由主寨、客寨相同年龄层次的男女大歌队捉对儿唱歌，经常你唱我和，连唱数晚而不分胜负。

过去为也对歌，以十七八岁上下的一两个年龄层次的青年歌队为主力。如今在绝大多数村寨，二三十岁以下的年轻人都不会唱大歌，更组建不起青年大歌队，很多时候只能拼凑几个四五十岁村民勉强凑起男、女大歌队，随便对答几首大歌，非常潦草地例行公事。有些村寨，诸如黎平的铜关、银朝，从江的增冲等，正在着意培养中小学生唱侗族大歌，在为也中把男女少儿大歌队推向前台。

点炮人

传统上的萨玛节活动，鞭炮和铁炮必不可少。一般在仪式即将开始时，在游行队伍离开萨坛开始转寨时，以及大队人马马上进入耶堂时，都会燃放鞭炮，特别是点燃铁炮。铁炮的炮手一般由手脚麻利、胆大心细的中青年男子充当。

三、节日缘起

萨玛崇拜的神祇是萨玛。根据流传于南部侗族地区的有关口头传说、萨岁歌（侗语称"嘎萨岁""耶萨岁"）、宗教典籍和有关研究资料，萨玛崇拜是古代土地崇拜（社神崇拜）与祖先崇拜、英雄崇拜相糅杂的产物，是自然神人格化的结果。其人物原型又分别有侗女杏妮、古代女首领、冼夫人、孟获夫人等说法。

萨玛

萨玛（sax mags），是侗族崇拜的最高神祇，系女神。直至晚近，在南部侗族地区几乎人人信仰，寨寨供奉，但该神祇在不同社区、不同场合又有不同的称谓，平时多称之为"萨玛"（sax mags）、"萨滕"（sax daengc）、"萨柄"（sax biingl）、"萨当"（sax dangl）等，或简称"萨"（sax）。在祭祀时所唱的《萨岁歌》里，多颂之为"萨岁"（sax siis）。而在兴建（修复）萨玛坛所用的手抄本安坛经典里，一般书之为"萨麻天子"（sax mags qingp siis），意为"圣母天子"；唯榕江三宝车寨的《祭祖词》记为"萨玛并昔"（sax mags biingl siis），似属"萨麻""萨柄""萨岁"的合称。上述称呼，都有大祖母、圣祖母之意。

在南部侗族的宗教信仰里，萨玛是至高无上的崇拜对象，是本民族的保护神，人们认为她神通广大，慈爱无边，平时可保佑村寨清吉、风调雨顺、人畜兴旺、五谷丰登；每逢抗敌御匪或参加重大赛事，人们总要请萨随行护佑，以期克敌制胜、尽量减少或避免伤亡。

土地崇拜（社神崇拜）

社神，古称土地神。《礼记·郊特牲》有云："社祭土而主阴气也。"中国古代就有奉土祭社的礼俗。社者，地方之最小行政单位。《礼记》之

《祭法》篇注称，"大夫以下包士庶，成群聚而居，满百家以上，得立社"。《汉书·五行志》又称，"旧制，二十五家为一社"，古人尊天而亲地，"土地广博，不可遍敬，故封土为社而祀之，以报功也"，即为报答大地之恩赐而奉土祭社。东汉时，即称社神为社公或土地，其中以称土地者更为普遍。社神初无姓名，东晋以后，民间尊生前行善或廉正、有众望之官吏为土地神，社神遂有了人格及姓氏。元明之间出现的《三教源流搜神大全》，称社神手下有八元猛将、六毒大神，还有五方雷神、五方猖兵、二十八将等；称其能"驱雷役电，唤雨呼风，除瘟剪疟，保病禳灾"，功莫大焉。《中国大百科全书·宗教卷》说：社神崇拜，原先"礼拜的对象是被称为社主的土堆"，"六朝以后，有的将当地名人死后，祀为土地神者，后世继之，祭奉不绝"，"年节奉祀，以祈保四方清净，五谷丰登。"

如前所述，在基本词汇上，古代侗语中有很多与汉语音同或音近，在这方面更胜于现代侗语，可见，侗族在古代与汉族的交往一度是比较密切的，且作为南方农耕民族，侗族历史上自发产生或受汉族影响而出现社神崇拜完全有可能。我国其他一些南方农耕民族，如傣族、景颇族、拉祜族、布朗族等，历史上也都信奉社神崇拜。

今天仍可见到的侗族萨玛崇拜，与人格化的汉族社神崇拜有着太多的类同之处，如都"封土为社而祀之"，其崇拜对象都是人格化的英雄并有相关的英雄传说，主神都拥有部属兵将且都具唤雨呼风、除瘟剪疟、保病禳灾等神威，都是以聚落内一定数量的人户为单位立坛祭祀……尤其值得注意的是，侗族在有些重要场合更郑重称呼萨玛坛为"地头"（dih douc），如高传村手抄本安坛经典《占推遮地多滕》有云："mix xiv menc louc, sinc xiv dih douc。mix xiv menc singl, sinc xiv dih biingl……"，在这里，"dih"，即地；"douc"，即社，"dih douc"即社地，直接点出了萨坛的社神崇拜性质……

综上可说，萨玛崇拜是人格化的社神崇拜，是土地崇拜与祖先崇拜、英雄崇拜相结合的产物。萨玛崇拜的主神为女性，或许同侗族较浓厚的女神崇拜遗俗有关，或同历史上某位女首领、女英雄有关，或许二者兼而有之。

杏妮

据流行于南部侗族地区的有关传说，杏妮生于今贵州省境内黎平、从江两县交界的螺蛳寨（今黎平县龙额乡境内）贫寒的侗族人家，父都囊，母仰香。父母均被当地恶霸李董顺害死，她逃到附近的六甲寨投奔舅舅九库，并嫁与六甲寨的石道为妻。他们夫妻在带领乡亲开挖田塘时意外挖到了一口威力巨大的九龙宝刀，并借助宝刀杀死了步步紧逼、鱼肉一方的恶霸李董顺，引来李家王朝的重兵镇压。杏妮夫妇凭借九龙宝刀和萨天巴赠予的神扇，率领众款兵保卫家园，多次挫败官兵的进剿，深得众人的拥戴。后来，敌人用计偷走（一说毁坏）了宝刀和神扇，杏妮率领的款兵寡不敌众，她和女儿（一说妹妹）战到最后，在"弄堂概"（地名，今黎平县龙额乡境内）跳崖牺牲。后来，侗族人民尊杏妮为萨玛（sax mags），即大圣祖母；尊其女儿（妹妹）为"萨温"（sax ons），即小圣祖母。给杏妮盖房子（萨玛屋）住，叫"萨柄"（sax biingl）；给其女儿（妹妹）建露天祭坛，叫"萨堂"（sax daengc）。但在许多唱词或歌词中，一般只提到"萨"或"萨岁""萨玛""萨玛天子"。

冼夫人

冼夫人原名冼英（公元512—602年），广东高凉（广东高州）人，后嫁与高凉太守冯宝。《隋书》卷八十"列传第四十五"《列女传》之"谯国夫人传"有云："谯国夫人者，高凉冼氏之女也。世为南越首领，跨据山洞，部落十余万家。夫人幼贤明，多筹略，在父母家，抚循部众，能行军用师，压服诸越。每劝亲族为善，由是信义结于本乡……及宝卒，岭表大乱，夫人怀集百越，数州晏然。至陈永定二年，其子仆年九岁，遣帅诸首领朝于丹阳，起家拜阳春郡守。仆以夫人之功，封信都侯，加平越中郎将，转石龙太守。诏使持节册夫人为中郎将、石龙太夫人，赍绣幰油络驷马安车一乘，给鼓吹一部，并麾幢旌节，其卤簿一如刺史之仪。至德中，仆卒。后遇陈国亡，岭南未有所附，数郡共奉夫人，号为圣母，保境安民。"后冼夫人率领岭南民众归附隋，隋朝加封谯国夫人，去世后追谥"诚敬夫人"。冼夫人的儿媳妇也姓"冼"，她继承婆婆的事业，管理岭南一带，也是历史上出色的女豪杰，后世也称其为"冼夫人"；而称她的婆婆谯国夫人为"冼太夫人"。但一般史籍中皆称谯国夫人冼英为"冼夫人"，本书从此说。

四、仪式活动

　　萨玛节的基本仪式环节和阶段，包括开门扫祭、鸡骨卜、走阴、请萨、转寨巡游、祭田、哆耶、杀牲、献牲、会餐等；萨玛节期间的主要社交娱乐活动有为也、对歌、唱戏、斗牛等；节日期间还有一些规约禁忌，如封寨、孕妇不准参加祭萨活动等。

开门扫祭

　　除了农历每月的初一、十五，管萨人代表村寨开门扫祭之外，在室内或有围墙（栅栏）围住的萨玛坛，大门平日里是紧闭的，没有围墙的露天萨坛平日里也无人敢近。每逢要举办萨玛节活动，管萨人一般会提前择一吉日（如果萨玛节活动在春节期间举行，则萨坛开门时间多为正月初一）清晨，趁大多数村民还未起床时，悄悄带着香纸和萨玛茶前往萨坛，开门扫祭。去的路上切忌碰见行人。到萨坛后，管萨人一般要进行一番洒扫和收拾，然后在祭台前焚香烧纸，敬献用香茅草熬制的萨玛茶，并祷告一番。然后，敞开萨坛大门，直到本次萨玛节活动结束再关门。

榕江县三宝的车寨，则于除夕和大年初一打开萨坛大门，各户带香纸供品，到萨坛自行祭拜。之后，另由管萨人在正月初择一吉日，鸣锣通知村民举行公祭。

鸡骨卜

鸡骨卜是古越人一种原始宗教信仰和民间巫术仪式，其要义是通过查看鸡腿骨以断吉凶。鸡骨卜，侗语称"登艾"（daenl aiv）、"囊艾"（naengc aiv），有寻找吉祥鸡骨的意思。时至今天，在从江县往洞乡的高传、西山镇的陡寨，黎平县肇兴乡的肇兴、堂安等村寨，在萨玛节活动中有时还举行鸡骨卜。整个鸡骨卜仪式包括村巷寻鸡、煮腿验骨、通报萨玛、挂起（鸡骨）供奉等环节。下面以高传村为例，叙述现代萨玛节中鸡骨卜的基本过程。

近些年来，从江往洞乡高传村的萨玛节活动多在正月上中旬举行，而鸡骨卜仪式一般就从正月初一开始。初一这天中午，吃过晨饭后，二三十名寨老如约来到萨玛屋燃起大火，架锅烧水，用糯米草芯搓成多根草绳，削竹签，并派一人到附近砍来一些荆条，取其上的荆刺以备用。同时，命一群小伙子满寨子敲锣打鼓，叫人们从自家或村巷里捉来一只只约半斤重、尚未打鸣的小公鸡送到萨玛屋备用。

很快，小公鸡陆续送来了，被关在一个大竹笼里面。主祭人焚香化纸，取出一只活鸡祷告一番并用手将其摁住胸部掐死；接着，寨老们也一只一只地取出小公鸡摁死，将一双后腿连毛带皮扯下，用草绳绑住，放到滚烫的锅里煮一下，然后将皮肉剥开，取出一双双股骨交予主祭人。主祭人用比较粗糙的纱布将鸡股骨擦拭干净，每对股骨为一组，将左右股的骨节对齐，用细棉线捆绑在一根竹签上，然后左股左侧、右股右侧，用荆刺从股骨侧面的小骨洞刺入。这样，从一对股骨两侧插入的荆刺就排列成一组几何图案。主祭人把这些图案与鸡骨卜典籍手抄本上所绘的各种图案仔细比照，在本子上找

▲ 高传主祭王光华将荆刺插入鸡股骨得出的图案，与鸡骨卜典籍上的各组图案一一对照，以断吉凶／吴定勇摄／2009年

到相同（最近似）的图案，再根据该图案下面的文字解说以断吉凶。直至找到一对被认为预示村寨清吉、人畜兴旺的鸡腿骨，鸡骨卜始告成功。

接着，主祭人将那对被认为吉利的鸡股骨，连同捆绑的竹签插在米升里，放到萨玛屋的火塘边，焚香化纸，摆三条腌鱼、三碗酒献祭祷告一番，向萨玛通报。然后，把那对股骨从竹签上摘下，和原鸡身一起用纸包好，并用草绳捆扎。接着，由一人屏住呼吸，将纸包贴着地面向火塘上首的墙根慢慢移动，到了墙根又贴着墙壁往上移动，最后挂在墙面的一颗钉子上供奉起来。至此，一次鸡骨卜终告完成。剩余的鸡腿、鸡身，由寨老们就地煮熟打平伙。

高传鸡骨卜的关键在于寻找到一双吉利的鸡腿骨。谁家的鸡骨被断为吉利，不仅预示村寨吉祥，也预示着主家将吉祥如意，主家将会受到村众的羡慕与称赞，因此，大家都很乐意捐鸡，也欢迎别人在村巷里随便捉拿自家的小公鸡，故而鸡源一般比较丰富。而由于鸡源丰富，要找到"吉祥"的鸡腿骨并不难，往往半天就能找到；但有时也会耗上两三天。

类似地，黎平肇兴、堂安一带的鸡骨卜基本过程是，由七岁到十二岁的童子或鼓楼传士到寨上任意捉来一只尚未开叫的公鸡，祭师将鸡头夹于翅膀底下，边祷告边在香火上转上三圈，再活生生地把鸡的两条腿上的皮肉翻露出骨，用削尖的竹针寻找鸡腿上的骨眼插上，视竹针排列出的形状得出卦图，根据卦图断吉凶。

榕江县三宝地区口寨村萨坛前的古代碑刻有云："溯未辟以来，缘本设立于此，迨雍正平成后，乃迁居于是焉。立坛于池畔之西南角，以大石盖其上，每岁孟春，毕聚于兹，执鸡卜之，择其吉而从之，以为终岁平安乐业之兆，无不应验。"这说明，榕江三宝一带过去的萨玛节也流行鸡卜，通过"择其吉而从之"以祈丰泰年景。由此，可以推断鸡骨卜过去在侗族萨玛节中应是比较常见的。

走阴

鸡骨卜结束后，往往要中断数日，人们先忙着其他事情，然后再择吉举行转寨巡游、祭田等活动。转寨巡游、祭田活动过去各地举行的日期不同，有在正月、二三月份的，也有在农历十月以后的。如今由于人口流动频繁，平时难以组织大型民俗活动，所以多选择在春节期间正月上旬的初六、初八等日举行转寨巡游、祭田等活动。而转寨之前，寨老一般要率领村众聚集萨坛举行走阴、请萨等仪式。

走阴，或称过阴，是流行于侗族、苗族中间的一种民间信仰活动，侗语称"为那"（weex nagk）。"为那"，一般是人们请鬼师作法"走"进阴间，将先人亡灵请来与阳世间的亲人"对话"，问候亡灵，询问其所需，卜问吉凶祸福。萨玛节中的走阴，是请鬼师作法"走"进阴间，将萨玛请来与村民"对话"，以便村民们表达对于萨玛的景仰、尊敬和祈愿。

萨玛节走阴，在榕江三宝一带比较流行。这种走阴师可以是本村寨的人，也可以外请，但他必须通晓萨玛节祭典仪式，一般的走阴师不能胜任。公祭请萨那天，在管萨人焚香化纸敬茶献祭之后，走阴师口喷符水以除秽驱邪，

▼ 黎平寨高在祭祀萨坛后，主祭同寨老们在"堂瓦"内再度献祭祝祷。／吴定勇 摄／2010年

▲ 黎平寨高献祭请萨的同时，"堂瓦"外芦笙齐鸣／吴定勇 摄／2010年

并为萨坛各有关神位更换纸幡、彩色纸剪等，将一些干净泥土和白石块加在土坛上。然后面向萨坛而坐，用一块黑布蒙住头脸，面前放一盛满大米、插着香炷的米升，焚香化纸，香烟缭绕，走阴师身体前倾，对着香烟熏了一会儿，渐渐地两腿颤动、双脚蹬地，踏踏有声，两手拍打大腿犹如骑马狂奔，嘴里唱着词儿，偶尔又吹起口哨。不一会儿，走阴师双脚落地，口称萨玛驾到。接着，神灵附体一般，走阴师以萨玛的口吻与围坐在一旁的村民们对话，回答他们有关目前萨玛是镇守本殿还是游走他方、出走的原因、对村众有何要求等；同时倾听村民的祈愿，安抚村众的心灵。说到委屈伤心处，"萨"也会哽咽落泪，泣不成声。对话毕，走阴师又"跨马扬鞭"，送走萨玛，走阴结束。

公祭请萨

公祭举行在开门扫祭以及部分村寨有时要举行的鸡骨卜、走阴仪式之后。

公祭这天，午饭过后，鼓楼顶上鼓声咚咚，鼓楼坪上芦笙响起，村民身着节日盛装纷纷前往鼓楼集会。待村众聚集得差不多了，寨老们在主祭人的引领下，先在鼓楼里的火塘边举行一个敬祭仪式；然后，寨老们走在前头，带领村众来到萨玛坛举行盛大公祭，以请动萨玛出巡，护佑村寨。

公祭队伍来到萨玛坛后，主祭人先焚香敬茶，对着萨坛祝祷，并不时敲响手中铜锣；随其左右的副主祭根据主祭人的祝祷情况，不时"噢……""噢……""噢……"地带头振臂高呼，团团围在萨坛四周的村众尤其是小伙子们，会"哈噢……""哈噢……""哈噢……"地随声附和。有的地方如榕江三宝一带的妇女，还列队绕坛哆耶，歌颂萨岁，取悦萨玛。

在黎平县寨高村，则是村众汇聚"堂瓦"之后，主祭率管萨人和一名寨老来到"堂瓦"背后、与"堂瓦"仅一墙之隔的萨玛屋，焚香致祭，敬酒献茶。然后，再返回"堂瓦"内，与众寨老一同敬祭。在上述献祭请萨的过程中，"堂瓦"外面坪子上一直芦笙齐鸣。

尽管各地具体做法不尽相同，但公祭萨玛之目的，都是请动萨神走出神坛，随众游行，巡佑村众。

赐萨玛茶

公祭完毕，准备出发之前，管萨人提起一个大茶壶，里面装满祭过萨玛的萨玛茶，用茶盅倒茶分赐萨玛茶给在场人众饮用，分赐顺序一般先是各位寨老，后芦笙队队员，再到一般村众，每人抿一口；有些地方，人们还各摘一片萨坛黄杨树叶戴在身上，表示大家都得到萨玛神威护佑，此行凡事都会逢凶化吉，遇难成祥。

吃"赐茶"后，主祭人高声叫喊："哟！"众人齐声呼："噢！""噢！""噢！"如是连续三次。主祭人又高喊："归！"众人又高声齐呼："哈噢！""哈噢！""哈噢！"同样又是连续三次。这名为"三哟三归"，意思是把萨请出来了，众村民将在主祭人和寨老的引领下，

▲ 黎平宰拱转寨：队伍过桥回到东岸／吴定勇 摄／2010年

一起簇拥萨玛巡游护寨。

转寨巡游

　　分赐萨玛茶之后，砰砰砰，三声铁炮响过，芦笙响起，转寨巡游开始了。百多人甚至数百人、上千人排成长长的队伍，从萨玛坛出发，浩浩荡荡地沿着村中巷道，甚至涉水过河，把整个村寨巡游一遍，意在请萨出山巡护村寨，可保村寨清吉、人畜兴旺、五谷丰登。在从江九洞地区和黎平铜关、宰拱、寨高、四寨等地，是管萨人右肩扛一把半开的萨玛伞（伞系萨玛化身，或说萨玛就藏身伞里），脚尖挨着后脚跟，有点像服装模特儿走猫步一样，缓缓地走在最前面；紧跟其后的是主祭人，然后是寨老，再后是芦笙队，最后是盛装男女青年和众村民。主祭人踩着管萨人的脚印亦步亦趋，手持铜锣，有节奏地每隔数十步敲打一声，这叫作"拿脚印"，意思是按着萨玛的脚步走。在转寨巡游时，人们忌讳快走，走得快意味着粮食不经吃，完得快，不够吃；走得慢意味粮食经吃，完得慢，吃不完。紧跟着主祭人的是一群身着长袍马褂、头戴顶子的寨老，打扮类似旧时乡绅；再后面是芦笙队，一路走一路吹芦笙；最后面是一般村众，有身着民族盛装的男女青年、扶老携幼的中年人和少年儿童。巡游队伍中，有时还夹杂一些有趣的化装游行者，他们身披用稻草胡乱编织的衣裙、脸涂锅灰、拖儿带女，装扮成乞丐、补锅匠、打猎者、逃荒者、超生"游击队"等，进行各式各样的滑稽表演，动作稀奇古怪，不时引起人们捧腹大笑，以增加节日氛围。

榕江三宝一带的巡游，则是一位男性寨老走在前面鸣锣开道；三四位寨老紧随其后，每人手持一支象征令箭的草标除秽驱邪；然后是一位由老年妇女充任的管萨人，手擎一把半开的萨玛伞（中途不能换手）；一大群中老年妇女紧跟在管萨人后面；再后面是芦笙队；最后面是少妇和小孩。长长的队伍先沿着村道巡游，然后浩浩荡荡地走出村寨，或在旷场上绕行数周，再结队而行，每路过一处土地庵都要驻足行礼。路上吹笙不绝，边走边鸣放鞭炮、铁炮。沿途群众，夹道观看。未婚女青年和孕妇不得加入进来。

在贵州黎平县的银朝、肇兴，广西龙胜县的平等、宝赠等地，有时还用老年妇女服装扎成一老妇模样以为萨玛替身，或直接由一老年妇女装扮成萨玛，由两名壮汉用担架抬着走在队伍前列，表示抬萨巡游。

巡游前后，在萨坛和踩歌堂等处，人们手挽手围成圈踏歌哆耶歌唱萨玛。榕江三宝地区脉寨的《嘎萨岁》唱道：

Dongc lac nus nus	铜锣擂擂，
Dos nyac sax，	给予萨，
Sik wangp bal nyax	四方纱枕
Biedx miiuc daengc。	绕纱环。
Sax daol dah aox dinl senl heengp qak	咱萨村尾巡上
digs bix lags maoh yav sot naemx，	切勿让那田干水，

Dah aox gaos senl heengp luh	从那寨头巡回
digs bix saip duc sagc laos sen1.	莫许贼进寨。
Sagc meec laos senl	贼不进寨
Out buh meec laos xaih,	虎也不进村，
Sax daol geel naih	咱萨这里
Lis duc aiv wap longl。	有个美花鸡。

这首萨岁歌比较具有典型性，它非常清楚地揭示了侗族群众请出萨玛一道巡游村寨的目的和意义——借助萨玛神威，以使盗贼不得入村、老虎不能进寨，保佑稻田不受灾害、村寨不遭祸殃。

祭田

祭田，也叫踩禾桩。一般每个村寨都在临近寨子的田坝里，指定有一两丘面积较大的稻田作为传统的祭田之所，侗语称"堂乜"（dangc miot），俗称踩歌堂，历次祭田活动都在这里举行，而且来回的巡游路线也比较固定。

祭田一般紧接在转寨巡游之后。将整个村寨巡游一遍之后，长长的巡游队伍走出寨子，络绎不绝地向位于田坝中的踩歌堂缓缓行进，浑厚的铜锣声配合着高亢浑厚的芦笙曲，显得热闹而肃穆。到达祭祀田后，游行队伍先绕场三周，接着由主祭人行祭祀礼：将铜锣覆地放置，接着焚香化纸，祷告一番，然后用脚蹬踩铜锣三下，拾取铜锣，祭田完毕。

铜锣覆地仪式尽管动作非常简单，却富含宗教礼俗深意，因为其与侗族起源传说中重要人物萨样的身世有关。一首《耶萨岁》唱道：

当初谁人养萨岁？当初谁人养萨样？
谁人天上养太乙？谁人地下养姜良？
当初老公养萨岁，铜锣覆地养萨样，

▲ 黎平银朝村上片区游行队伍在踩歌堂里绕圈／吴定勇 摄／2009年

太白天上养太乙，地下松恩养姜良。

……

天子皇年天皇乱，虎乱山岗龙乱江；

玉帝乱朝锦鸡乱岭，北斗上界牵萨来；

牵到河边岩三座，铜锣覆地打三锤；

十二扇扇送萨岁，我开这首正是萨岁歌。

流行于从江九洞一带的另一首《萨岁歌》有云："铜锣覆地，请你萨就来。"

总之，铜锣覆地在萨玛信仰中有着非常重要的寓意，故而在祭萨活动中，除了祭田，铜锣覆地也会出现在其他一些重要仪式上。

祭田仪式之后，寨老们围着手擎萨玛伞的管萨人坐下休息，年轻人则手牵手围成圆圈踏步哆耶，歌唱萨玛。哆耶之后，人们或吹芦笙，或唱山歌，或对大歌，人神共乐，热闹非常。

在从江九洞等地，祭田（踩歌堂）侗语曰"为乜"（weex miot），这些地方直至晚近还有"三年踩歌堂，五年斗牯牛"（samp nyinc miot, ngox nyinc guic）之俗，即祭田要连续举行3年，斗牛要连续举行5年，然后中断若干年再来，周而复始。

进入21世纪以来，祭萨习俗已渐废弛，九洞地区只有高传村还偶尔举办萨玛节活动，但多数情况下也省去了祭田环节，只保留了鸡骨卜、公祭请萨、转寨巡游等环节。

▲ 从江县高传萨堂内景／吴定勇 摄／2010年

萨堂祭拜

从江九洞的高传村，同时建有位于寨内的屋宇式萨坛，一般认为所供奉的是大圣祖母萨玛，高传当地称"萨柄"，人们口头上也以其神祇尊号代指其神坛，称"萨柄"；以及位于寨外的露天萨坛，一般认为所供奉的是萨玛的妹妹（或女儿），是小圣祖母"萨温"，高传当地称"萨堂"（sax daengc），故人们口头上直呼其神坛为"萨堂"。平日里只祭扫"萨柄"，但在盛大的祭萨活动中，在完成转寨巡游或者祭田之后，大队人马都要浩浩荡荡地开赴"萨堂"祭拜。

高传村露天的"萨堂"位于寨脚一处斜坡台地上，正中铺一块青石板，青石板三面围以半尺高的石板，类似于简易炉灶，作"萨温"祭坛。祭坛外面夯筑半人高的圆形土墙。紧靠土墙内侧栽有两棵笔直的大树。土墙内祭坛四周长满半人高的杂草和灌木。来到"萨堂"后，寨老和芦笙队聚拢在土墙边，广大村众则密密麻麻地分布在周近的斜坡上。主祭人翻入土围墙内，先挥刀斩除杂草、灌木，再在祭坛上焚香化纸，敬祭祷告一番，祭品有腌鱼、糯米饭、米酒等。副主祭手持铜锣站在土墙上，配合主祭人念诵祭词一阵阵且有讲究地敲响铜锣。

接着，由来自"兜四然"的一两名男子站在土墙上，手扶靠墙的树干先后吟唱三首萨岁歌。每唱完一首，都有专人带领村众呼喊一次"三哟三归"。三遍"三哟三归"之后，祭拜结束，芦笙响起，巡游队伍起身返回萨玛屋。

萨坛哆耶

经过转寨巡游、祭田、"萨堂"祭拜等环节之后，巡游队伍又回到了上午由此出发的萨玛坛，并绕坛三周。然后，依次是吹芦笙、哆耶等活动。在榕江三宝一带，哆耶主要是妇女；在其他地方，哆耶主要是青少年和老年妇女。在从江县的高传等地，哆耶之前，由主祭

▲ 从江高传村青少年男女在萨玛屋下的坪子上哆耶／吴定勇 摄／2010年

人站在萨玛屋门口吟唱三首萨岁歌，每唱完一首，都有专人带领村众呼喊一次"三哟三归"。

临近黄昏时，人们或聚餐饮宴，或四散回家，一次萨玛节活动至此暂告一个段落。

杀牲

在萨玛节期间的公祭请萨那天，有些地方须宰杀三牲来祭拜萨玛。三牲一般是一头肥猪、一只公鸭、一只打鸣公鸡。三牲的选择有特别的讲究，其中肥猪以全身纯黑毛为佳，有杂色毛的也要染成黑色；鸭要绿头公鸭，鸡要是打鸣公鸡。三牲的宰杀更是特别，都不能用刀、不能见血，其中猪要用水溺死，鸡、鸭要用草绳勒住颈部而死，寓意不动刀枪、不用流血即可驱逐邪祟、杀死敌人。宰杀之后，皆以火除毛，不用热水淋烫褪毛。

在广西三江林溪一带，在转寨巡游（有时还祭田）的当天，天刚蒙蒙亮时，随着三声铁炮响过，几位村民在主祭人的带领下，来到事先指定的猪圈，将事先准备好的一头黑毛生猪捉住，将其头部按进水桶溺死。在榕江三宝一带，三牲的宰杀方式也是猪淹死，鸡、鸭勒死，但宰杀时间与上述林溪等地不同，一般在转寨巡游队伍离开萨坛之后，由留在萨坛的男性村民承担宰杀、剥洗任务。

沉潭溺毙是历史上侗族惩处罪犯的最严厉处罚方式之一。据说，将猪溺死，寓意着将坏人沉潭溺毙，会换来村寨的平安清吉。

献生

献生就是用未煮熟的牲畜肉作为祭品，向萨玛献祭。一般情况下，是杀牲之后，立即将肥猪的头、尾、四蹄割下（代表全猪），并带上猪下水，以及全鸡、全鸭，由祭司拿到萨坛祭拜萨玛。有的地方，还把猪尾巴插在猪头上，尾巴朝后，嘴巴朝前，加上四蹄，代表全猪。有时还用猪、鸡的头、尾、内脏，加以面粉等，团合成龙、凤之形，一并献祭。

献熟

在三江林溪、榕江三宝等地，萨玛节活动一般都宰杀猪、鸡、鸭等三牲作为主要祭品。这些祭品先后被用来进行献生（见上面"献生"条）和献熟。献熟一般是在转寨巡游结束，队伍回到萨坛之后，在集体会餐之前举

▲ 龙胜宝赠村主祭人主持祭萨仪式／龙政 摄／2011年

行。这时候，祭品业已煮熟，在主祭人的主持下，人们带上煮熟的猪头、四蹄、尾巴、猪肉粥以及鸡鸭等，在萨坛行礼、祭奠，并献上米酒、萨玛茶。有的地方，如龙胜的宝赠一带，献熟只用刀头肉。

会餐

献熟之后，会餐开始。过去一般是在萨坛前的空地上摆长桌宴，在上首留一席位给萨玛。煮熟的三牲，过去一般被做成串串肉，见人一份，每家每户各派一两名成年人参加，人们还从家里带来一些酒菜，与萨共餐。现在多在空地上摆一系列圆桌，七八人一桌，人们自由组合；献祭的三牲多用来做菜，少见串串肉。

为也

"为也"（weex yeek），是流行于黎平、从江、榕江、通道、三江、龙胜等县侗族农村的一种村寨之间集体走访做客的社交联谊活动，当地汉

▲ 摆横为也客人来到高传寨脚／吴定勇 摄／2010年

语俗称"吃乡食"或"吃相思"，多在秋后或春节期间进行。一些村寨举行大型祭萨活动时，有时也趁机邀请友好村寨前来为也，分享节日乐趣。

根据前往他寨做客人数之多寡，为也可分为大为也和小为也。大为也，侗语称"为也老"（weex yeek laox），只要愿意且走得动的，男女老幼均可加入为也队伍外出做客，仅留一些妇女、走不动的老年人和婴幼儿留守村寨。

为也风俗流行于榕江、黎平、从江等县，尤以通道、三江、龙胜等地更为隆盛。有所谓"也正介"（yeek xedl gaiv·鸡尾客）者，其礼仪相当隆重，内容丰富多彩。参与者皆穿白侗布袜，芦笙队着吊有小海螺、蚌壳的舞衣，头捆白带，一边插雄鸡尾，一边插银舌。带头者，头包大围巾，插鸡尾，挂"银舌螺盖"，身披红色毛毯，手撑红伞，胸悬罗盘（作定位用）。其次，由一男扮女装，佯装"祖母"，其人装束与前同，但不挂罗盘。第三至第五人，腰佩宝剑，进寨时，作拔剑出鞘样，俨如卫士。芦笙队皆着背心、花带裙，带上附着鸡羽、串珠，戴银圈，各吹大小不同芦笙，笙管顶插鸡羽，吹吹舞舞，尾随"乡客"。出发之前，客寨先祭本寨萨玛，始列队出村，二三百人，鸣锣吹笙，浩浩荡荡开往主寨。到主寨时，则吹笙、哆耶，或述古道今，或颂扬主寨。主寨则设宴招待，欢度三至五日，对大歌，演侗戏，有时还一起祭萨转寨。最后，做客一方被赠以牛羊等礼物而归。

所谓小为也，侗语称"为也嘎"（weex yeek gal）或"为也戏"

（weex yeek xik），即不是全村出动，而只是男女大歌队和侗戏班或者只是其中之一外出做客，再加上歌师、戏师和少量寨老随行，人数一般在二三十到五六十人之间，主要是年轻人趁农闲和春节期间，以侗族大歌、侗戏为媒介外出开展联谊交友活动，不一定要应邀前往，也可以一路走去，碰到合适村寨即逗留三五日。

萨玛节期间的为也，一般是大为也。去时，百余人甚至数百人列成长队，皆着盛装，随带"大歌队""芦笙队""侗戏"班子等，一路鸣锣吹笙，浩浩荡荡开往目的村寨。期间，往往还参与主寨的转寨巡游等萨玛节活动，主寨则以酒肉款待，宾主欢度三五日或七日始散。别离时，主寨还以猪、牛、羊等馈赠。视收成情况，次年或若干年后，主寨再应邀到客寨回访。

规约禁忌

侗族与萨玛节有关的规约禁忌，主要有以下几条：

1.过去新建或修复萨坛时，要封寨数日，寨门和其他村寨出入口都悬挂草标，禁止外人进入；

2.新建或修复萨坛时，整个村寨禁止烟火，大家都以事先准备的干粮为食，直到萨坛落成，才在萨坛中生火，各家各户来此讨火种回家；

3.宰杀祭品忌用刀、忌见血，猪要在水中淹死，鸡鸭等要用草绳勒死；

4.孕妇不仅被禁止参加请萨、转寨巡游、哆耶、祭田等一切与祭萨相关的活动，而且被要求尽量回避这些活动；有些活动甚至孕妇家属都不得参与；

5.新建或修复萨坛，如果派人到"邓海美麻"或他寨萨坛"背萨"，来回路上忌碰见人，尤其是孕妇；每月初一、十五，尤其是正月初一，管萨人大清早去萨坛扫祭，路上忌碰见人，尤其是孕妇；

6.萨坛周围一定区域内，永世禁止起造；

7.平日里萨坛大门紧闭（无围墙等除外），禁止人畜擅自进入。

五、表演艺术与口头传统

萨玛节里的表演艺术与口头传统，主要有侗戏、吹芦笙、哆耶、萨岁歌、侗族酒歌、侗族大歌、侗族情歌以及关于萨玛的传说等。其中，侗戏、侗族酒歌、侗族大歌、侗族情歌等一般在萨玛节的为也活动中出现；如果没有为也活动，则一般不会出现。

侗戏

萨玛节期间，如果举行为也活动，则前来为也的客寨戏班子有时会利用祭萨活动间隙表演侗戏，为节日助兴。侗戏，侗语称"戏更"（yik gaeml），它是全国317个剧种（其中少数民族剧种22个）之一，是构成中华民族文化艺术总体的有机组成部分，也是侗民族文化艺术走向成熟的标志。

侗戏流传于黎平、榕江、从江、三江、通道等县，是侗族人民喜闻乐见，老少欢迎的文艺品种之一，也是侗族人民进行自我教育、增强团结、交流文化的工具。大约产生于清嘉庆、道光年间，为贵州黎平县腊洞侗族文人吴文彩所创。侗戏在最初之时，曲调单纯，形式简单，动作简朴，只是演员分列两排，坐着演唱，且限于男子扮演，墨守于说唱形式，保持"叙事歌"特点。随着汉族戏剧日益深入侗族地区，侗戏在其形成和发展过程中不断受到桂戏、祁阳戏、辰河戏、桂北彩调、花灯等汉族地方戏曲的影响，自身逐渐得到提高和完善，最后演变成为今天有男女演员参加，有说有唱，曲调丰富多彩，别具一格的独立剧种。

侗戏没有专门班子，全由群众自由结合，且可时合时离，纯属业余。一般一个村寨一个"戏班"，成员不定，有十余人或二三十人不等，且各村各有自己的传统剧目。演员一般只略施脂粉，不画脸谱，唯小丑脸上点些黑点，或画几条白道。演戏时大多着当地本民族服装，一般以便装和盛装区别贫富；有的地方也备有专门的戏剧服饰。

▲ 黎平铜关侗戏演员唱白／吴定勇 摄／2010年

　　演唱前先由一人主坛，焚香化纸念请"戏祖"降临，并作开场白。随之击锣、钹开演。演出中，一般是两个演员出现到台前，由一个演员先唱，另一个演员答唱，各自唱完一段之后，两人即交叉走横"8"字，更换位置继续演唱，每唱之前有道白；间或也有独唱、独白。无专门道具，也无须布景或配音响、效果，但一般都有两三人拉二胡伴奏。此外也用锣、鼓等渲染气氛。部分村寨建有专门的戏台，无戏台的则临时于宽坪上搭一方台开演。村众们则在戏台前的小广场上，或坐或站，津津有味地观看。

　　根据题材，侗戏大致可分两类：一是以侗族民间故事为题材的，如《珠郎娘美》《善郎我妹》《金郎列妹》《郎夜》《莽岁》《美道》《补桃奶桃》《容东》《补困》《补贯》《顾老六》《吴勉》《陆本松算账》等；一是根据汉族小说、戏剧编纂或改编而成的，如《梅良玉》《铁中玉》《秦香莲》《梁山伯与祝英台》《牛郎织女》《毛红玉英》《李旦凤姣》《破洪州》等。还有连台本戏，如梁士锦《行歌坐夜》《投军别窑》《打陆文秀》

▲ 从江县庆云村芦笙舞／鄢从龙 摄／2013年

等。这些剧目的唱词和对白，一般通过用汉字记侗音的办法抄写下来，订成剧本。这些作品反映侗族人民的生存状况、喜怒哀乐、审美情趣和价值追求，主题多是彰显正义，鞭挞邪恶。剧中曲调可分为两种：一是"平板"，或称"普通板"或"胡琴板"；一是"哀调"，或称"哭调"。

芦笙舞

黎平、榕江、从江、三江、龙胜、通道等南侗地区流行吹芦笙。六七支或更多大小不等、高矮不同的芦笙组成一组，声音浑厚、欢快喜庆，闻之令人欢欣雀跃，故在萨玛节、为也等大型吉庆性民俗活动中都要吹芦笙。萨玛节期间，鼓楼聚众、萨坛请萨、转寨巡游、祭田等环节，都吹芦笙；如果举行为也活动，则有更多的场合要吹芦笙。吹芦笙者，边吹边舞，是为芦笙舞。

芦笙舞以舞蹈形式模拟人们的各种劳动动作，或动物动作，有鱼跃、采花、斗鸡、赶虎、猫旋柱、鹰翔、拌草、滚车、石灰鸟、盘龙等舞姿，参加人数不拘，少则数十人，多则达百余人至千人；也有独舞。曲调有"集合曲""启程曲""借路曲""过路曲""通知曲""团结曲""引路曲"，以及"入堂曲""开堂曲""转身曲""画眉曲"等数十种至百种。舞蹈风格纯朴、健康，生活气息浓郁，保存着深厚的民族特色。

萨岁歌

萨岁歌，侗语称"嘎萨岁"（al sax siis）、"耶萨岁"（yeeh sax siis），或简称"嘎萨"（al sax）、"耶萨"（yeeh sax），是萨玛节中必须咏唱的关于萨玛的歌曲。各个村寨各有自己的萨岁歌，但其主要内容大同小异，或讲述萨玛的身世、来历，或追忆萨玛的生平业绩，或倾诉对于萨玛的缅怀和思念，或对萨玛倾诉人们的心事与祈愿。

吟唱萨岁歌，通常是众人穿着盛装，集中于鼓楼坪上或"萨岁"坛前，手牵手或只手搭肩，围成圆圈，由一人领唱，众人跟唱，用整齐而有节奏的步伐，边走边唱，甩手作拍，踏步而歌，侗语称"哆耶"（duoh yeeh）。

▼ 龙胜县宝赠村男女围成圆圈哆耶／龙政 摄／2012年

哆耶

哆耶盛行于黎平、榕江、从江、通道、靖州等县，是萨玛节活动中必需的内容。哆耶主要是一群人手牵手踏步而歌，歌唱萨玛。舞蹈时，或男女分开，或男女混杂，手牵手，或只手搭肩，围成圆圈，用整齐又有节奏的步伐，边绕边唱，边

▲ 从江县高传村请摆横苗寨为也，图为主人唱酒歌劝酒／吴定勇 摄／2010年

甩手为拍，基本动作有进步摆、退步摆、哆耶步，圆圈向顺时针方向前进或向逆时针方向后退。舞者上身挺直，目视前方，身子随脚跺地时左右摆动。前进时有进三步停一步、进三步退两步、一进一退等舞步。节奏多为2/4、3/4拍子的舞曲，或一人领唱众人和，或男唱女答，唱词中穿插有衬词衬句，如"耶哈耶""耶落呀""耶落咦"等。整个舞蹈场面热情洋溢，歌声嘹亮，充满团结吉祥的气氛。

　　"哆耶"主要流行于黎平、榕江、从江、三江、通道等地侗族村寨。《老学庵笔记》卷四说：沅、靖等州，有仡伶，"男未妻者，以金鸡羽插髻"，"农隙时，至一二百人为曹，手相握而歌，数人吹笙在前导之。"这里所记述的就是侗族先民哆耶的情境。

侗族酒歌

　　侗族酒歌，侗语称"嘎烤"（al guaot），是酒宴上的劝酒歌。一般是席间双方起身把盏，一人先唱，一人和，男女不拘。每当一方唱毕，在场人众都会齐声"噢""噢""噢"地高声呼喊。歌词内容，在主人一方，多表达对于客人的尊敬和欢迎，或自谦地为招待不周而表示惭愧和歉意；在客人一方，则是感谢主人的盛情邀请和款待，夸赞主人的村寨、物产与菜肴；有时，双方也通过酒歌猜谜斗智，以助酒兴。酒歌男女不分，长短不拘，但有比较固定的调子。

萨玛节期间，如果举行为也活动，大宴宾客是为也的头等大事，对唱酒歌自然成为热情好客的侗家人酒席间常见的情景。邻里之间，常以谁家猜拳行令和酒歌声音的高低多寡，来评判其客人多寡和待客态度。

侗族大歌

侗族大歌属于合唱歌曲，侗语称"嘎老"（al laox）或"嘎玛"（al mags），汉译为"大歌"。"嘎"就是歌；"老""玛"均具有宏大之意。主要流行于黎平、榕江、从江、三江交界地区，传统上又以从江、黎平两县交界的六洞、九洞等地为中心。侗族大歌是最具特色的中国民间音乐艺术之一，其风格、旋律，与一般合唱不同，是一种一领众和、分高低声部的合唱，属于民间支声复调音乐歌曲范畴。

侗族大歌必须由三人以上来进行演唱，多声部、无指挥、无伴奏是其主要特点；模拟鸟叫虫鸣、高山流水等大自然之音，是侗族大歌编创的一大特色。侗族大歌的主要内容是歌唱自然、劳动、爱情以及人间友谊，体现人与自然、人与人之间的一种和谐关系。

大歌的演唱场合是比较讲究的，一般只有在重大节日或为也时，才能在侗族村寨的标志性建筑——鼓楼里演唱。侗族大歌演唱时，多是每段先由领唱者唱一两句，而后众人随声合唱。节奏自由，缓急有序，高低音协调，和声完美，歌声洪亮，气势磅礴，开阔畅朗，给人以襟怀舒畅之感。

由于内容、形式、地区不同，格调、旋律略有差异，侗族大歌大致上又

▲ 从江县增冲少女歌队鼓楼唱大歌／吴定勇 摄／2011年

可分：声音大歌（侗语称"嘎索"，al suoh）、柔声大歌（侗语称"嘎嘛"，al mags）、伦理大歌（侗语称"嘎想"，al xiangp）、叙事大歌（侗语称"嘎窘"，al junh）等几大类。其中又以"嘎索"（al suoh）最为精妙，或模仿蝉鸣虫叫，或模拟溪水奔流，天籁之音引人入胜，曲调优美、嗓音动听是其主要特点。

侗族大歌系复调式多声部合唱，为中外民间音乐所罕见。它的发现打破了"中国民歌没有多声部音乐"的说法，引起了国内外音乐界的广泛关注。1986年，侗族大歌合唱团赴巴黎参加"金秋艺术节"，惊动世界乐坛；2006年，中央电视台全国青年歌手电视大奖赛首次增加原生态唱法，侗族大歌夺得"原生态唱法银奖"和"观众最喜爱的歌手奖"；2007年4月，从江县侗歌队随温家宝总理出访日本，在东京表演侗族大歌，受到日本观众的热烈欢迎和温总理的高度评价。

过去，凡为也必唱大歌，萨玛节中的为也亦是如此。近二三十年来，会唱侗族大歌的人急剧减少，对唱大歌不再是为也活动的重头戏，即使有，也多是由三四十岁以上的中老年人聊充场面，青少年男女大歌队捉对唱和侗族大歌的场景如今在民间自发的民俗活动中已难得一见。

好在最近一些年来，一些侗族农村的中小学校将侗族大歌、侗族芦笙等作为民族文化科目开进课堂，故一些地方的中小学生也能唱侗歌、演侗戏、吹芦笙，并在一些民俗活动中被推向前台，扮演了重要的角色。2011年春节期间，从江县往洞乡增冲大寨请小黄村来为也，宾主双方鼓楼对歌时，主寨的少女大歌队就隆重登场，与客寨男歌队对唱大歌。

侗族情歌

侗族男女之间用来交友、择偶的歌曲，侗语称"嘎腊"（al lagx），可意译为"侗族情歌"；相对于侗族大歌而言，亦可直译为"侗族小歌"。侗族有行歌坐夜的传统，农闲时节的晚上，侗族男女青年一群群地月堂相会，就要通过对唱情歌来增进了解，选择意中人。为也活动，为主客寨男女青年提供了极好的月堂相处之时机，他们自然会抓住机会，尽量通过对唱情歌来增进了解，交流感情。侗族情歌歌词短小、优美细腻、情感真挚，常用比喻托物寄情，曲调灵活自由，音调平稳和谐。

侗族情歌的内容主要有两个方面，一个方面是表达对对方的赞美和渴慕，另一个方面是对自身的自谦性贬抑和喟叹，目的都是为了博得对方的好感与怜惜。

根据伴奏乐器不同，侗族情歌又可分为"嘎果吉"（al gis）和"嘎琵琶"（a1 bic bac）。"嘎果吉"可意译为"牛腿琴情歌"，演唱方式为独唱，流行于黎平、榕江、从江三县毗连的九洞和榕江至从江的都柳江沿河一带，歌曲结构短小，用小嗓音低唱，以牛腿琴伴奏，缠绵悱恻，温文尔雅，亲切动人。

"嘎琵琶"（a1 bic bae），可意译为"琵琶情歌"，流行甚广，遍及从江县的六洞及榕江、从江的都柳江、平永河、寨蒿河两岸，黎平、榕江两县交界地区的三洲、晚寨、高洋、尚重、盖宝（即所谓的四十八寨），黎平县的洪州、六洞，以及三江、通道等县的程阳、林溪、独峒、同乐、八江、八斗、马胖、平坦、高步、双江、黄土、陇城、甘溪、蒲头、杜垒，还有龙胜县的广南、平等、西安、宝赠等地，但格调、旋律、形式不一，各具特色。演唱时，有的用真嗓声，有的用假嗓声；有独唱，也有齐唱。还有的地方，人们吟唱侗族情歌时，极为自然地模仿潺潺的流水声，人们称之为"流水歌"，这种小歌虽无乐器伴奏，但亦十分自然和谐。

一般而言，侗族情歌的对唱有一个不断深入的过程，初相识，有试探歌；有意对唱，约定时间地点，有初会歌；想再次约会，有讨把凭歌和讨花带歌；经过一段时间的相互了解，男女间相互产生爱意，思念恋人，有结交歌、相爱歌、相思歌；考验对方才智，有盘问歌；经受了种种考验，两人互定终身，有盟誓歌、成双歌；如情不投意不合，有分离歌；如对方移情别恋，有失恋歌，等等。

萨玛传说

关于萨玛的传说，各地传说颇不一致。

流行于贵州榕江一带的萨玛传说是，萨神原型叫杏妮，她有两个女儿，分别叫加巨、加美。杏妮是带领侗族人民开辟侗区的女始祖，她和她的女儿死后被尊为神。

流行于从江九洞一带侗族的乡村传说是，古时有一对母女（一说姐妹），曾多次率领侗族乡亲同来犯之敌进行英勇的斗争，保卫家园。她们有一把威力巨大的神奇宝刀，因此每次战斗都能把敌人打败；后来由于敌人盗去宝刀，再战失利，她们退兵到"邓海美麻"地方，最后因寡不敌众，在"弄堂概"跳下悬崖殉难。侗族人民出于对她们的敬仰和爱戴，分别尊奉她们为"萨玛"（大圣祖母）和"萨温"（小圣祖母）。

流行于广西龙胜平等一带的传说是，萨玛的原型是三国时期南蛮首领孟获的夫人，名叫培花。因她英勇不屈，死在与诸葛亮征蛮的战斗中，后来侗族封她为至高无上的保护神，设坛供祭。

流行于贵州黎平、湖南通道、广西三江大部分地方的传说是，萨玛的原型是杏妮，她本是一位下凡的仙女，一位为地方除暴安良的女首领，她在"弄堂概"地方率领侗族乡亲同入侵的李家王朝军队作战，打了九天九夜，粮尽兵折，最后剩下杏妮母女三人，遂纵身跳下悬崖，化作三尊石像。侗家怀念这位女首领和她的两位英雄女儿，在她们战斗牺牲的"弄堂概"山头修建一个神坛祭奠她们。这就是位于今黎平县境内龙额乡"弄堂概"山上的总萨坛。后来，各个村寨修建各自的萨坛时，往往还派出接萨队伍，跋山涉水到弄堂概总萨坛背回一些白石、泥土等，招引母女英魂回寨立坛供奉，尊为圣祖母。

广西龙胜一带还有一种传说：远古时代，有一位心地善良的侗家妇女，走遍千山万水，凡遇有水源的开阔地带就打上标记，再带领没有田地的人们去开垦立寨，后来立了很多的寨子，人人安居乐业。她死后，人们为了永远铭记她的功德，为她立下祭坛，世代供奉。

这些传说，都充满了对祖先的崇敬和对英雄的崇拜。具体情节各地大同小异，因无文字记载，全靠人们世代口口相传，各地的传说不免出入很大甚至互相抵牾。各地传说中相同之点是：侗家女杏妮天赋异秉，勇武过人，年及十四就管理村寨。因"卡李"（李姓恶霸，或说是李家王朝）鱼肉百姓，强占田土，且步步进逼。忍无可忍之下，杏妮率领众乡亲奋起抗争，重创恶霸"卡李"。朝廷因此派兵镇压，杏妮率领款兵顽强抵抗，几度击退敌军，守住家园。但终因寡不敌众，杏妮等战到最后，至死不屈而跳崖牺牲。侗族人民敬重杏妮是保卫家园的民族女英雄，尊她为民族保护神和共同的圣祖母，称其为"萨玛"。

不同之点有：一种说法是，战到最后的是杏妮母女俩，双双跳崖之后，母亲躺着死去，女儿站着死亡。后人尊母亲杏妮为大圣祖母，即"萨玛""萨岁""萨柄"等，给她盖房屋居住，称"然萨"（yanc sax），可汉译为圣母屋；有的地方，如从江九洞地区，人们口头上以神祇尊号直呼其"居所"圣母屋为"萨柄"。后人尊同母亲一起跳崖牺牲的杏妮之女为小祖母，即"萨温"（sax unc），露天封土为其祭坛，围以土墙或栅栏，称"萨堂"（sax daengc），可译为萨玛堂。

另一种说法是，战到最后跳崖牺牲的是杏妮与其妹妹两人，姐姐躺着死，妹妹站着亡。后人为纪念她们，给姐姐盖房子住，叫"萨柄"；为妹妹露天封土为坛，叫"萨堂"。

在侗族民间许多唱词或歌词中，一般只提到萨柄、萨岁、萨玛、萨玛千岁、萨玛天子等，鲜少提到萨温或萨堂。

六、游艺娱乐

游艺娱乐，包括节日中的游戏竞技与社交。萨玛节中的游戏竞技，主要有斗牛、赛芦笙、对大歌、演侗戏等。斗牛，是将村寨内的成年公牛（可以是黄牛或水牛）放出，让其捉对儿角斗；演侗戏，一般由前来为也的客寨侗戏班子登台表演，为主客寨群众助兴；对大歌，是主客寨男女大歌队之间捉对儿唱和，女唱男和或男唱女和，暗中较劲儿。社交活动主要有聚餐、宴客、行歌坐夜等。聚餐，可以是本村寨的村众内部会餐，也可以是主寨村众集中在一起招待前来为也的客寨众人。宴客，主要是主寨宴请前来为也的客寨客人，可以把客人分散请到各家各户去吃饭，也可以把客人集中在一起，主寨各家各户纷纷拿出酒菜或凑钱备办酒菜来招待。行歌坐夜，是主客寨青年男女群体之间的社交活动。

斗牛

斗牛，侗语称"国道"（gueec daos）或"成道"（senc daos），当地汉语称为"牛打架"。

萨玛节中的斗牛，不同于款堂上各村寨之间的专用于角斗的牛王比角，它是村寨内部的耕牛之间的角斗。萨玛节多在农闲的春节期间或秋收之后举办，持续时间可达三五天甚至更长，有时还邀请友好村寨来为也，各家各户也多有周近的亲友来做客看热闹，八方来人，宾客盈寨。为了增加娱乐项目，给节日助兴，有时会举行斗牛活动，即把主寨内各家耕牛中那些强壮、好斗的公牛（黄牛或水牛均可）放出来，水牛对水牛、黄牛对黄牛，再根据它们的个头、实力等捉对儿，把它们牵到一处方便众人围观的场所，让其一对对儿轮番角斗，以娱宾主。

对大歌

萨玛节期间如果有客寨来为也，则对大歌在过去是必不可少的一项重要的游乐竞技活动。一般是晚饭之后，主客寨的男女大歌队齐集主寨的鼓楼下，主寨男队对客寨女队、客寨男队对主寨女队，隔着火塘面对面坐在鼓楼里的长凳上。女唱男和，男唱女答，要求在歌词内容、主题、格调和韵脚等方面都彼此搭配、贴切，不能驴唇不对马嘴、不搭调。因此，对歌的双方不光是你来我往，互为唱和，以歌交流，往往也在暗中较劲，比谁歌儿多、唱得好，总希望难倒对方，更不甘心被对方所难

▼ 来增冲为也的小黄中年男歌队鼓楼唱大歌／王友先　摄／2011年

倒。一般情况下女队会略占上风，但也有几天几夜难分胜负的情况。

过去，侗族以会唱歌、唱得好为荣，对唱大歌在某种程度具有较劲、比赛的意味，也是青年男女展示才艺、崭露头角的大好时机。

演侗戏

萨玛节期间，如果有为也活动，则演侗戏往往成为节日里一项重要的娱乐内容。一般是由客寨戏班子登台表演，而观众则包括主客双方的村众以及周边赶来凑热闹的零散客人。

萨玛节中，侗戏的演出时间是祭萨活动的空当，不能影响祭萨。一般是白天进行，地点是主寨的戏台。戏台前的空地上，往往挤满主客寨村众，人们酒饱饭足之余以看戏为乐。

每天开演之前，都由戏班师傅焚香礼拜，恭请侗戏祖师降坛护佑。开演之后，多是两人走上前台轮流唱白，以唱为主、白为辅，即先来几句简单的道白，接着是一段唱腔。一人唱、白之后，另一人始开口回复，也是先道白、后唱腔。无论谁唱，每唱完一句，双方都要踩着横"8"字路线交换位置，即所谓"走台"。主要以二胡伴奏，也用锣、鼓等渲染气氛。到下午三点左右，主寨会趁表演间隙，组织一群年轻人男扮女装或女扮男装，把一些酒菜送往戏台，供客寨戏班子吃用，名曰"送响午饭"。对方吃用过后，会象征性地将一些现金放入送饭器皿退还主人，意为还礼。

傍晚演出结束后，戏班子部分或全体成员会走上前台，逐一报出主寨寨老和头面人物的姓名，并送上诸如"福如东海、寿比南山"之类的祝福；主寨观众，则会将硬币、糖果等雨点般扔上戏台，由对方捡拾，俗称"加官"。

行歌坐夜

行歌坐夜，侗语称"鸟翁"（nyaoh wuongh），是传统上侗族男女青年

▲ 黎平铜关为也期间的行歌坐夜，男方弹琵琶和歌／吴定勇 摄／2010年

交友、择偶的社交活动。一般是农闲时节晚饭之后，同一个寨子的一群同龄女青年呼朋引伴，相聚月堂（侗语称"堂翁"，dangc wuongh）做女红。不久，本村或外村一群年岁相当的男青年带着牛腿琴、吹着小芦笙前来走访。让座之后，大家或谈天说地，或情歌唱酬，男女青年借此相识相知，寻觅人生佳侣。

萨玛节中，如果有为也活动，则为主客寨的青年男女行歌坐夜提供了大好时机。一般是晚上十一二点对完大歌、村众散去之后，主寨的男女青年会分别邀约客寨姑娘、腊汉（男青年）到月堂相聚，行歌坐夜。周近其他村寨的小伙子们，一般不会来干扰为也双方的行歌坐夜。

宴客

萨玛节期间，如果举行为也活动，则款待客人吃好喝好成为主寨一个极为重要的任务。可以把客人分散地请到各家各户去吃饭，但更热闹的是将客人集中在一起，由整个村寨集体出面，杀猪宰牛，大宴宾客。这种情况下，往往是在一空旷处摆下长桌宴，数百人甚至更多的村民分宾主落座，觥筹交错，推杯换盏，酒令声、酒歌声等此起彼伏，热闹非凡。人们常以酒令声、酒歌声的高低多寡，来判断主人是否大方、热情，客人是否尽兴、满意。

七、节日用品

　　萨玛节期间的节日用品，包括节日仪式需要的一些特殊祭品、典籍、用具，如萨玛茶、腌鱼、三牲、木鼓、铁炮、安坛经典等；以及节日期间常用的食品、服装、首饰，如红肉、串串肉、牛（羊）瘪、米酒、寨老服饰、传统盛装等。

萨玛茶

　　萨玛茶，侗语称"血萨"（xeec sax，祖母茶）、"血绍"（xeec saop，草茶），系用一种叶似芦苇的香草（现在有些地方就用一般的香茅草代替）煎制而成，味香甜，专用于平时供祭萨玛，故可汉译为"萨玛茶"。侗语里，"血"即茶，"萨"即祖母，也泛指老年妇女，故有人据此将"血萨"直译为"祖母茶"，这其实并不十分妥当，因为"祖母茶"并非专指享祭萨玛的那种草茶，其他也有称"祖母茶"的，如普洱祖母茶等。

　　农历每月的初一、十五，管萨人都会煎上一壶萨玛茶，带上香纸到萨坛焚香敬茶，不用其他祭品。只有隆重祭萨时，才加上腌鱼、酒肉等献祭，但萨玛茶仍必不可少。公祭完毕准备出发（去转寨或斗牛、为也、打仗等）时，管萨人会将祭过萨的萨玛茶分给在场众人每人抿一口，侗语叫"记血萨"（jil xeec sax），即分享萨玛茶，意在大家都得萨护佑，逢凶化吉。

安坛经典

过去，修建萨玛神坛是侗族村寨的头等大事。历史上，侗族曾经迁徙比较频繁，每到一个地方准备定居下来时，都会先建萨玛坛，其次才建鼓楼、寨门和住宅。当然，修建萨玛神坛也是极其隆重而神圣的大事，还带有几分神秘色彩，不能有丝毫的随意，而要严格遵循一整套程序和仪规。最初，这些程序和仪规很可能完全或主要靠口传心授。后来，随着汉文化的影响在侗族地区逐渐深入，识文断字的侗族子弟逐渐增多，于是人们借助于汉文字，逐渐把这些仪规抄录下来，成为一个个手抄本安坛经典，侗语称"勒多滕"（lec duos dengc）、"勒安萨"（lec anl sax）等。

当代所能见到的安坛经典皆是纸抄本，且较老旧的本子均用毛笔抄写在侗族民间自制的粗草纸上，用麻线左侧装订，开本大致相当于大16开，可厚达数十页或更多。从书写符号来看，有些是借汉字记侗语语音，除了抄录者本人，他人很难完全看懂；有些属于用汉文来记录，等于将侗语语义译记成汉文，但安坛师运用时一般用侗语诵念，即用汉文书写、用侗语念诵（当然诵念中难免夹杂着大量的汉语语音）。由于是各师各传，特别是早期主要靠口传心授，遂出现不同地区甚至不同的村寨各有自己的安坛经典，如从江县朝利村的《东书少鬼》、高增村的《请神圣安社堂言语》、高传村的《占推遮地多滕》，榕江县脉寨的《招谢圣母咒语》等。这些虽然称之为安坛经典，但其中记录着萨玛崇拜的诸多知识和仪规，因此不光修建萨坛，在萨玛节活动中的许多其他场合也用得上。

▼ 从江县高传村鸡骨卜手抄典籍／吴定勇 摄／2009年

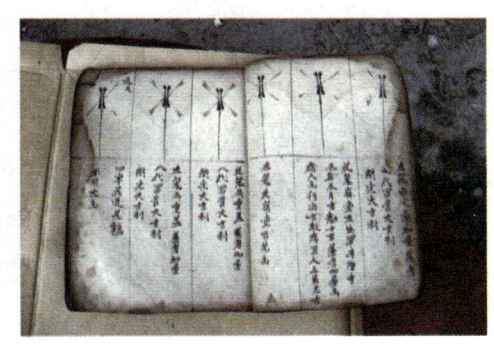

鸡骨卜典籍

直至晚近，鸡骨卜在一些地区、村寨的萨玛节活动中还有流行，并且是其中最为神秘而重要的环节之一。配合鸡骨卜的进行，这些地区、村寨一般都拥有自己的手抄本鸡骨卜典籍，也是用毛笔抄写在侗族民间手工自制的草纸上，麻线装订成册，外形类似于上述手抄本安坛经典，侗语称"勒登艾"（lec daenl aiv）。从书写符号来看，也是有些是借汉字记侗语语音，有些是将侗语语义译记成汉文。

卦

卦，是打卦占卜的一种用具，一般用似竹笋的兽角尖剖成两半制成，长约三寸。打卦时，祭师口中念念有词，把卦望空抛出落在地上，卦落地后视两片的反正情况确定吉凶。侗族萨玛节活动中，一些重大事项须由祭师打卦占卜来做决定。比如新建萨坛，派人到弄堂概去请萨（取土）回来后、举行安殿仪式之前，祭师还要打卦，以确定萨神是否确实已经请到。他把卦望空丢在地上，卦落地后，两片如果一俯一仰，为顺卦，表示肯定；连得三个顺卦，表示萨神确实已经请到，安殿仪式才能正式开始。

法铃

法铃是一种摇击乐器，一般用黄铜制造，铃内有舌，有摇柄，它是道士、和尚和一些祭师做法事时所使用的一种重要工具。有些侗族地区萨玛崇拜中的一些重要活动和仪式，如湖南通道县平坦村2012年7月举行萨坛安殿仪式时，转寨过程中祭师就是一路手摇法铃；在祭萨过程中也不时摇动法铃。

▼ 通道县坪坦村祭祀手摇法铃，走在转寨队伍前面／吴文志 摄／2012年

铜锣

一般的锣都是铜制的，故名铜锣，侗语称"铜腊"（dongc lac），是一种圆形打击乐器。明、清时期，锣被广泛地应用于戏曲音乐、舞蹈音乐和传统吹打乐当中。侗族的萨玛节活动中，铜锣常被用于祭萨、转寨和侗戏演出等场合。祭萨、转寨、祭田时，使用的铜锣比较小，直径为二三十厘米，形状像个盘子，锣声清脆，主要是公祭请萨时，由祭师一边击打铜锣，一边念咒。

在榕江三宝一带的转寨过程中，一般由一名长老手持铜锣在前开路，一边走一边敲锣。而在从江县九洞地区，转寨是管萨人擎着萨玛伞在最前面慢慢地走，称"拿"脚印；祭师紧随其后，走几步敲一声锣，是为跟脚印。而在许多地方大型祭萨活动中都有的祭田活动中，铜锣覆地并脚蹬三下，是看似简单却内涵丰富的重要仪式。

萨玛节中如果有外村来为也，自然也会用到铜锣。客寨来时，路上一般会敲锣打鼓；如果表演侗戏，更会用到铜锣，不过这两种场合所使用的铜锣比较大，直径可达四五十厘米，锣声比较浑厚低沉，主要起到制造气氛、烘托氛围的作用。

列萨

过去，建有萨坛、供奉萨玛的侗族村寨，往往会集体饲养一只浑身白色的公羊，以作萨玛的化身，侗语称"列萨"（lies sax）、"列柄"（lies biingl）等，意为萨玛之羊。大家视其为萨玛的化身，对其非常尊重、客气，由它随意在全寨各处走动，走到哪家哪家都会拿好东西给它吃，以致许多"列萨"逐渐养成了吃糯米饭、吃腌鱼等习惯，渐渐地不再吃草料。"列萨"老死，人们会举行隆重的仪式，将其埋在萨坛背后。有的时候，人们也饲养白公鹅来代替公羊，侗语称"安萨"（nganh sax）等，意为萨玛之鹅，同样视其为萨玛化身而无限尊敬。

萨岁歌抄本

　　侗族有用汉字记侗语语音的方式来记录歌词、款词、侗戏台词等习惯，形成了许多手抄歌本、手抄侗戏剧本等。萨岁歌手抄本就是这类歌本之一种，过去都是用毛笔誊抄在粗草纸上，装订成册；现在多用钢笔抄写在各类现成的空白本子上，侗语称"勒嘎萨"（lec al sax）、"勒嘎耶"（lec al yeeh）等。也有些是将侗语语义译记成汉文，但仍用侗语吟唱。萨玛节上哆耶时，带领众人哆耶的领唱者有时会手持一个萨岁歌抄本，以备忘词时查阅。

大歌抄本

　　侗族地区有"戏的故乡、歌的海洋"之誉。为了学习、传承侗族大歌，近代以来，侗族民间一些识文断字的人喜欢用借汉字记录侗语语音的办法，在粗草纸上抄写侗族大歌，并装订成册，成为侗族大歌手抄本，侗语称"勒嘎老"（lec al laox）。现在人们抄写侗族大歌，不再用毛笔草纸，而是用钢笔写在一些买来的现成本子上。萨玛节期间如果有为也活动，在主客寨大歌队对唱大歌时，双方都有歌师躲藏在队员们的身后，他们有时会带着一两本大歌抄本，为队员们指引方向、提醒歌词。

侗戏抄本

　　侗戏抄本，系借用汉字记录侗语语音的方式，在纸页上记录侗戏台词和歌词并装订成册的手抄本，侗语称"勒戏"（lec yiiv）。萨玛节期间，如某寨应邀到主寨为也，一般有侗戏班子随行，并在祭萨活动间隙登台表演侗戏，为节日助兴。每个侗戏班子都有自己的侗戏师傅，师傅一般会随队前往并随身携带侗戏抄本以备随时查阅之需。

腌鱼

腌鱼，侗语称"罢胜"（Bal semt），是侗家人日常的美味佳肴，也是侗族一些祭祖活动中一种非常重要、甚至必不可少的供品。在从江县的九洞等地，大型祭萨必须有3条腌鱼。比如在九洞的高传村，无论是到"萨柄"祭祀萨玛，还是到"萨堂"祭祀萨温，祭品中必有一盘（3条）腌鱼。萨玛节期间，如果为也宴客，腌鱼也是一道传统名菜。

腌鱼的制法，是将从稻田里捉来的活鲤鱼放入鱼笼或谷箩中浸在清水里饿养一两天，使其鳃及肠内污垢去净。然后将鱼剖开，除去杂肠，用适量的米酒将鱼在盆内拌匀，再以食盐撒于肚内，浸两夜之后，用蒸熟的糯米饭加浸鱼盐水和适量的辣椒面、花椒粉、姜末等佐料拌匀，制成鱼糟。腌鱼时，先在木桶底垫一层糟，然后将糟放于鱼腹内，再将糟擦抹鱼的皮鳞放入桶中。每放一层鱼，加一层糟，用手扒平压紧。腌完，上面铺上水芋叶或棕叶、笋壳叶，再压上草帘，上用清水隔绝空气，腌制一两个月以上即成。好的腌鱼酸辣鲜甜，非常可口，且可长期保存。

过去腌制用具多为专用杉木制桶，半径30cm左右，高约60cm，有的人家通常每年腌制3—5桶，足够一年食用了。用木桶腌制的鱼存放时间长，可达20年不变质，香味浓，有甜味。现很多人家用烧制的陶坛腌制，其特点是发酵发酸快，能提前食用，但味道不如木桶腌制的鲜美。腌制一年后的腌鱼，其色呈红色，干湿适当，酸度适中，特有的香气，令人垂涎欲滴。放入口中酸、辣、香、甜，让人精神大振，食欲大增。腌鱼可以直接食用，不需任何加工，原汁原味；也可用火烤炙，皮脆骨软，味醇留香，回味无穷。

三牲

盛大的祭萨活动，除了腌鱼，还要有猪、鸡、鸭三牲献祭。黎平、从江、榕江、通道、三江、龙胜等县的许多村寨，都有用猪、鸡、鸭三牲祭萨之俗。三牲里，猪要黑毛猪，不能有杂色毛（万一有杂色毛，也要用墨汁染黑）；鸭须是绿头公鸭；鸡须是打鸣公鸡。猪要按在水里溺死；鸡、鸭要用草绳勒死。三牲宰杀之后，有些地方还有生祭和熟祭之分。生祭，即杀猪之后，摆起香案，先用猪头、四蹄、心肝和未煮熟的鸡、鸭等，烧香纸，祭祀萨玛；熟祭，即煮熟之后，在会餐之前再用熟肉献祭。

在从江县九洞地区，过去大型祭萨活动中的三牲是，黑猪一头、绿头公鸭一只，打鸣公鸡则要两只。而龙胜县的宝赠一带，大型祭萨的牺牲，除了猪、鸡、鸭之外，还有公羊。

米酒

侗族喜欢喝自酿的米酒。萨玛节期间，无论祭萨还是待客，都离不开米酒。侗家人认为，萨玛是女性，而侗族女性平时不沾酒，所以日常祭萨只用茶不用酒；但在诸如萨玛节的盛大祭萨活动中，米酒还是主要祭品之一。

过去，侗家米酒主要用糯米酿造。酿造方法是，糯米蒸熟后，拌以农家自制的酒曲，放入容器中密闭，如果在冬天还要烤火以保证一定的温度。发酵之后，先是变成醪糟甜酒；数日后醪糟逐渐变苦，就用土办法架锅蒸馏，得到白酒，酒精度可达三四十度。刚出锅的米酒要窖藏一段时间，转味之后甘洌醇厚。特别是重阳节酿造并窖藏数月乃至数年的重阳酒，更是酒中佳酿。现在糯米稀少，人们酿酒多用籼米，酒的品质一般不如从前。

串串肉

过去，侗族凡杀猪宰牛聚餐，喜欢把猪肉、鸡鸭肉等用白水煮熟，切成拳头大小的一块块，用细竹签串成斤把重的一串串，侗语称"腩串"（nanx xionp）、"腩册"（nanx sedt）等。串串肉平均分发给在场的每人一串或数串，并每桌配制有一碗辣椒蘸水为佐料；猪下水等，则烹制成菜肴佐餐。串串肉有剩余的，各人可以自带回家。萨玛节期间，无论是内部聚餐还是集体宴请为也客人，只要杀猪，过去一般都会制成串串肉；现在有些地方有时也还制作串串肉，但更多的时候则是烹制菜肴，不再做成串串肉了。

红肉

侗族杀猪，最新鲜的头一两顿称"记泡汤"（ji paoc tangh），其中一道传统名菜就是红肉。其制作方法是，将猪肚子、猪肝、猪腰子、猪里脊等精瘦肉切成薄片，在热锅里焙熟，再切成肉丝，用精盐、生姜、葱花、八角、三赖以及晒干烤香碾碎的辣椒、花椒、捶油子、橙皮等香料拌匀，最后

▲ 从江高传，竹签串起的串串肉／吴定勇 摄／2010年

▼ 从江庆云村宴客红肉／鄢从龙 摄／2013年

淋上一点猪槽血（杀猪后，猪胸腹腔内沉积的半凝固的血液）和极少量猪胆汁即成。由于整道菜呈血红色，侗语称"腩亚"（nanx yav），当地汉语称"红肉"，也称"紫血肉"。红肉味道辛辣鲜香，清凉爽滑，据说有健脾开胃润肺之功能。萨玛节期间，无论是内部聚餐还是集体宴请为也客人，只要杀猪，一般都少不了红肉这道传统名菜。

瘪

"瘪"是侗语译音，侗文写作"biiex"，原意是指牛、羊胃里尚未消化的食物汁液，引申来指用这种汁液调制而成的一道侗族传统名菜，是侗族筵席上常见的一道主菜。制作"瘪"的主料是牛或羊的百页肚、精瘦肉、心

脏、肝脏等，香料有盐、辣椒、花椒、生姜、葱、蒜、芫荽、捶油子、橙皮、茱萸等，当然还有牛、羊胃里尚未消化的食物汁液即"瘪"汁和少量胆汁。"瘪"汁要煮沸，过滤去渣备用。

瘪的吃法有生吃、熟吃、下火锅等，过去以生吃为主，现在主要是熟吃和下火锅。生瘪，是将生的主料切成薄片或肉丝，将上述香料烤香捣碎，与主料拌匀，淋以"瘪"汁和少量胆汁即成，鲜香爽滑，十分入味。

熟瘪，是将主料配上香料炒熟，淋上"瘪"汁即成。下火锅，是在炭火上架一口锅，锅里有用"瘪"汁、香料等制成的火锅汤，将牛、羊肉切好盘装备用，边下锅边吃。

萨玛节期间，只要杀牛或宰羊，无论各家吃饭还是集体聚餐，餐桌上都少不了"瘪"。由于"瘪"汁是牛、羊胃中尚未消化的新鲜野草、树叶，具有百味草药的功效，可以帮助消化，医治各种肠胃疾病，被誉为"百草汤"。

侗族烧鱼

烧鱼，侗语称"霸吉"（bal jigs），也是侗族最喜爱的一道山野佳肴。烧鱼最先是在田边吃的。过去摘禾时节，人们邀约上亲朋好友，带上糯米饭、盐和辣椒等，来到山坡上的禾田里，一边摘禾，一边放田水抓鱼、在田边找香料。休息时，找一方平地燃起篝火，用小木棍或竹条把活鲜的鲤鱼从嘴里穿插至鱼腹，放在火边慢慢地烘烤，不断翻转，使鱼烧得金黄。把从田边地角找来的野韭

▼ 黎平铜关大寨宴请为也客人的菜肴——烧鱼／吴定勇 摄／2010年

菜、民国菜（有些地方俗称"肥猪苗"）、野葱、野蒜、鱼蓼、折耳根（鱼腥草）同辣椒、花椒、生姜、盐等拌好做成佐料，然后把烧好的鱼剔下鱼肉，放到盛有佐料的盆里搅拌而食。

由于烧鱼鲜辣清香，别有风味，以致侗家人"有鱼必烧"，把这道田间野味搬到了家中的餐桌上，成为招待宾客的又一道传统名菜。萨玛节期间，一些人家会用烧鱼款待宾朋。当然，在家里，烧鱼一般没有在野外那么讲究，只是将活鱼放在炭火上烤熟，就着野菜和辣椒蘸水吃。

酸汤鱼

侗家人嗜酸而喜食鱼，故酸汤鱼也是侗族同胞最喜欢吃的一道家常菜，也是他们待客的佳肴。如果是春节期间举办萨玛节，这种时候大家猪肉等都吃腻了，一些人家就会刻意开田捉鱼，煮酸汤鱼来招待为也客人和其他亲友。

侗家酸汤鱼的制作方法是，将稻田放养的鲤鱼、草鱼、鲫鱼等捉来，放在清澈的活水里饿养两三天，使其吐净腹内泥沙秽物。然后架锅把专制的酸汤（一般是特制的米泔水）煮沸，将鲜活的鱼儿（个大的鱼要用菜刀在鱼背脊处划开几道口子）丢进锅里加盖烹煮，加酸菜、番茄、辣椒、广菜等辅料，放入适量木姜子、鱼蓼草、花椒等香料。鱼熟即起锅，味道鲜香酸辣，绿色保健，食后令人两颊生香，回味无穷。

在冬天，还可将煮好的酸汤鱼隔夜保存，次日整锅鱼和汤都凝成冻胶状的鱼冻，吃来更是别具风味。

鱼生

侗家人喜爱吃鱼，且吃法多种多样，其中鱼生是侗家款待嘉宾的又一道名菜。鱼生，侗语称"霸奏"（bal zous），"霸"，汉译是"鱼"；"奏"，汉译为"醋"，"霸奏"可意译为用醋调制的生鱼片，可汉译为

"鱼生"。其制法是，从稻田里捉来鲜活的、个头较大的草鱼或鲤鱼，去鳞去肠，剔去骨刺，片成薄片，拌以盐、辣椒、花椒、胡椒、生姜、葱、蒜、鱼蓼等佐料，再淋上适量醇香的米醋和少量白酒即成，鲜嫩、酸辣、爽滑，回味无穷。萨玛节期间，无论是周近的亲朋来访，还是有客寨来为也，鱼生都是拿得出手的一道待客佳肴。

白煮鸡（鸭、鹅）

侗族宰杀鸡鸭鹅等家禽，都喜欢用白水煮熟，用剪刀剪成二三指宽的

▼ 三江县枫木村侗族白煮鸡（鸭鹅）／杨尚荣 摄／2013年

一块块，类似于客家人的白切鸡，蘸蘸水（用细盐、辣椒、花椒、木姜子、姜、葱、蒜等加水制成）食用。白煮鸡（鸭、鹅）是侗家日常招待客人的首选菜肴，也是萨玛节期间常用的祭品和菜品。

火锅

侗族地区冬季比较冷，人们有冷天吃火锅的习惯。其做法是，在火盆里烧木炭，其上架一口小锅，用井水、盐、辣椒、花椒、胡椒、生姜、木姜子、葱、蒜、鱼蓼等煮成底汤，把瘦猪肉、牛羊肉、鱼等切好装盘，把白菜、菠菜、香菇、平菇、玉兰片等洗净装盘，还用清油、辣椒、蒜泥、花椒、葱花等制成蘸水，然后七八个人围锅而坐，边往锅里放肉放菜边吃。萨玛节多在冬天举办，宴客吃火锅很常见，但一般情况下火锅只是其中一道主菜，主人同时还会烹制其他菜肴，围着火锅摆放。

侗果

　　侗果是侗家人家庭手工制作、味道可口的一种糕点，以其香、酥、甜著称。逢年过节，侗家人都要制作侗果，并作为馈赠亲友、款待来宾的佳品。它的主要原料是糯米、芝麻和红糖或白糖。

　　制作时，先将糯米浸泡

▲ 三江县枫木村侗果／杨尚荣 摄／2013年

蒸熟打成糍粑，放在簸箕内或案板上摊平，待冷却后，用菜刀或剪刀将米粑剪成1厘米见方的颗粒，形状各式各样，置于太阳下晒干备用。加工时，放进干锅内慢慢加温，直到略现黄色，再取出放进油锅煎炸，使其发胀完全酥透，如同一颗颗金黄色的果子，即侗果。用另外一口锅将白糖或红糖熬成糊状，把炸好的侗果倒入糖浆中快速翻动，使糖浆均匀地粘在侗果表层，同时将事先备好的芝麻粒均匀地撒在侗果上，使芝麻粘附在球果外表（这一道工序俗称穿衣），侗果即告制成。侗果吃起来酥脆、香甜可口，老少咸宜。萨玛节期间，有亲朋来访或有为也嘉宾，侗果是招待客人的上好零食。

糯米糍粑

　　侗家喜食糯米，每当过年都会用糯米打成糍粑，故侗家糍粑也称糯米粑，侗语称"偶随"（oux siic）。制作糯米糍粑，是先把糯米淘洗好，浸泡一夜，捞出来滤干，用甑子蒸熟，用粑槽或石碓槌捣至完全没有颗粒，把它捏成拳头大小的圆个儿放在竹筛上压扁即成。有的人家还在糯米糍粑上印制各种红红绿绿的图文，如"新春快乐""吉祥如意"以及花草图案等，颇具文化艺术色彩。冷硬后的糯米糍粑用火烤软，其味醇香。春节期间，家家户户都要用上百斤乃至数百斤糯米打成糍粑，有的还用黄饭花汁泡米制成金

▲ 锦屏县瑶佰村侗族油茶／潘朝勇 摄／
2013年

黄的糯米粑。有的还加入芝麻、花生等一起制作，其味更别致。

现在的萨玛节多在春节期间举办，无论是周近的亲朋来访还是有客寨来为也，糍粑常被当作茶余饭后的点心招待客人。

油茶

油茶是侗族特有的一种饮食习惯。侗语称"哆薛"（dos xeec），意为放茶、做茶，当地汉语称为"打油茶"。其主要原料是"阴米"。阴米须预先备制，制法是：将糯米拌油或粗糠，再蒸熟、阴干，再用碓臼舂成扁状，去掉粗糠。打油茶时先将阴米用茶油拌河沙炒或油炸成米花备用。接着把配料花生、黄豆、芝麻等炒熟。配料没有定规，时鲜瓜菜、猪肝、虾米都可以放，还可以放些葱花、姜丝等作料。原料准备就绪后，就煮茶水：放一把米在锅里炒到焦黄，再添上本地土制的上好茶叶炒拌几下加水煮沸，滤出渣子，即得茶水。把茶水倒进盛着米花等原料的碗里，便是油茶。春节期间的油茶，还要加两块手指宽的油煎糍粑。

油茶可称侗族的第二主食。过去，人们不仅早餐吃油茶，每顿饭前也都要吃油茶。因此，油茶也是侗家人招待客人的传统食品；萨玛节期间款待客人，自然也少不了油茶。特别是妇女往来，常聚在一起打油茶。吃油茶只兴用一只筷子。客人吃了油茶不还筷子，表示还要再吃；还了筷子，则表示多谢主人，不用再添了。

炒米

　　侗家吃炒米，应是打油茶的一种简易方式和变体。

　　由于油茶配料繁多，工序比较烦琐，在生活节奏越来越快的今天，人们越来越没有闲工夫和兴致打油茶了，但吃炒米则还比较盛行。现在人们制作炒米，一般是先把糯米蒸熟，摊开阴干至一粒粒散开，成为阴米。然后，用茶油拌河沙与阴米一起在铁锅里翻炒，直至阴米爆成米花，炒米即告制成，侗语称"偶爆"（oux beeuv）。吃法是装好大半碗炒米，加入适量白糖，倒入滚烫的开水，稍搅拌即可食用。萨玛节期间或平时有客来访，清晨可冲泡炒米让客人过早，晚上亦可冲泡炒米给客人消夜。

寨老服饰

　　在萨玛节的祭萨、转寨等活动中，除了榕江三宝一带由妇女充当主体和重要角色之外，其他地方都是寨老扮演最重要的角色：寨老是决策者和领头

▼ 身着长袍马褂的黎平银朝寨老们／吴定勇 摄／2009年

人，主祭人一般也从寨老中产生。

在萨玛节等重大民俗活动中，寨老的服饰比较特别，既不是民族服装的便服，也不是传统的盛装，而是用印花绸缎缝制的长衫、马褂，有的还头戴花翎顶子，近似古代官服或旧时乡绅的着装。侗族历史上未形成统一的地方政权，盛行合款制，寨老就相当于一个社区的军政首领。寨老在重大民俗活动中模仿官员或乡绅着装，很可能是对寨老社区首脑身份的确认，应是受到封建官僚文化影响的结果。

侗族传统服饰

萨玛节活动中，除了寨老（管萨人、主祭人一般也是寨老成员）穿绸缎质地的长衫马褂之外，其余男女人众一般都着侗族传统服装，尤其是青年男女更着意打扮，一身节日盛装。

侗族素有首插雉羽、椎髻，着褶裙之俗，"男未娶者，以金鸡羽插髻"，"女以海螺数珠为饰"。（南宋陆游《老学庵笔记》）"妇女之衣，长袴短裙，裙作细褶裙"，"好戴金银耳环，多至三五对，以线结于耳根。织花细如锦，斜缝一尖于上为盖头，脚跋无跟草鞋。"（明弘治《贵州图经新志》）尽管近百年来，尤其是最近二三十年以来，侗族服饰变化很快，各地着装情况也多所不同，但在萨玛节活动中，南部各地妇女一般皆着传统裙装，即上穿右衽衣，下着短裤、绑腿，着褶裙，裙长过膝，足裹绑腿或布套，穿绣花船形踏脚勾鞋；腹前系围腰，挽偏髻，

▼ 身着传统服饰的黎平银朝少年在踩歌堂里吹芦笙／吴定勇 摄／2009年

插银簪。男子或着右衽无领短衣，束腰带，包大头帕，着大管裤；或穿对襟衣，包或不包大头帕。

萨玛节期间，黎平县口江乡银朝村男子穿着的传统男装最为古朴，其要点是：发脚围一条约3厘米宽、22厘米长的红布壳发围，发围上钉13—15个半圆银泡，头着蛋浆布包头帕；上衣为对襟蛋浆布高领单衣，外套刺绣大花背心；下身围两片垂至膝盖的全绣花围腰，围腰下端系有12个元宝形吊花色，吊色下各吊五条串珠，珠串末端各系有一撮白羽

▲ 从江庆云村祭萨活动中，身着传统盛装的女青年／鄢从龙 摄／2013年

毛；下穿青布裤，脚穿双梁厚底大素花布鞋。

侗族妇女服饰，各地差异较大。一般都是亮布右衽（秋冬）或对襟（春夏）上衣，袖口缀五色栏杆，正面系一面腰围（通常比较艳丽）；下着百褶裙，穿不及膝短裤，小腿部再着筒式绑腿；脚着船式绣花鞋，鞋尖上翘。

侗族银饰

侗族妇女喜佩银饰，萨玛节里的转寨、踩歌堂、行歌坐夜等活动中，尤其大量佩戴银饰。侗族妇女的银器种类繁多，有项圈、项链、手镯、戒指、耳环、银花、银冠等。旧时富家之女，盛装打扮时，还戴玉镯、金手镯、金

▼ 从江庆云村妇女银饰／鄢从龙 摄／2012年

戒指、金耳环。

其他如通道、三江等县，每逢喜庆佳节，年轻姑娘佩戴的项链、项圈层层叠叠于胸前，手圈八九对，全副重量达一二十斤，以示富裕荣耀。在一些地方，如从江九洞等地，男子也佩戴男式银项链、银手镯等，胯边还佩带银烟盒。

侗族银饰的加工，要经过吹烧、锻打、镶嵌、擦洗和抛光等五道工序，全是家庭作坊内的男工匠手工操作完成。根据需要，银匠先把熔炼过的白银制成薄片、银条或银丝，利用压、錾、刻、镂等工艺，制出精美纹样，然后再焊接或编织成型，除了在锤砧劳作方面是行家里手，在造型设计上侗族银匠也堪称高手。侗族银匠善于从妇女的刺绣及蜡染纹样中汲取创作灵感，他们根据本民族的传统习惯、审美情趣，对细节或局部的刻画注重推陈出新。

芦笙

芦笙，侗语称"伦"（lenc），是侗族民间一种非常重要的乐器，流行于南部侗族地区。侗家人以吹芦笙为乐，逢年过节、红白喜事、丰收庆典等，都少不了吹芦笙，有时民间还举办吹芦笙比赛活动，数十支甚至成百上千支芦笙齐鸣，场面十分壮观。萨玛节期间，芦笙是不可或缺的乐器，萨坛请萨、转寨巡游、祭田等环节，以及为也、斗牛等集体民俗活动，一般都有芦笙队在前引导。在这些场合，吹芦笙（"细伦"·xuip lenc）不仅能造气氛、聚人气，还有传播信息和娱乐人神之功能。

侗语芦笙一般由笙斗、笙管、共鸣筒、簧片、箍等部件构成。笙斗用杉木制作，笙管和吹管用水竹制作，共鸣筒用楠竹、白壳竹或笋壳制作，箍用绵竹编制，簧片用响铜制作。各部件的大小、长短，均视芦笙的型号而定。笙斗多呈纺锤形，长60—70厘米，上接一段外径1.6—1.8厘米、内径0.8—1厘米的小竹管作吹嘴。笙管分两排，呈75—90度交角插于笙斗，上段集为一束，以绳捆拢，上置共鸣筒。笙管数量、长短不一，有六管、八管、四管等多种。管长依其序列及芦笙型号而别，最短者约20厘米，大型芦笙最长达9米，一般外径1.4—1.5厘米，内径1—1.1厘米。每管近斗之上各开一按音孔，入斗部分装一铜质簧片。演奏时，双手捧扶笙斗，手指分别按两排笙管按孔，口含吹嘴，吹吸发音。芦笙音色视音列、调式或饱满丰厚、共鸣充实，或纯净清亮、轻盈明快，或柔和圆润、愉悦甜美。

侗族的芦笙基本上都装有二至三个共鸣筒，起到扩大音量的作用。一般说，共鸣筒的长度为竹管长度的四分之一左右，侗族工匠能够制作出倍低音、低音、次中音、中音、高音和特高音的芦笙。倍低音芦笙最长者可达两三丈，特高音芦笙最短者只有两三寸，一般以三四尺的中音芦笙为众。目前侗族芦笙共有"伦正""伦尼""伦我""伦略"等17种类型。大芦笙用来吹奏低音，吹奏时固定于一地，高高耸立，庄重严肃；中小芦笙吹奏主旋律，小芦笙还担任领奏。大中小芦笙齐奏时，高低音交相呼应，音域宽阔，音调多样，气势恢宏。按芦笙队的规模，每队有大、中、小3种型号若干支，有的地方还配有2个芒筒，一齐吹奏时，各种音调浑然一体，十分和谐。

传统上，侗族民间常有芦笙比赛，一是吹奏芦笙，二是跳芦笙舞。在萨玛节等重大祭祀庆会和喜庆场合，也常常吹奏芦笙和表演芦笙舞。有的村寨甚至有专门的芦笙表演队，外出演出还要

▼ 从江县庆云村芦笙／鄢从龙 摄／2013年

穿专门的仿古服装，甚为典雅古朴，寨人也视为一种荣耀，并与村寨的声誉相关联。

不同的芦笙曲传达不同的信息。比如甲寨村民集体到乙寨去为也，从离开甲寨，到路过其他村寨，到进入乙寨，到告别返回的各个环节，芦笙队都要吹奏不同的曲子以传达不同的信息。具体情况是：准备离开本寨出发去为也时，芦笙队要吹离寨曲，通知本寨群众集合列队出发；离寨之后，途经大小村寨，要吹过路曲，说明只是路过，无须接待；到达预定村寨，先在寨门外吹应邀曲，如彼寨已有客人，不便接待，该寨勒汉头（年轻寨老）即吹道歉曲。如彼村里并无客人，芦笙队即吹迎客曲；客队离寨时，要吹告别曲，主寨吹送客曲。

鼓楼木鼓

佤、高山、苗、侗族等民族使用的木鼓，是一种敲击体鸣乐器。侗族木鼓，侗语称"gungc"（格翁切），安放于鼓楼顶部阁层，鼓楼或因此得名。历史上，侗族每个村寨都有一座或数座鼓楼，凡有重大事宜商议，起款定约，抵御外来兵匪骚扰等，均登楼击鼓以号召群众。

鼓楼是全寨或整个房族的集体活动中心。鼓楼的顶层高悬一面木质长鼓。木鼓多用栗木或枫木制成，系用原木挖空制成鼓框，两头蒙以牛皮，用竹钉钉住。鼓身两端钉铁环，悬在鼓楼顶部的横梁上。鼓长100—200厘米、直径30—40厘米，形制古朴、发音低沉，应用广泛。打木鼓时用两根鼓槌，长约40—43厘米，直径二三厘米。

遇紧要之事，承担村寨日常杂务的传事（侗语称"款脚"，kuanx jiox）就奉寨老之命登楼击鼓报信。击鼓时急徐多寡，皆有定则，不同的鼓声传达不同的公众信息：鼓点缓慢从容，代表寨老们召集村众到鼓楼集会议事；鼓点急促则表明有紧急事件发生，如失火、盗贼骚扰、兵匪入侵等；轻快的鼓声则是用于节日集会。

▲ 黎平县银朝村鼓楼上的木鼓／吴定勇 摄／2006年

　　由于鼓楼高入云天，鼓声咚咚可闻数里，能传到寨中任何角落，甚至能传到数里之外人们农作的地点。当有意外紧急事件发生，如火灾或外敌来犯，急促的鼓声能将在家中或地里的村民迅速召集到鼓楼，共同应对紧急突发事件。

　　击鼓议事的细节是：击第一度，是表示有事召集，那时寨人都会放下工作侧耳细听；接着击第二度，是表示催告速来鼓楼；击鼓第三度，是表示马上就要开会了。大凡击鼓三度之后，各家各户都会有一名代表齐集于鼓楼。

　　萨玛节期间，可通过击鼓来动员村众进行祭萨、请萨、转寨巡游等重大仪式、活动之前的集合；有客寨来为也时，每天中餐、晚餐之前，也可通过击鼓来集中、分派客人。

铁炮

　　铁炮，侗语称"炮堂"（peeuk dangc）、"炮魁"（peeuk kgedl），系用铁管灌装火药，底部开有点火小孔，以火把或香头引燃点火孔的火药，引起铁管膛内火药的爆炸，声响巨大。一般是三炮连响，以为一组。铁炮在侗族社会被广泛使用，早已成为侗族传统文化的一种重要符号，许多重要民俗事项和社会活动都离不开铁炮。今天，它依然在侗族祭萨、斗牛、为也等活动中扮演重要的角色。

鸣放铁炮，一般表示活动正式开始或启程。在萨玛节的祭萨、请萨等重大活动中，先用长鼓召集相关人员赶赴鼓楼坪集合，一旦鸣放铁炮，则表示活动正式开始，不参加活动的村民闻讯也会纷纷前来观看。在为也等村寨联谊活动中，当客寨队伍吹笙打鼓浩浩荡荡开近寨子时，主寨迎宾人员就会在寨门边鸣放三声铁炮，一则表示对于来宾的热烈欢迎，二则通知本村民众：客人到了，准备款待！

铁铳

侗族过去有使用铁铳狩猎之传统，几乎成年男子人手一杆。铁铳侗语称"兄"（xiongk），当地汉语称"铁铳""鸟铳"。其主体部分是内径约0.15米、长约1.5米的铁管，其后部开有小孔并装有扳机，扳机头上装有炸药引子。使用时，往枪膛内灌装火药、铁砂弹，扣动扳机，炸药引子爆炸，引发枪膛内的火药爆炸，强大的推力将铁砂弹发射出去，并发出巨响。

过去祭萨，往往有青壮年款丁扛起铁铳模拟杀敌御匪的场面和情景。有些地方，如黎平县岩洞镇的宰拱村，过去还专门制成一杆比一般鸟铳大得多的铁铳，类似于近代用于军事的铁炮，平时存放于萨玛屋内，称"兄萨"（xiongk sax），意为萨玛铁炮。举办大型祭萨活动时，则点炮鸣放以壮声威，不仅起到类似于铁炮的作用，更有壮我声威、震慑敌胆、驱邪除秽之功效。

鞭炮

鞭炮，就是常见的一般鞭炮，侗族称"炮腊"（pueek lagx）。鞭炮一般配合着铁炮使用，在铁炮响过之后鸣放，燃放持续时间较久，可以营造、

▲ 从江高传的家庭主妇拿出"牢"和晌午饭包等，准备送别为也客人／吴定勇 摄／2010年

增加热闹、热烈之氛围。萨玛节活动中，转寨巡游时，在开始出发、途中参拜土地庵、最后进入踩歌堂等环节，一般都要燃放鞭炮。在为也活动中的迎客、送客等环节，也要燃放鞭炮。

晌午饭包

侗族为也送客时，主寨各家各户都要拿出一至数包晌午饭，送给客寨为也队伍，由其带走自行分配。准备包晌午饭的原意，是供返途遥远的客人在路上充饥。但实际上无论客人返程路途的远近、出发时间的早晚，主寨都要包晌午饭，侗语称"哆偶闷"（dogs oux menl），其意义主要是为了表示主人的情谊，而不在于客人是否需要途中充饥。一般是用糯米草芯包裹两三斤重的糯米饭团，饭团内又裹有腌鱼、腌肉等，都是比较经久耐放的食物，途中不易变质。萨玛节期间如果有客寨来为也，则送客之时主寨必送晌午饭包。

红蛋

红蛋，即把鸡蛋或鸭蛋煮熟，用红色颜料染红即成，侗语称"给亚"（geiv yak）。侗家人喜用红蛋来哄小孩儿，有小客人要返家时，主家妇女多会煮好红蛋，用网兜兜起，挂在小客人的脖子上，以示关爱和吉利。萨玛节期间，如有客寨来为也，散客时主寨妇女们更是大量馈赠红蛋，不仅送给客寨的小朋友，也会像哄小朋友一样笑谑地把红蛋挂在客寨辈分相同的男客人的脖子上，引起众人哄笑，以增加热闹氛围，减轻离别的忧伤。

牟

侗族为也散客时，主寨的姑娘、妇女们每人献出几方用侗布裁成的面巾或者买来的新毛巾，每块面巾挂在一支带有枝杈的小竹竿上，竹竿枝杈末端和面巾尾部系上一些洁白的羽毛，很是好看，侗语称"牟"（mouk）。客人离寨的时候，几乎人人扛着一支或数支"牟"，蔚为壮观。

▼ 高传妇女将牛交到客人手中，客寨象征性给点现金以示回礼，宾主正式道别／吴定勇 摄／2011年

胜

侗语称尾巴为"胜"（sedpl）。侗族为也散客时，主寨要赠予一至数头牛、羊、狗等便于远路牵走的家畜，意为安"尾巴"，侗语称"留胜"（luc sedpl）。安"尾巴"表示双方情谊深厚，彼此珍惜与对方的为也关系，还希望将这种关系保持下去，尤其是赠送牛、马等大型、珍贵家畜时更是如此。对方心领神会，也会在合适的时间，反过来邀请主寨去做客。

八、节日文献

从一些手抄本安坛经典的承传情况，可以推断侗族萨玛崇拜在元明之前已然出现，但古代文献中未见有关直接的记载。20世纪80年代以后，对于侗族宗教信仰和萨玛崇拜的研究逐渐热络和深入，研究成果较多。其中，最具代表性的主要有贵州"六山六水"民族调查资料选编（侗族卷）及《女神与泛神——侗族萨玛文化研究》《侗族通览》《侗族风俗志》《边疆民族资料初编·西北及西南民族》（丛书）等著作与材料。此外，还有一大批研究论文，恕不一一在此罗列。

女神与泛神——侗族萨玛文化研究

黄才贵著。贵州人民出版社，2006年版。

该书包括"溪峒"的文明、"萨""得"的史实、"桑嘎"的赞誉、"桑腾"的祭奠、信仰女神的轨迹、"宁更"的心愿六大部分，分别从侗族地区自然环境、侗族亲属关系和社会组织、侗族的音乐文化和口头传统、侗族的萨玛崇拜、侗族的女神崇拜和原始信仰、侗族的哲学文化等方面，展开论述，试图在比较广阔的社会文化环境和深邃的历史背景中，揭开侗族萨玛文化的神秘面纱，对深入了解侗族萨玛崇拜有一定的启发意义。

侗族简史

《侗族简史》编写组、《侗族简史》修订本编写组编写和修订。民族出版社，2008年版。

该书全面而扼要地阐述了侗族政治、经济、社会、文化、习俗的方方面面及侗族上自原始社会、下至该书出版当年的历史演变，是迄今最全面、权威地介绍侗族历史发展的著作。第十二章"生活习俗"，对侗族宗教信仰、包括萨玛崇拜有简明扼要的叙述。

侗族通览

冼光位主编。广西人民出版社，1995年版。

该书70万字，400多页，是从历史、社会、文化等多方面介绍侗族的综合性著作，具有百科全书性质。该书对侗族政治、经济、社会、文化、文学、艺术、风俗习惯、宗教信仰以及侗学研究等各个方面，作了比较全面的介绍，其中包括侗族萨玛文化的内容。

贵州"六山六水"民族调查资料选编（侗族卷）

贵州省民族事务委员会、贵州省民族研究所编。贵州民族出版社，2008年版。

贵州"六山六水"民族调查的命名，是因为贵州的少数民族大都聚居在境内的六座山、六条江的地域。所谓"六山"，系指贵州省境内的雷公山、大小麻山、武陵山、乌蒙山、云雾山、月亮山；"六水"，系指贵州省境内的都柳江、清水江、乌江、潕阳河、北盘江、南盘江。"六山六水"是贵州省民族研究工作者对该省少数民族居住区域界定的一个带学术性的地理概念，"六山六水"区域面积广大，约占全省总面积的80%以上，居住着该省90%以上的少数民族。1983年，贵州省民族研究所和省民族研究学会牵头，省社科院、博物馆、贵州民族学院的专家学者组成民族综合考察队，赴月亮山地区进行民族调查。前10年主要是以多学科、多民族为主进行的基础性、抢救性综合调查。1993年后，重点是结合民族政策、民族地区脱贫、西部大开发等方面开展应用性专题调研。在调查的基础上，至2003年就已出版了1400多万字民族调查报告，以及《贵州省志·民族志》《中国苗学》《水族通史》等一批民族研究著作。

贵州"六山六水"民族调查资料选编（侗族卷），由一系列侗族社区的调查报告、尤其是专项调查报告组成，包括侗族社会调查、侗族社会组织与习惯法、侗族文化调查、侗族婚姻家庭调查、侗族婚丧习俗调查、侗族原始宗教调查、侗族传统稻耕技术调查、侗族稻田养鱼技术调查、侗族酒俗调查、侗族"嘎锦"调查、侗族鼓楼调查、侗族妇女现状调查，等等。其中，包含若干个有关侗族萨玛文化的调查报告，如《关于榕江县车江的"萨岁"调查》《关于侗族"萨"神的调查报告》等。

侗族风俗志

杨筑慧编著。中央民族大学出版社，2006年版。

该书从物质民俗、社会民俗、岁时民俗、信仰民俗、游艺民俗、口承民俗、人生礼仪等七大方面，比较全面系统地记述了侗族的物质生活和风俗习尚。其信仰民俗部分，对于侗族民间的祭萨活动、萨坛设置等，作了比较全面的记述。

贵州民族文化论丛

黄才贵著。贵州人民出版社，2009年版。

《贵州民族文化论丛》首先从侗族的历史、物质、精神文化等方面，撰写了《族源初探》《民族名称》《住居空间》《堂萨性质》等16篇文章；其次是从贵州民族制度文化、文化保护发展、民族文化经济发展方面，撰写了《和合发展》《村寨调查》《村镇旅游》等11篇文章；此外，还介绍了近百年来日本学者对贵州省民族文化调查研究成果的《鸟居调查》《油茶与茶道》《同一性研究》等。该书系统全面地反映了贵州省的民族文化及对外交流，强调在"和合"精神下，民族文化既保持各自的传统又相互交融。

东书少鬼

1985年，贵州省民族研究所组织调查组，到黔东南苗族侗族自治州从江县九洞地区进行社会调查。在调查中发现了一本珍贵的侗族古籍，书名为《东书少鬼》，汉文可意译为《卜鬼通书》，它是一本用汉字记录侗语的手抄本古书。这本书是在为萨玛安坛设祭时，巫师必须诵读的"经书"，平时巫师看鬼卜卦是不能念诵的，它被当地侗族视为珍贵典籍和传世之宝。该书内容包罗着大量求神保佑的念词、咒语和祭神的礼仪，但其主体内容则是叙述侗族圣祖母萨玛的生平、活动地域以及她的政绩、武功，等等。前辈侗学研究专家向零认为，该书实际上是一本记述侗族历史文化的史籍。

溪蛮丛笑

（宋）朱辅撰。中华书局，1991年版。

朱辅字季公，桐乡人。溪蛮者，即《后汉书》所谓五溪蛮。武陵有雄溪、满溪、酉溪、沅溪、辰溪，悉是所谓"蛮夷"所居地，这个范围大致相当于今天的湖南省怀化市，并涉及贵州的黔东南苗族侗族自治州东部和铜仁地区的东南角。在该书的记载中，多次提到了麻阳（今湖南麻阳苗族自治县）及其邻近地带，这些情况可以从一个侧面告诉我们，朱辅曾经在麻阳驻留过一段比较长的时间，而且极有可能在麻阳任职，故据所见所闻写成此书，所记诸"蛮"风土、物产颇备，如阑干布之传于汉代，三脊茅之出于包茅山，数典亦为详赡。至其俗尚之异，种类之别，曲折纤悉，胪列明晰；事虽鄙而词颇雅，可谓工于叙述；用资考证，多益见闻。《溪蛮丛笑》一书以条目体例形式，记述了公元12世纪时沅江流域各民族的风俗习惯、土产方物、文物古迹，是研究这一时期湘西民族史及民族文化状况的珍贵资料。

峒溪纤志（清线装本）

中国西南少数民族风俗杂记。一共三卷，清代陆次云编撰。

陆次云（生卒年不详），字云士，浙江钱塘（今浙江杭县）人。康熙十八年（1679）举博学鸿词科，罢归。后来再出任郏县（今属河南）等地知县。绩学能诗，著有《八纮绎史》《八纮荒史》《湖蠕杂记》《北墅绪言》《澄江集》等。

《峒溪纤志》系搜罗各种有关四川、云南、湖南、贵州、两广（广东、广西）、海南岛等地区少数族资料编就。上卷叙述苗、瑶、僰、八番、金齿、罗罗、黎等民族族属与部别源流；中卷专记风俗等事；下卷记其动、植物产等。书中有关少数民族宗教、婚嫁、仇杀、丧葬、器用、节令等习俗的记载，尤足参考。由于旧籍中集中记载西南少数民族情况的专著不多，故此书虽较简略，却不容忽视，且取材较严，颇可据信。书中文辞对少数民族颇有歧视偏见，应加辨别。

边疆民族资料初编·西北及西南民族（丛书）

本书编委会编。知识产权出版社，2011年版。

中国边疆因历史上多有变迁，居于边疆地区的民族也随之发生多次变迁。迄至中华人民共和国，分布于边疆的世居少数民族约有30余个，其中大部分跨境分布。边疆民族的兴衰从一个侧面反映了边疆地区历史演进轨迹，对于我们今天开发边疆，构建新型民族关系，具有重要参考价值。《边疆民族资料初编·西北及西南民族（全22册）》，包括（清）贝青乔《苗俗记》、（清）方亨咸《苗俗纪闻》、（清）龚柴《苗民考》、（清）蓝鼎元《边省苗蛮事宜论》、（清）严如煜《苗疆风俗考》、（清）李来章《八排风土记》、（清）林溥《古州杂记》、（明）田汝成《行边纪闻》等，对包括侗族先民在内的西北、西南边疆世居民族的历史资料进行梳理辑录，同时兼顾历史上居住在边疆地区的民族资料。这些资料除了廿四史等正史外，扩大搜集范围，旁及别史、文集、旅行调查、战事报告等。因整理较为完整，便于学者调阅使用。

中国节日志
萨玛节

调查报告

2009年贵州从江县高传村萨玛节调查报告

吴定勇

一、前言

侗族萨玛节是侗族祭萨群众定期性祭祀本民族圣祖母萨玛的大型祭会，有的地方侗语古称"moit"（莫哦切），直到晚近仍流行于南部侗族地区，尤以贵州的黎平、从江、榕江，广西的三江、龙胜，湖南的通道等县最盛行。萨玛节一般以村寨为单位举办，有时也由临近的数个村寨联合举办；多在正、二月间举行，也有在秋收后的农闲季节举行。侗族有"三年乜，五年国"之说，意为大型的祭萨活动连续举办3年、大型斗牛活动连续举办5年，之后暂告一段落，过若干年又从头再来，周而复始，较有规律性。祭萨的目的，主要是祈求圣祖母萨玛保佑村寨平安清吉、人丁兴旺、五谷丰登。因此，过去只要村寨发生灾异或征战等，无论是否在"三年乜"的周期内，都会择吉举行大型祭萨活动。20世纪90年代以后，由于市场化、城市化和全球化日甚一日的冲击，特别是青壮年大量外出打工、村寨空壳化严重，绝大多数村寨已经多年没有举办大型祭萨活动了，如今想寻找几例萨玛节活动进行现场实录，殊不容易。

2008年12月5日凌晨，贵州省从江县往洞乡高传村发生一起农村火灾，大火烧毁房屋29栋，为救火破拆相邻房屋9栋，火灾一共导致39户人家194人受灾，大量生产、生活物资在火海中化为灰烬，损失惨重。

本课题组在关注高传村灾情的过程中，获悉该村在不久后的2009年春节期间将举办大型萨玛节活动，决定由课题组成员吴定勇于大年除夕赶到高传村，全过程参与并采写2009年春节高传村萨玛节节日活动。

在本次参与式的调查采访中，得到了高传村当时的管萨人王家英，主祭王光华、副祭王卯林，寨老朱发昌、王补发贵、王补行有、王补七妹、王补平良、王补岩平、王再金、王得辉等的支持和帮助；尤其是王林宝、王友先、王老许、王老现、王卫良等当地亲友，更是热情接待并提供了各种各样的帮助，在此一并致谢。这篇调查报告的完成，很大程度上应该归功于他们。

二、高传村概况

(一) 高传的自然条件与经济生活

从江县往洞乡高传村位于从江县城北面偏西约110公里、位于乡驻地往洞西面偏南约8.5公里处，地理坐标约当东经108°41′—108°47′、北纬25°54′—26°02′。全村国土面积为19.58平方公里，辖3个自然寨、9个村民小组。截至2011年，全村共有363户、1765人，其中农业人口1744人，劳动力1024人。耕地面积为990亩，其中水田面积959亩，余为旱地。森林覆盖率近60%，一年四季山清水秀、禾香鱼肥。据从江县官方网站所载资料，2011年高传村实现国民生产总值800多万元，农民人均纯收入约为2100元。[1]

这里属云贵高原东部边缘山区，亚热带季风气候，气候温和、雨量充沛，年降雨量在1000毫米以上、无霜期长达300天以上，年平均气温在16℃左右，林木繁茂，植被良好。这里地表起伏较大，山重水复，属于历史上所谓的溪洞地区，在一道道山梁之间散布着一个个狭长的山间小盆地，大者万余亩，小者数百亩，俗称坝子。高传村大寨、小寨所在的高传坝子就是其中一个。这种地理环境和气候适宜于粮食作物和林木生长，故高传历来以稻耕

---

1. 见贵州万村千乡网从江县"高传村"条。

农业为主，且秉承有侗族稻田养鱼之传统，在黔东南一带算得上是鱼米之乡。粮食以粘稻为大宗，糯米次之，小米、小麦、苞谷、红薯等均有出产，但数量不大。蔬菜主要有青菜、白菜、韭菜、辣椒、豆角、萝卜，以及野生的蕨菜、竹笋、菌类等；家养的牛、猪和鸡鸭鹅等家禽、家畜，以及稻田里自然放养的鲤鱼、鲫鱼，则是人们肉食的主要来源，其中鱼是侗家最重要的荤品，敬祭祖先和其他宗教仪式多离不开鱼。人们喜食糯米和自酿米酒，嗜酸、辣，鱼、肉乃至蔬菜等都喜欢腌起吃，制成腌鱼、腌肉、腌生姜、腌蕨菜等。除了水田，各户还有一些盛长木材的林地，但长期以来只有杉木被视为建筑良材，其余都被视为"杂木"而作柴薪之用。经济林木有油茶、桐油等，但未被大量经营。当地以木材为生活燃料和建筑材料，对森林的破坏性很大，而且火灾隐患大。

（二）高传的民族结构和信仰习俗

传统意义上的高传，特指坐落在高传坝子上的高传大寨（简称"大寨"）和位于其上游约1公里的高传小寨（简称"小寨"），包括现高传行政村的第1—8村民小组，共约320户、1600人，约70%为侗族，近30%为汉族，还有少量苗、水、壮等族群的人口。高传行政村的第9村民小组自成一个约40户的自然寨——规富，位于高传大寨西南六七公里处，汉苗杂居，虽在行政区划上隶属于高传村，但由于大山阻隔、距离甚远，更由于规富与高传之间不存在传统上的村落认同关系，前者从不参与高传村的任何传统民俗活动，故传统民间意义上的高传不包括规富。

高传坝子海拔755米，属于高山狭长谷地，形如船状，故名高传（高船）。一条小溪——高传河自西南向东北绕过小寨门前，穿过高传大寨，将大寨分成东西两半，东岸住有近两百户，是大寨主体，西岸住有几十户。

高传东北、西北、东南分别距本乡信地村、吾架村、厦往村约1公里、2公里、7公里；南距本县架里乡（现已并入停洞镇）约10公里；西南与榕江县的古州镇接壤，距榕江县城22公里。

高传原是纯侗族村寨。现高传汉族绝大多数姓丁，系清代晚期始迁入。因为当时这里的侗族已经受到汉族风水文化的影响，听风水先生说高传坝子是个船形，需要用钉子加固才能保持船身稳定，人众安康，高传人遂集体凑出大片上等良田、林地、坟山为酬，从今贵州黎平县境内请来汉族丁姓落户。繁衍至今，高传丁氏已发展到几十户数百人口，并在文化、习俗、婚姻等方面与当地侗族互有交融，已经很大程度上融入了当地祭萨、为也、斗牛、建鼓楼、修花桥等侗族传统民俗活动中。其余汉族和其他少数民族住户更晚才陆续零星迁入，同样已融入当地侗族的祭萨、为也、斗牛等许多传统民俗活动中。

高传侗族盛行自然崇拜和祖先崇拜。人们相信万物有灵，有祭拜古木、巨石、深潭、水井等习俗。家家户户奉有祖先牌位——神龛，逢年过节祀以酒肉香火，清明节则上坟挂青。佛、道信仰和阴阳风水观念在高传有所发展，但几乎没有出家修行的，进入寺庙、道观礼拜的人也极少。

萨玛崇拜历史上是侗族（至少是南部地区的侗族）的全民信仰，是古代社神崇拜与侗族女始祖崇拜、英雄崇拜相结合的产物，带有浓厚的母系社会痕迹。相传杏妮是古代侗族女英雄，她带领广大侗族同胞保卫家园，抗击"李家王朝"入侵，屡建奇功，最后终因寡不敌众，她和女儿双双跳崖牺牲。后人为了缅怀她的历史功勋，尊她为大祖母，高传侗语多称为"萨柄"（sax biinl）、"萨老"（sax laox）、"萨岁"（sax siis），均有"大祖母""圣祖母"之意。并在寨中一处较高的台地上为其修建屋宇式神坛，称"然萨"（yanc sax），意为"圣母屋"，但人们口头上多以其神号代称其神坛，呼其神坛为"萨柄"。高传人还尊其女儿为"小祖母"，侗语称"萨温"（sax ous）、"萨内"（sax neiv）等，可译为"小祖母"，在寨脚东岸一处较高的台地上为其修建露天神坛，当地侗语称"萨凳"（sax dengc）。关于萨玛神坛，在当地又有一种说法，认为屋宇式萨坛和露天式神坛，所供奉的是同一尊神——萨玛，只是前者系阳宅、后者系阴宅。但无论属于哪种情况，高传人日常只拜祭屋宇式萨坛，唯有转寨、祭田等盛大祭萨活动才兼带拜祭露天式神坛，且举行的仪式、吟唱的萨岁歌、念诵的祭词等，几乎没有两样。

（三）高传的标志性建筑

与南部侗族地区其他侗寨一样，高传民居多为二层干栏木楼，长期以来是底层关养家禽、牲畜和堆放柴火杂物，二层是起居间和卧室；此外，上面还有人字形房顶之下的一层阁楼，层高较矮，一般只用于堆放杂物或闲置。由于全是木楼而且杂乱、密集地分布，火灾是侗寨的头号天敌。近年来，在建设新农村的运动中，人们已纷纷将起居室和炉灶搬至底层，另在屋外修起圈棚关养家禽、牲畜，这样既卫生方便又有利于防火。

传统的南部侗族村寨的建筑，除了干栏木楼民居之外，主要的公共建筑有：寨门、鼓楼、风雨桥、萨玛坛。

目前高传大寨和小寨各有一座鼓楼。现存的两座鼓楼都建于20世纪80年代，大致分别位于两个自然寨的中央，是村寨的公共建筑，村寨重大集会和许多活动、重要仪式都在鼓楼举行；在平时，鼓楼则是人们休闲、聊天的场所。大寨鼓楼共13层，高近20米；鼓楼门外有块小广场，俗称鼓楼坪。坪上原来立着一面刻有村规民约的碑刻，目前该石碑已被放倒。小寨鼓楼共7层，高约10米，门外也有一块鼓楼坪。

大寨寨脚和寨中各有一座风雨桥，分别建于20世纪70年代和21世纪初，兼具交通、休闲与美化村寨之功能。

侗族的祭萨神坛分室内和露天两大类，可以统称为圣母坛。一类是在村落里面或附近一处空地上垒起一个土堆，内埋木雕人偶、刀剑、衣裙、首饰等物，覆以铁锅，埋在土下。土堆上栽一株黄杨树，四周围以栅栏或土墙，侗语称"堂萨"（daenge sax），直译是"祖母堂"。另一类是在村落内修建一处屋宇，将祭坛设在室内，侗语称"然萨"（yanc sax），直译是"祖母屋"。高传村是祖母屋和祖母堂兼具，关于这一点前面已经说得比较具体，此不赘述。

也许是由于高传小寨后来才从大寨分支出去之缘故，高传村的祖母屋（yanc sax）和祖母堂（daenge sax）都设在大寨，是大寨和小寨共同奉祀的萨玛崇拜的祭坛。

三、高传萨玛节概况

高传村及其邻近的信地村一带，据说原来居住着苗族，在苗族人迁走之后，侗族才落户于此。苗族迁出和侗族迁入的具体时间已无可考，不过根据当地的一些传说，可以推断侗族来此落户的时间不晚于清初。[1]

高传侗族传说他们的祖先原住在古州百五腊子寨，共有三兄弟，后来迁移了，老二登宝住传洞（今从江县停洞镇境内）；老大王凤和老三登丁住高传。现在高传王姓都自称他们是王凤、登丁的后代，传说王凤、登丁到高传时姓傅。今高传萨玛屋下面的小广场边立有一块功德碑，记载清代道光年间高传重修萨玛屋时该村一些住户捐助的情况，数十个捐助者的名单一律为傅姓，可见高传侗族在清代道光年间确实还姓傅，后来才改姓王。[2]

---

1. 今天信地村宰成寨残存的石刻碑文记载，信地和高传侗族在清初康熙年间曾因争夺田坝而发生纠纷，双方请来邻近有关村寨的头人和黎平府官员公断解决。
2. 高传侗族后来为什么改姓王？一说是在清朝同治年间高传村头人傅鲁高和一个姓王的人结伴到黎平府驻地五开（今黎平县城）去告状。路上，那个王姓同伴约傅鲁高改姓王，傅鲁高同意，于是，从傅鲁高起，高传傅姓就改姓王了。另一说是清朝末年八洞地方的摆横苗族以王姓为主，该村出了一个民间英雄王故烈，他威武神勇，带领八洞、九洞一带的苗、侗群众抗御盗匪，当地侗族、苗族群众紧密团结、攻守相助，尤其是高传侗寨和摆横苗寨结为兄弟村寨，故高传侗家遂改傅姓为王姓。

不管姓傅或姓王，对王凤、登丁的后代来说并无关紧要，他们内部则另有"菟"（douc）、"基"（jih）、"公"（ongs）等支系名称，这种名称才是不可更改的。"菟"（douc），是侗族社会组织的基本单元，由出自同一血缘的若干个家庭组成，它有固定的名称，有共同的墓地、山林和祭祖田，"菟"内严格禁止通婚。"菟"之下为"基"（jih），一"菟"包括两个以上的"基"，"基"内有老人过世，全"基"各家都要忌荤腥（但可吃鱼）；如果分"基"了，那不在同一"基"内的人户就可以不忌肉食了。"基"之下为"公"（ongs），一"基"包括数"公"。"公"之下为"然"（yanc，即户、家庭），一"公"包括数"然"。

高传王凤的后代分属"菟哈底""菟四然""菟六然""菟烂"；登丁的后代分属"菟仙""菟拱""菟省"。虽然都是王凤、登丁兄弟的后代，但"菟"与"菟"之间在有关村寨公共事务方面的地位和分工不一样。比如在萨玛崇拜中，高传的管萨人只能在"菟仙""菟哈底"中产生，而"菟四然"则在大型祭萨活动中只担当手提祭品之角色。

兴建圣母坛，是侗族建村立寨的头等大事。在侗族的迁徙念词中，关于建村立寨部分有这样的唱词："未置门楼（鼓楼），先置地头（萨堂），未置门寨（寨门），先置地柄（萨玛祭坛），未置三间堂屋（住房），先置木堂门守（奉祀萨玛的殿堂）。"这里说的"地头""地柄""木堂门守"都是圣祖母萨玛的祭坛。从这段迁徙念词可以看出，奉祀圣祖母萨玛的祭坛，是侗族村寨中最重要、神圣的建筑，建寨必先建萨坛。

高传的萨玛节起于何时

▼ 高传萨玛屋／吴定勇 摄／2009年

▲ 高传萨玛屋内的萨伞／吴定勇 摄／2009年

已无可考，但据说该村的祖母屋原来位于台地更高处，后来才移到现址重建。现高传祖母屋广场上的碑文显示，重建时间在道光年间。因此，高传的萨玛崇拜至晚在清道光之前已经出现。

在高传，祖母屋是奉祀大祖母萨玛的祭坛，位于大寨尾部东沿一处较高的台地上，几乎与民居相邻，是很粗陋的砖木结构的屋宇式建筑。但在当年是许多人捐献了田产和银两才修成的，屋坎下面一块功德碑记录着捐献者的名字、捐赠数目和重建时间。

祖母屋室内是二开间，正室被隔成里外两间。里间窄小，有四五平米，里面只有一个小土冢，据说土冢下面埋有用阴沉木刻制的女性木偶——萨玛化身，以及女性衣裙、首饰和刀剑、蒲扇、铁三角、炊具等物，以一口大铁锅盛放，用另一口更大的铁锅倒扣覆盖。外间较宽大，有十多个平米，中间是火塘，靠近里间的隔墙是木质的，墙下放一根1米多长、半米高的小条凳，上置7个小茶杯；条凳左侧是进入萨玛屋内室的门，门角立起放着两把旧纸伞——祖母伞（纸伞经常被当作萨玛的化身）；右侧是一张小方桌，用于祭祀时放置祭品。小条凳上方的墙壁上钉有一颗钉子，进行鸡骨卜之后被认为吉利的鸡骨，被裹成一包，就挂在这面墙上。

如果从外间的正门进入，正前方就是挂着鸡骨纸包的木质隔墙，鸡骨包下面就是置有7个茶杯的条凳；左侧墙壁是砖墙，墙上钉钉，挂着大小两把香茅草，顺墙放一根较长的条凳，供寨老祭会时坐人；右侧隔墙也是木质板壁，顺墙也放一根坐人的条凳。右墙与外墙的结合处，开一道侧门与侧室相通。侧室中央也有一个火塘，四周摆有矮凳，是祭会正式开始前寨老们集合

萨玛节

和休息的场所，开有一道侧门通往室外。

祖母屋正门外是一道十几级的石阶，通往下面的广场。广场是祭会时村众集会、哆耶、吹芦笙的地点。广场外还有一个石阶，通往下面的村道。

高传露天的"祖母堂"，设在大寨寨尾东沿一处墓地的边缘，在一块青石板上用3块石板围成一个一尺见方的半包围形状，作为祭坛，旁边植有一棵棕树。四周围以半人高的土墙，墙垠上植有一些杂树。

高传至今有专门看管祖母屋的管萨人，一般通过神卜仪式，由"蔸仙""蔸哈底"两大房族中产生。管萨人可以世袭，也可以由于种种原因而临时更换。管萨人负责看管祖母屋，农历每月的初一、十五开门祭扫、敬献香茶；在大型祭萨活动中，管萨人的任务是肩扛"伞萨"（sank sax，意为萨玛伞，是作为萨玛化身的旧纸伞），脚跟接着脚尖后面，缓慢地走在队列的最前面。全村凑出一定的田产作为萨玛田，交由管萨人自耕自收，作为其报酬。

除了农历每月初一、十五的平时祭扫，以及有重大事件如出征、起款或外出斗牛、为也等，以及因为出现灾异而临时举行盛大祭典之外，高传最隆重的萨玛节祭会一般在农历正月上中旬举行。传统上是萨玛节连续举办三年、休息若干年，再周而复始。最近二三十年来，周近许多村寨已经多年没有举办萨玛节了，高传村的萨玛节虽然还偶尔举办，但也早已经不再严格遵循传统的"三年乜，五年国"规则了。

以是否举行鸡骨卜来划分，高传的萨玛节大致可分为"登艾"（aenl aiv）和"叉艾"（sak aiv）两种。"艾"指鸡；"登"意为寻找，"登艾"指通过卜测寻找到吉利的鸡腿骨，可意译为择鸡骨；"叉"意近于擦，"叉艾"指用纱布摩擦往年寻到的、被认为吉利的鸡腿骨，可意译为擦鸡骨。

高传完整的萨玛节过程，包括管萨人祭扫祖母屋、寨老磋商、"登艾"或"叉艾"、寨老聚餐、择日转寨、进田坝祭田、祭扫祖母堂、踩歌堂、回祖母屋等基本环节。有些年份的萨玛节还包括为也这个环节。

四、高传村2009年春节萨玛节活动基本过程

2009年，高传的萨玛节于春节期间的正月上旬举行，时间从初一到初八，包括祭扫祖母屋、寨老磋商、"登艾"、寨老聚餐、转寨、祭扫祖母堂、踩歌堂、回祖母屋等环节。

（一）祭扫祖母屋（2009年正月初一，公历元月26日 清晨）

天刚蒙蒙亮，高传村管萨人王家英老人就右手提着热水瓶（内装萨玛茶）、左手抓一把香纸，悄悄出门向"祖母屋"进发。此时整个寨子仍旧笼罩在逐渐残褪的夜色中，但他还是走得小心翼翼，生怕路上碰见行人。几分钟后，他做贼般悄悄走到了祖母屋，打开门锁从侧门进去。

他穿过侧室，径直走到正室靠近里间的隔墙前，将手里的东西放在地上，掏出打火机，在小条凳旁边的地面上点燃一堆纸钱；接着就着纸钱的火焰点燃7根香，列成一排插在条凳下方的地面上；然后，他一边念念有词，一边将热水瓶中的"祖母茶"盛满摆在条凳上的7个小茶杯。

敬茶、祷告完毕，管萨人王家英才将"祖母屋"的正门打开（此门平时紧闭，此时打开后直到本次萨玛节活动结束才关闭），并将屋内打扫收拾一番，然后回家。"祖母屋"的大门敞开着。

（二）寨老磋商（2009年正月初一，即公历元月26日 中午）

侗族素有寨老制传统。寨老自然产生，50岁以上能力强且办事公道、德高望重者自然被村人尊为寨老。过去，每个侗族村寨都由几位寨老集体领导，由他们负责处理村寨的内政外交。中华人民共和国成立以后，寨老的权威和职能已经大为削弱，现在寨老们只负责处理包括祭萨在内的一些民俗事务和一些民事纠纷。如今，高传50岁以上的男性，在一些集体活动中均可加入寨老行列，但在公共事务中能够发挥影响的寨老还是少数的几个人。

　　和往年一样，2009年正月初一中午饭后，王家英（登萨）、王光华（主祭）、朱发昌、王补发贵、王补岩平、王补七妹、王补平良、王再金、王再云、王得辉等20余位寨老齐聚祖母屋，在侧室的火塘上燃起大火。寨老们围火而坐，点起长长短短的旱烟袋边吸烟，边取暖，大家七嘴八舌，商量着今年要不要举办萨玛节。高传大寨于2008年底刚刚遭受一场火灾，人们认为这可能是因为村寨无意中得罪了萨玛，没有得到萨玛保护的结果。因此，寨老们遂商定这个春节举办盛大的祭萨活动，以期求得萨玛的原谅和保护。

（三）"登艾"（鸡骨卜）（2009年正月初一，即公历元月26日　下午）

　　侗族素有古老的鸡骨卜传统。高传村萨玛节祭会的择鸡骨活动，就是侗族鸡骨卜的一种。高传的择鸡骨活动，可以在正月初一祭拜萨玛后接着进行，也可以改天择日进行。活动内容，是发动全村群众在村巷里随意抓取刚刚长出鸡冠、尚未啼鸣的小公鸡，交到祖母屋，由寨老们取鸡的腿骨卜测，直到找到认为吉祥的鸡骨为止。此过程耗时不定，从数小时到数天都有。

　　2009年，高传萨玛节的择鸡骨活动就在正月初一当天中午开始进行。寨老汇集萨坛后，很快，正室的火塘上架起了一口铁锅，锅内烧着水。然后，寨老通知"腊汉"（lagx hanv·男青年）们鸣铁炮，吹芦笙，喊广播，发动村众捉拿小公鸡。很快，一只只约半斤重的小公鸡陆续被送来。主祭（也是寨老之一）王光华主持一个开头仪式之后，寨老们开始用手将鸡掐死，扯下一双后腿放入铁锅内热水中烫一下，剥去皮肉，取出一对股骨（大腿骨），交给主祭王光华卜测。

▼　将一双鸡股骨左右对齐，捆在竹签上，用荆刺从骨侧插入骨孔，得出不同的几何图案／吴定勇 摄／2009年

▲ 主祭将用棘刺插入鸡股骨骨眼所形成的图案同鸡骨卜抄本上的图案对比／吴定勇 摄／2009年

侗族有专用于萨玛节祭会择鸡骨的卜测书，系用汉字书写、用侗语拼读的"侗书"，侗语称"勒更"。书上绘有各种鸡股骨骨孔插入棘刺的图样，每个图样下边配有简短的解释性文字，说明其吉凶休咎。

主祭王光华卜测的方法，是将一只鸡的一对股骨左右对齐、捆住，用荆刺插入股骨侧面的小孔。由于鸡的股骨开孔数量不同、开孔角度也不同，插入骨孔的荆刺就形成不同的几何图案，主祭将其同书本上所绘有的图案一一比照，找到相同（相近）的图案并查看其说明，就知道这只鸡骨是吉是凶、能不能用。

今天运气还不错，傍晚时分，在掐死了约20只鸡后，终于发现一对据说非常吉利的鸡腿骨。按书上的说明，供奉此骨可以保佑村寨清吉、人畜平安、五谷丰登。

如获至宝的寨老们，马上让主祭王光华举行仪式，对得来不易的吉祥鸡股骨进行供奉。其过程是：将这对吉祥的鸡股骨绑在一根筷子粗的小竹棍上，插进装满大米的米升里，放在小方桌上；米升内再插两根点燃的香和一扎钱币，供以一碗糯米饭，一盘腌鱼（三条鱼），三碗酒；然后主祭焚香化纸，祷告一番。接下来，寨老们将绑在小竹棍上的鸡腿骨解下来，和原鸡的身体放在一起，由管萨人王家英焚香化纸向萨玛祷告，告诉她老人家已经找到吉祥的鸡骨。然后，再由副主祭王卯林在火塘边焚香化纸，唱念祭词，追怀萨玛身世，称颂萨玛恩德，祈愿村寨清吉平安，并供以茶、酒、腌鱼等，即告礼成。

最后，人们将鸡腿骨和鸡身放在一块儿，用纸裹成一包，以草绳捆好。然后，由一人憋住气息，将纸包不离地面慢慢移动，然后紧贴着墙壁慢慢上移，最后挂到钉在墙面的钉子上。到此，带有几分神秘色彩的择鸡骨活动总算结束。据称，一副好的鸡骨可以管几年，在此

▲ 晚上，寨老们用当天掐死的鸡煮熟，做成串串肉聚餐，鸡骨卜活动结束／吴定勇 摄／2009年

期间不用再举行择鸡骨活动，正月祭会中只须用粗纱布擦拭往年封挂起来的鸡腿骨就行。

由于白天掐死了很多鸡，现在，这些被扯下后腿却又不被选中的鸡派上了新用场——煮熟供寨老们聚餐，算是对辛苦了一天的寨老们唯一的回报。不过，当了一天看客的笔者这次也跟着沾光。吃着鲜嫩的鸡肉，喝着甘冽的米酒，气氛渐渐轻松起来。不过，毕竟是在"祖母屋"内聚餐，人们始终比较恭谨肃穆，不像一般酒宴那么恣意狂饮。

（四）转寨（2009年正月初八，即公历2月2日 白天）

转寨，是许多侗族村寨萨玛节祭会都有的一个重要活动，且活动内容大同小异。

高传村2009年春节萨玛节转寨活动，择吉日在正月初八（公历2月2日）举行。

当天中午饭后，高高安装在鼓楼顶上的喇叭播放转寨通知，"祖母屋"前的广场上芦笙吹响，锣鼓齐鸣，寨老和村众闻讯陆续前往"祖母屋"聚集。寨老们身着长袍马褂，头戴顶子，有点类似古代乡绅或官员；一般村

▲ 高传村众布满萨堂附近的山坡／吴定勇 摄／ 2009年

▲ 高传管萨人向在场村众分赐萨玛茶／吴定勇 摄／2009年

众，主要是青少年男女，则身着对襟亮布盛装，男裹头帕、束腰带，女戴项链、插头花。本村的汉族同胞、苗族同胞等，许多人也身着侗族服装参与其中，让你难分彼此。

出发前的准备工作，是先由管萨人在"祖母屋"内为萨玛焚香化纸、敬献萨玛茶，然后提着大茶壶走出门外，向聚在广场上的村众分赏萨玛茶。

接着，管萨人走回萨玛屋内，拿起放在"祖母屋"正室外间一个角落的两把萨玛伞之一，站在一旁；其他寨老在正室外间分成两排站好，中间留出一条路。然后，由手执一面小铜锣的寨老，在放置祖母伞的角落祷告。他面向角落，左右手互相交接，将小铜锣及敲槌由左向右逆时针绕腰部转3圈后，祷告良久，然后敲响铜锣24下（其中第4、5、6，第9、10、11和第14、15、16下，分别有短而轻的复响）。

第24下铜锣声响过，守在"祖母屋"正门前的村民王行猪（此人以力气大、嗓门大著称），就面向聚集在下面广场上的村众带头呼喊，他吼一声，村众回应一次，总共7次。喊完，芦笙吹响，管萨人左肩扛祖母伞，迈着类似女装模特儿的"猫步"第一个走出"祖母屋"正门，后面紧跟着那位手执铜锣的寨老，其余寨老接着鱼贯而出；走下门外石梯，穿过广场，再下一截阶梯，通往村道。从迈出大门至走到村道之前，手执铜锣的那位寨老一步一敲。寨老刚过完，广场上的村众就依次紧随其后，排成长长的游行队伍开始转寨。

下到村道后，游行队伍沿着村中大道慢慢向寨头进发，一路上两边都有人驻足观看，并不断有人加入到游行队伍中来。

在寨头一处桥梁，游行队伍过桥走到河对岸，又掉头顺着对岸村道向寨尾进发，然后在寨尾过桥又回到河这边，最后来到位于寨尾墓地边缘的露天"祖母堂"。基本上把整个寨子"转"了一圈，意寓请圣祖母萨玛将整个村寨巡视了一番，萨玛将会对整个寨子予以看顾和保护。

在露天的"祖母堂"，寨老们聚在神坛附近，一般村众或坐或站布满四周，墓地斜坡上全是人。这时，主祭王光华又唱主角。他先用刀除去神坛内的杂草，然后在祭坛内焚香化纸，接着用茶（3杯）、腌鱼（1盘）、糯米饭（1碗）敬祭萨神。萨玛用过的祭品，由主祭人分给管萨人等寨老们象征性地分享。

分享过祭品，手执铜锣的寨老如同前番一样，又将铜锣绕身3圈并敲响24下。紧接着，四十多岁的村民王平华站在神坛的墙垧上，一手扶树唱起了平时难得一听的祭萨歌（侗语称"嘎萨"，al sax），歌声苍劲委婉，如赞如诉，内有"扛枪打仗，您冲锋在最前头""您来此地，守护着村寨""今日吹

▼ 主祭人王光华在露天萨堂主持祭萨仪式（点香）／吴定勇摄／2009年

▲ 副主祭人王补岩平带头呼喊／吴定勇 摄／2009年

笙敲锣，是为取悦您"等句。王平华唱毕，旁边的一名寨老王补岩平站到围墙的埂上带头"噢""噢""噢"地呼喊，围在四周的村众则"哈噢""哈噢""哈噢"地热烈响应。两三首萨岁歌唱毕，在呼喊声中，芦笙吹响，由管萨人带队的寨老领头，村众又列队返回"祖母屋"，不过寨老们没有直接进屋，而是绕屋一圈之后，才从正门进入。而村众们又聚满了下面的广场及近周。

很快，屋内走出两位男性村民，站住"祖母屋"正门前，一人唱萨岁歌，一人带头呼喊，如此三个来回。

最后，终于轮到了"哆耶"。侗语"哆"是唱的意思，"耶"指一种祭萨歌曲，"哆耶"合起来就是吟唱祭萨的耶歌之意。"哆耶"以聚集在广场上的青少年们为主体，他们男女相间，手拉着手围成圆圈，在一位歌师的领唱下，边舞边唱，赞颂圣祖母萨玛，祈愿富足安康。

▲ 转寨回来，高传寨老们拾级而上进入萨玛屋／吴定勇 摄／2009年

　　几首耶歌下来，已近黄昏，全天的转寨活动到此结束。主人们忙着回去准备酒菜，晚上还要宴请周近村寨来看热闹的客人呢。

五、结语

　　在大多数地方已经多年没有举办萨玛节祭会的情况下，高传村民间能于近年连续组织了几次比较隆重的祭会活动，实属难得。而且他们的活动没有官方资助和干预，也没有任何商业动机，因而基本保持了传统风貌和性质，称得上当下最原汁原味的萨玛节祭会之一。

　　当然，由于城市化、市场化的冲击日益加剧，人们的价值观念与生活方式正在急速变迁，尤其是大量青壮年村民外出务工，高传的萨玛节祭会实际上早已经同过去的祭会活动相去甚远，已经不是那么原本地道、庄严肃穆了。而且似乎一年不如一年，大有难以为继之势。有关方面应该尽快采取有效措施，对高传村的萨玛节活动加以鼓励、保护与扶持。

该村2009、2010年的祭会活动之所以举行，在一定程度上同笔者的鼓动、支持有关。当然，笔者亦因此耗费一些经费，致使课题经费超支——光两三年几趟实地调查下来，本项目的经费早已花光。与此相关，由于笔者的拍摄和录像设备简陋，现场拍摄的效果远不尽如人意，留下了许多缺憾。

2009年春节贵州黎平县银朝村萨玛节调查报告

吴定勇

一、前言

2009年正月初四、初五，笔者在贵州省榕江县三宝侗寨的寨头村采写萨玛节活动。初五傍晚临吃晚饭时，突然接到贵州黎平县银朝村亲友的电话，说该村将于次日起举行为时3天的大型祭萨活动，笔者如获至宝。考虑到三宝寨头村当年的祭萨活动是政府资助下举行，节日氛围很淡，尤其是祭萨作为一种民间习俗活动的神圣性几乎荡然无存，参加祭祀活动的人不多，且基本上都是中老年妇女；白天来的一些男性村民所做的活动似乎就是杀猪、宰鸭、帮厨，大量的村民直到临吃晚饭的时候才纷纷从家里出来聚拢吃饭，好像只是冲着那顿免费晚餐而来的；再者，笔者对这次萨玛节活动，从初四开始就在现场守候，并在初五采拍了一天，已没有必要再留下来。于是，笔者当即决定晚饭不吃，趁着天未杀黑，赶紧租了一辆汽车，带着两位助手，连夜翻山越岭奔赴五六十公里外的银朝村。

我们从榕江县三宝寨头沿榕（江）往（洞）公路，途经从江县的往洞乡，奔往黎平县的银朝村。汽车到往洞乡的往洞村之后，只能沿机耕道勉强到达从江县往洞乡朝利村下面的牙现电站。从牙现电站到黎平县曹坪江村之间，有约5公里长的断头路，汽车无法通行，因此，笔者一行3人当晚只能在朝利村借宿、吃饭。次日天未亮，就包了几部摩托车搭载到牙现电站附近，然后步行3公里到达曹坪江村，紧接又从曹坪江村租了一辆小面包汽车，沿着一条很烂的森林公路颠簸奔波五六公里，于正月初六上午七点左右到达了银朝村。

二、银朝村概况

（一）银朝村的自然条件与经济生活

银朝村是贵州省黎平县口江乡的一个侗族村，位于口江乡乡政府驻地西南约10公里，地处山谷，四周青山环绕，像个鸟窝。银朝侗语称"guaol·构"（猫头鹰），意为猫头鹰聚集之所，可意译为猫头鹰巢穴或鸟巢。村落海拔505米，东接本乡摆东村，南邻双江乡纪约村，西靠本乡兰岜村，北抵本乡德脑村，西南方向去五六公里是与从江县往洞乡朝利村接壤的本乡曹坪村。这里属于热带季风性湿润气候区，四季分明，热量丰富，雨量充沛，年平均气温16℃，无霜期290天，年均降水量1000—1300毫米，森林覆盖率69.64%。

银朝村辖一个自然寨，8个村民小组。截至2011年底，共有325户1424

▼ 银朝村远景／吴胜华 摄／2009年

人，有吴、杨、龙等十来个姓氏，基本上都是侗族；拥有耕地面积938亩，其中水田面积856亩，另有林地面积4000亩。

银朝人的生计以稻耕农业为主，兼营林副渔业。过去，银朝的粮食以糯稻为大宗，辅以适量的籼稻和少量的小米、玉米等。中华人民共和国建立以后，由于要上缴公余粮（20世纪90年代以后改收农业税，2006年起免收农业税），尤其是人口增长、粮食压力剧增和有关籼稻品种的强制或半强制推行，籼稻的种植面积不断增多。如今，除了用一些高山阴冷水田种植少量糯稻以备节日之需，其余水田全部种植产量较高的杂交籼稻。蔬菜主要有青菜、白菜、韭菜、辣椒、豇豆、豌豆、扁豆、苦瓜、白瓜、黄瓜、南瓜、番茄、茄子等。出产高粱、红苕、洋芋、黄豆等，但一般不用作主食，高粱、红苕、洋芋主要用来喂猪，黄豆用于制豆腐、发豆芽。每户一般常年喂养有一至数头猪和数十上百只鸡鸭鹅，几乎都是粮食加青饲料喂养，不用工业饲料和化学添加剂，这些家畜家禽除了少量售卖，几乎都用作自家日常待客的肉食。过去，耕牛（主要是黄牛，也有水牛）在银朝喂养较多（通常是一户喂养四五头或更多），除了用于耕田，也是肉食的重要来源；现在，由于外出务工者多，耕牛已越来越少，已经户均不到一头。此外，银朝人还保持着侗族稻田养鱼的传统，每年稻子成熟季节放水捉鱼，一户可有数十斤、上百斤稻田鲤鱼，这是家庭肉食的重要组成部分。果品有李子、梨子、葡萄、板栗等。闲暇时间，人们上山捕杀鸟兽，采集自然生长的蕨菜、野菜、竹笋、杨梅、野果等，作为生活之补充。

银朝的经济作物有油菜、油茶、油桐、棉花、木耳、香菇、松脂，以及茯苓、天麻、杜仲等中药材，但多属零星经营，鲜成规模。这里林木茂盛，但一般只有杉木、松木、楠竹等被视为可用之材，尤以杉木为贵；其他包括枫木、青杠、麻栎乃至楠木等树种被统称为"杂木"，多用于柴薪。近二三十年来，人们在各自的责任山上大片造林种植杉木，但多半被本地或外地"老板"以"买青山"[1]的方式低价买走，农户没有多少实惠。

（二）银朝村的人文环境与风俗习惯

银朝民居是典型的侗族外廊式干栏吊脚木楼，一般为二层（阁楼层除外）。过去，楼下安置石碓，堆放柴草、杂物，饲养牲畜；楼上住人，前半部为外廊，光线充足，为一家休息或手工劳动之所；后半部为室，其正间设有"火塘"，这是"祖宗"之位，也是一家人取暖、炊事、吃饭的地方；厢房或偏厦设卧房。这种吊脚木楼一般一家一栋，也有几兄弟将房子连在一起，廊檐相接，可以互通。最近一二十年以来，在建设新农村的活动中，人们纷纷把禽畜移到屋外圈养，把一楼改装成堂屋式，将起居室和厨房搬到楼下，楼上只做卧室、储藏间。

银朝的公共设施有寨门、鼓楼、萨玛坛等。寨门建于寨脚，横跨于进出寨子的大路上，距寨子三四百米。鼓楼位于寨子中部，八角重檐攒尖顶塔式木构建筑，从上到下共计11层重檐，平面呈八角形，双葫芦顶，形如宝塔，通高约20米。顶阁中，悬有一个长约3米，直径约30厘米的木鼓。最顶部嵌有陶瓷宝珠尖顶，直插云霄。

银朝鼓楼耸立在穿寨而过的大路边一处高出路面两三米的坪子上，正门朝向大路，有数级石阶与大路连接。它既是村寨集会议事的政治中心，又是人们拜祭、休息和进行娱乐活动的场所，还是寨老处理纠纷、明断是非的公堂。遇有村寨集体客人，如"吃相思"，客人首先聚集于鼓楼，然后才分散到各家各户，备酒款待；遇有邻寨姑娘到本寨做客，后生们便邀姑娘到鼓楼对歌；遇有人违反乡规民约须给予处罚，或寨内有人发生纠纷需要召开群

---

1. 买青山，是侗族地区一种山林买卖形式，当地富豪或外地客商成片地将成材杉木林或半成材杉木林买下来，由山主代为保管，买主过一定时间再来采伐。买青山在侗族地区过去就有，20世纪八九十年代重新出现。

众大会时，则在鼓楼召开全寨群众大会公开处理，经大会议定，当事人必须无条件服从。当遇到紧急情况时，鼓楼又成了击鼓聚众的指挥所。平时，鼓楼大厅则是休闲的公共场所，经常有人聚在这里休息、聊天。

萨玛坛建在寨子中部一处民居前后包围的空地上，距鼓楼约100米，系一露天圆形土丘，一人多高，直径约3米。土丘用泥土夯实，最外一层用石块堆砌。据称土丘下埋着两口上下扣合的铁

▲ 位于银朝村寨子中心的鼓楼／王友先 摄／2009年

锅，锅内置有木雕萨玛神像、女性银首饰、女性衣裙、宝剑、蒲扇、铁三脚、铁火钳等物。坛顶栽有几株黄杨木，正中叠放着两块青石板，下面那块长方形、较大，上面那块是一个用青石凿就的、直径20多厘米的小圆盘。石盘正中凿一小孔，直插一根尺把长的木棍，木棍上约呈70度斜绑着一把半开的油纸伞。外围呈一圆圈插着24根露出地面尺许的小木桩，代表"二十四地"，意味有"十二地将，十二地兵"把守在萨玛周围。萨玛坛周围，用木桩围成一圈圆形篱笆，正面开一小门。篱笆的门平时上锁，钥匙由萨玛坛管理人保管，每月初一、十五例祭和举行大型祭祀活动时才开门。

银朝320多户，大致从寨子中部划界，分为上下两个片区。片区内又分别包括若干个"兜"（douc）。"兜"（douc）是银朝社会组织的基本单元，由出自同一父系血缘的若干个父系家庭组成，它有共同的墓地、山林和

祭祖田，"菀"内严格禁止通婚。"菀"之下为"基"（jih），一"菀"包括两个以上的"基"；"基"之下为"公"（ongs），一"基"包括数"公"；"公"之下为"然"（yanc，同一个祖父或曾祖父繁衍下来的若干个父系血缘家庭），一"公"包括数"然"。婚丧娶嫁、建房树屋等人生重大事项，"菀"内或"基"内的家庭之间有义务互相帮扶。片区主要以住址分布的地缘关系来划分，也照顾到"菀"或"基"等血缘关系，同属一个"菀"或"基"的家庭一般不会划归不同的片区。银朝上下两个片区的划分，主要着眼于村寨公共事务之需要。比如村寨联谊集体互访做客的为也（当地汉语俗称"吃相思"）活动，银朝既可以以全村为单位与友好村寨进行，也可以片区为单位同兄弟村寨或兄弟村寨中的某个片区进行；银朝村内部，两个片区也可以相互邀请开展为也活动。类似地，斗牛活动和祭萨活动，有时也可以以片区为单位进行。

侗族分布区域属于古时的九溪十八洞地区。洞是古代侗族地区民间自治的行政区域，大致相当于现在的乡级单位，但地域更广。银朝和临近的兰岜、柳洞、天堂、纪约、吕岑、吕开、己等、觅洞、坑洞等村寨，传统上属于"千五"地方（指该地方的户籍有1500户）。"千五"地方介于高传、信地、往洞、增盈、增冲、朝利等所属的九洞，岩洞、新洞、述洞、铜关、宰拱等所属的十洞，以及四寨、宰高、归迷、黄岗所属的"千三"，秧里、会里、则里、归吞、流架、平友等所属的"千七"等几大片区之间。

（三）银朝侗族的萨玛崇拜习俗

和南部侗族地区其他侗族一样，银朝侗族除了自然崇拜和祖先崇拜，最重要的信仰要数萨玛崇拜。如果说自然崇拜属于个人信仰，祖先崇拜属于家庭活动，萨玛崇拜则属于全村性的集体行为。

萨玛，在银朝称萨柄、萨岁等。银朝一带有关萨玛的传说，与九洞、十洞等地方大同小异，其大致是：侗女"卑奔"（beix bens，可意译为"会飞的女子"或"飞姑娘"），天生神勇，带领侗族乡亲反抗"卡李"（李姓恶霸；或说是李家王朝）的剥削压迫，屡建奇功，后在一次战斗中因寡不敌众，从"弄堂概"（longl dangc kaip，地名，位于今黎平县龙额乡上地坪村附近）悬崖上跳下，壮烈牺牲。后被侗族人民敬奉为本民族的最高保护神。侗族一般以村寨为单位设坛供奉萨玛，日常求其保佑村寨清吉，五谷丰登；有战争或重大赛事，则请出萨玛随行，以保佑己方战胜对手。

银朝的祭萨，分为平日祭、临事祭和周期性盛祭。

平日祭，指农历每月的初一、十五，萨坛管理者都会代表村寨，到萨坛开门祭奠，烧香化纸，敬献供品，其中包括用芭茅草等特制、专门敬献萨玛的萨玛茶，请萨玛保佑村寨清吉，五谷丰登。

临事祭，指村寨在举行斗牛、为也或征战等活动中，出发之前，都要由管萨人和主祭人带队，到萨坛祭奠，请萨随行护佑本村队伍旗开得胜。

周期性盛祭，指在一些年份的节庆期间举行大型祭萨活动。和周边"九洞""十洞""千三""千七"地方一样，银朝所属的"千五"地方也有"三年踩歌堂，五年斗牯牛"（samp nyinc miot, ngox nyinc guic）的习俗，即大型祭萨（萨玛节）活动或斗牛活动，一般是连续举行3年或5年，然后中断若干年再重新开始，周而复始，但现在这种习俗早已经不能严格实行了。与斗牛和祭萨活动相关，为也习俗在包括银朝在内的上述地区至今仍然保持，不过举行的规模和频率也已经大不如前。

银朝的节庆祭一般在正月上中旬举行。一般先在鼓楼里请萨，有时还要通过"走阴"[1]仪式与萨玛通灵，然后，主祭、管萨人和寨老们率众到萨坛拜祭，围着萨坛吹笙、呐喊，邀请萨玛和大家一起转寨游行，最后到达村外

---

1. 走阴，流行于侗、苗等民族中的一种民间巫术活动，由自称可以通灵的巫师（当地俗称"鬼师"），以布巾蒙住头脸，燃香化纸，吸取香烟而"过阴"（即走进阴间世界），可与阴间的亡灵或鬼神对话，询问阴间情况和人间休咎祸福。在"走进"阴间和"返回"阳间的过程中，巫师双脚蹬踏抖动，双手猛拍大腿，似骑马赶路。

田坝中一处固定的踩歌堂哆耶娱乐，人神共欢。为了表示萨玛和大家同行，银朝人有时还用老年妇女服装扎成一个妇人模样，坐在轿子上由几个壮汉抬着，并由管萨人扛起一把半开的油纸伞（sanh sax·伞萨，即萨玛之伞）在前引路，全村人列队随后，前往寨脚田坝中两丘稻田——该村固定的踩歌堂，举行祭田仪式，然后吹笙、哆耶，人神共乐，至晚方散。

三、2009年正月银朝萨玛节基本过程

(一) 节日准备

20世纪90年代以来，商品化、市场化、城市化浪潮的冲击日甚一日，偏远的侗族村寨也难幸免，包括萨玛崇拜在内的侗族传统文化习俗日渐式微，尤其是青壮年大部分常年外出务工，诸如萨玛节等大型民俗活动，在大多数侗族村寨已经很难组织起来。

为了使萨玛节等传统民俗活动能够尽量传承下去，银朝人一改过去对于青壮年群体的过分依赖，转而注重对于青少年学生群体进行民族传统文化教育，利用民族文化进课堂、政府部门对各级非物质文化遗产进行认证、保护等政策优势，通过课堂教学和民间业余传授、熏陶，教中小学生学吹芦笙、哆耶、唱侗族大歌、演侗戏等，帮他们打下较好的民族文化基础，把他们培养成为民族文化传承中一支可以倚重的力量。

2009年春节前夕，回乡过年的外出务工者比较多，银朝村党支部书记吴召贤与村干伍家敏、伍明柱等，会同寨老吴补胜海等商量，决定2009年春节举行萨玛节活动，定在正月初六至初八连续3天举行，同时邀请从江县往洞乡增盈村来为也。

这时候，中小学生都已经放寒假回家了，村民对十一二岁至十七八岁的男生和女生进行哆耶等训练，十一二岁以上的男生以练习吹芦笙为主，女

生和更小的男生以训练哆耶为主，以便这些孩子们在祭萨活动中能够担起大梁。一些三十来岁、有侗族大歌基础的男女村民也被要求临时组织起来，分别拼凑成男、女大歌队，临阵磨枪，利用晚上时间集中排练，以便在即将到来的为也活动中同增盈大歌队在鼓楼内唱和。另外，即将到来的增盈为也队伍，估计少则百余人，多则二三百人，要在银朝村做客大约5个晚上；为了款待增盈客人，银朝人还必须准备些酒菜，至少户均准备米酒一二十斤、肉三四十斤，以及果蔬等。

（二）接待客人

据银朝乡亲吴补红贵介绍，赶在我们到来之前，增盈为也客人的主体队伍已于2009年正月初五日（公历2009年1月30日）下午5时左右到来，有百余众，在芦笙队的引领下，燃起鞭炮，欲从西南方向的村头路口进入。银朝人则早已列队等候，在村口设置路障，先燃三声铁炮，再由男生队吹芦笙、女生队唱拦路歌，举行拦门礼以示隆重欢迎。客人以芦笙、歌声对答之后，始被迎入寨中。初六、初七，都还有增盈客人三五成群陆续到来，增盈村此次来银朝为也的人前后总计达200多人。

客人进寨之后，首先被引到鼓楼休息，然后在村干和寨老主持下，把客人分派到各家各户。由于银朝有三百多户，而增盈来客总共不足300人，银朝村便以片区为单位，上下两个片区你一天我一天轮流招待客人。据称，由村干和寨老统筹分派客人有两大好处：一是避免客人中有些太抢手而有些可能遭冷落，保证每一位客人都得到妥善安排；二是避免主寨中好客者招待的客人太多，而那些不好客的人家可能一位客人也没有。

南部侗族农村，农忙或上工时节一般一日三餐，但时间上与我们常见的不同：其第一餐多安排在上午10时左右，侗语称"苟恨"（oux hedl，可译为"晨餐"）；第二餐多在下午3时左右，侗语称"苟闷"（oux maenl，可译为"午餐"），多携带到田间地头的农活现场吃；第三餐多在晚上19

时左右开始，侗语称"苟念"（oux nyaemv，可译为"晚餐"）。农闲或不上工的日子，一般只吃"晨餐"和"晚餐"。无论三餐还是两餐，都最重晚餐。银朝款待增盈客人，一般也是一日两餐，但一般两餐都上酒，而晚餐尤甚，以把客人灌醉为荣耀。清早，有的人家也会用炒米、年糕、侗果等为客人打尖。

（三）集会请萨

初六中午，"晨饭"后12点时，人们陆续汇聚到鼓楼，芦笙响起。不久，一村民奉寨老之命登上鼓楼顶部的阁层，击鼓聚众，预告当天的祭萨活动马上开始，催促大家赶快到鼓楼集合。笔者当时曾随该村民爬上鼓楼顶部的阁层，只见木梁上架着一面用原木掏空、蒙上牛皮制成的木鼓，鼓长约2米，直径三四十厘米，以双木槌左右轮番擂击，鼓声咚咚，全寨皆闻。

闻听鼓声，更多的村民汇聚过来，鼓楼里外都挤满了人。在鼓楼里面，一群寨老在主祭人（也是寨老之一）的带领下，在火塘边一根鼓楼中柱旁烧香化纸，举行了一个请萨仪式，祭品除了萨玛茶、酒水，还有腌鱼、刀头、糯禾把等。鼓楼里外的村众，或站或坐，在一旁围观。上下片区各有一个芦笙队，每队十余人，以十到十六七岁的男生为主体。礼毕，芦笙又响起，下片区在前、上片区随后，分别列队前往萨坛。主祭人左手拿着铜锣和小木槌，右手握着3根连茎带叶近2米长的芭茅草，走在整个队伍的最前面。随后两队都是约20名寨老打头，寨老身着长衫马褂，类似旧时乡绅，几乎都手拄拐杖；后面紧跟着芦笙队，再后面依次为身着传统盛装的男性青少年、女性青少年；最后是一般村众，鱼贯而行。笔者大致数了一下，刚从鼓楼出发时，上下片区的队伍均各有百余人，道路两旁还有很多围观者，并不断有人加入行进队伍中。

不久，两支队伍来到萨坛汇合。寨老们集中在萨坛门前，芦笙队集中在萨坛门前的小广场上，其余人众随意分布在萨坛四面围观，有不少人甚至走

▲ 银朝寨老和村众聚集在萨坛前的坪子上／吴定勇 摄／2009年

上萨坛周围民居的楼上观看。

　　笔者吩咐王宝林、王友先两位助手分别寻找有利地形进行拍照和摄像，自己则紧随主祭人左右，近距离观察祭祀仪式的细节和过程。

　　萨坛篱笆大门平时是关闭的，但正月初一祭祀之后，这几天暂不关闭，直至本次萨玛节结束。各路人马基本到位之后，来自上片区的副主祭提着一锑锅萨玛茶，与来自下片区的主祭人一道进入萨坛。笔者征得主祭人和众寨老的同意，也破例进入。其余人员一概不得进入萨坛篱笆门半步。

　　进门后，只见环绕萨坛土墩围有一圈三四十厘米宽的环形走道，高约20厘米。一把木梯子竖着倚靠在萨坛进门处的走道上，置有一块长方形青石板，石板长约50厘米，与走道等宽。石板上放着3个倒扣的小茶杯，两个纯白色，稍大；另一个白底上印有蓝色花纹，稍小。香纸在青石板的左侧约一米处点燃，冒出缕缕青烟。主祭带来的铜锣、木槌和芭茅草放在石板的左

侧，副主祭带来的盛茶的锑锅放在青石板的右侧。

　　燃香化纸后，主祭人把石板上覆着的茶杯扶正，一字摆开，逐一斟上萨玛茶，然后念诵祭词，每念诵几句就提起小铜锣当当当敲三声，反复三次。第三次响锣过后，主祭人和副主祭人各端起一个茶杯，抿一口后以茶酹地；主祭人又端起第三杯抿一口，将剩余的茶水泼向祭坛。空茶杯被一字排开倒扣在石板上。这时，只见主祭人双手举过头顶，贴着身子经后脑勺、两肋、后腰，从身后顺着两腿滑下，最后从脚底抽出回到身前，抽出双手时他先抬左脚后抬右脚。紧接着，他右手在下左手在上，以掌心压住3个茶杯，口中又念诵起祭词。

　　主祭每念诵完一个段落，站在他右侧的副主祭就抡起右臂动员腊汉（男青年）们呐喊："腊汉们呐喊吧！"聚集在萨坛前的众腊汉齐声高呼："噢、噢、噢！" 副主祭人又喊："又来一次啊！" 众腊汉又齐声高呼：

"噢、噢、噢！"副主祭人再喊："再来一次啊！"众腊汉又齐声高呼："噢、噢、噢！"最后，副主祭呼"噢！"，众人应："哈噢！"三呼三应，是一个呐喊单元。如是连续三次，算是一个完整的呐喊过程。每呼一声，副主祭人都会抡起右臂，人群呼应时也有人抡起右臂。所不同的是，第三次呐喊时，在完成了三呼三应之后，副主祭会呼三次"噢！"，众人会回应三次"哈噢！"。

紧接着，主祭人拾起放在左侧地面上的芭茅草，拿到嘴边念念有词。有顷，他弯腰将地上的铜锣和木槌拾起来，走出萨坛篱笆门，请萨仪式礼成。

（四）赐萨玛茶

主祭人走出萨坛篱笆门之后，副主祭人将祭萨剩余的一锑锅萨玛茶提到门外，用几个塑料杯盛茶，递与众人轮流传递着饮用，杯尽再斟。萨玛茶最

▼ 银朝副主祭向游行村众分赐萨玛茶／吴定勇 摄／2009年

先递与寨老饮用，其次是芦笙队，然后是一般村众，要求每人都要抿一口。意味着萨玛保护到每一个人，同时也象征着大家同心协力；这样，无论拒敌、出征抑或外出斗牛、赛歌、赛芦笙、为也等，都会得到萨玛护佑而逢凶化吉，取得胜利。

（五）转寨游行

饮过萨玛茶，芦笙响起，人群列队开始转寨游行。先是下片区出发，还是主祭人右手挥着3根芭茅草、左手持铜锣和小木槌，慢慢地走在队伍的最前面，二十来名寨老紧随其后。近二十名男生组成的芦笙队，手持芦笙跟在寨老后面，边走边吹奏芦笙。其后跟着身着民族盛装的男女青少年，最后面是一般村众。走到平坦宽阔处时，芦笙队还会停下来舞奏几曲芦笙，引来不少村众围观，队伍中之前之后的人群也会驻足等待。

▲ 不少少女背着弟妹游行／吴定勇 摄／2009年

▲ 银朝游行队伍中的盛装少女／吴定勇 摄／2009年

待下片区队伍全部离开萨坛后，上片区还要在一名寨老主持下举行简单的祭萨仪式和饮萨玛茶仪式，然后才列队出发，跟在下片区队伍的后面，队列顺序与下片区同，芦笙队也是一路走一路吹芦笙，只是没有主祭人，而由那位临时主持简单祭萨仪式的寨老走在队伍最前面，他挂着拐杖，但不拿铜锣和芭茅草。

游行队伍的行进路线是，从萨玛坛出发，沿着主要村道基本上把整个村子游了一遍，最后走到位于寨脚田坝里两丘较大的稻田。两丘稻田均大致呈长方形，一上一下紧挨着，高差约半米，面积各约1亩。这是银朝村传统的踩歌堂，银朝大型祭萨活动几乎都要到这里哆耶，与萨同乐。

值得注意的是，与高传等其他村寨不同，也与银朝另外一些时候不同的是，这次银朝的转寨游行，没有由管萨人擎一把半开的油纸伞（萨玛伞）走在队伍前面，以象征请萨同行；也没有用女性服装扎一假人，放在

▲ 上片区游行队伍在踩歌堂绕圈／吴定勇 摄／2009年

担架上由壮汉抬起同行，像该村2006年春节祭萨那样。为此，笔者专门请教该村寨老之一吴补胜海，他解释道："今年主要是内部搞活动，没有请上面的领导和媒体，不是很正式，所以不那么讲究。认真地讲，还是要扛伞（指萨玛伞）的。"

（六）踩歌堂祭田

迤逦而来的游行队伍快到踩歌堂时，有人已先期赶在那里等候，负责点燃铁炮。砰——砰——砰，三声铁炮响过，下片区的游行队伍进场了，进入的是下面那块田。

也许预计到今年春节要在这里举行祭田仪式，田主只是在田里随意播撒一点油菜种子而没有着意浇灌，此时田里的油菜长势并不怎么好。游行队伍进田后，踩着油菜绕场三周，然后由主祭人行祭田礼——将铜锣扑地，焚香化纸，然后脚蹬铜锣三下，拾起铜锣，祭田完毕。然后，寨老们坐在田埂上休息，男女生群体轮番上场，男生吹芦笙；女生和小男生们依据年龄或性别分组，手拉手围成圆圈哆耶；其余村众和增盈客人，或坐或站在旁看热闹，田里、田埂和四周的斜坡上，到处都是人。

很快，上片区的游行队伍也到了，他们穿过下片区队伍所在的那块田而进入上面那丘稻田。也是在寨老的率领下，踩着油菜绕场三周。但接下来他们没有另外举行祭田礼，而直接进入由男女学生娃唱主角的吹芦笙、哆耶等环节。

开始，上下片区的队伍各行其是，各自进行吹芦笙、哆耶等活动。但个把小时之后，他们开始互动了，在成人领队带领下，上面的芦笙队到下面来找对手比赛吹芦笙，下面的哆耶队跑到上面来找对手比赛哆耶，你来我往，互不相让，逐渐把一天的活动推向高潮。

比赛间隙，人们三五成群，或休息聊天，或切磋、练习技艺；一些男女学生还应采风人员之邀，进行吹芦笙、唱歌、哆耶等表演，以便对方摄影、录像，场面也颇热闹。

▼ 下片区女童耶歌队哆耶／吴定勇 摄／2009年

傍晚近5点钟左右，上下片区的哆耶队伍分别在寨老组织下，又唱了几首萨岁歌。之后，人们逐渐散去。主人忙着回家煮饭款待客人，增盈客人则在银朝寨老的安排下，被分散到各户做客。不久，酒歌声、劝酒声和猜拳行令声从各个角落里传出，整座村落沉醉在米酒的醇香里。

（七）鼓楼对歌

晚上9点钟的样子，鼓楼里燃起熊熊大火，吃过晚饭的人们陆续聚集到鼓楼里。鼓楼四根中柱之间安有四根长凳，包围着位于鼓楼中心的火塘。银朝和增盈的男女大歌队，分别坐在一根长凳上，主寨男队面对客寨女队、主寨女队面对客寨男队，捉对儿对唱侗族大歌。

令人失望的是，对歌的队员们年龄都在三四十岁左右，都着半旧不新的便装，唱起歌来也显得比较生疏、平淡。

由于歌手和观众都不太投入，更多是礼节性的例行公事，所以对歌只持续了个把小时，便草草收场。这和过去全由豆蔻年华的男女青年身着节日盛装对唱大歌，往往连续几天唱至深夜，万人空巷且听得如醉如痴的情景，简直如有天壤之别。

（八）行歌坐夜

侗族行歌坐夜之习俗，直到20世纪七八十年代在南部侗族地区还颇为流行。那时晚饭之后，几个要好的姑娘便相约聚集到某一家的堂屋或仓脚下，挑灯（冬天还生火）做伴，或纺纱，或刺绣，或做其他女红。这样的所在称"月堂"。本村或外寨的小伙子们，则呼朋引伴三五成群，到相应的月堂中去走访姑娘们，以歌会友，通过对唱牛腿情歌相互了解，寻觅恋人。偶有外寨姑娘到访，更成为本村小伙子们竞相结识追逐之对象。20世纪90年代以后，随着打工潮兴起和电视的普及，侗族年轻人很快学会了城里人谈情说爱的方式，行歌坐夜之俗急剧衰落。

为也过程中，有大量外村的姑娘、小伙到访，本来是难得的行歌坐夜的好时机。但此次在银朝，每天晚饭后笔者和两位助手分头满寨跑，也找不到严格意义上的行歌坐夜的场景。在一些场所倒是发现有不少男女青年聚在一起，但一般是聊天、看电视，甚至打麻将、打扑克，不见有人对唱牛腿情歌。

最后，在银朝朋友的引领下，我们总算找到一处勉强可称之为行歌坐夜的场所。那是一户人家的堂屋，火塘里烧着木炭，几位银朝姑娘和几位增盈小伙子围坐在火塘边上聊天。笔者请他们对唱情歌，但小伙子中没人会拉牛腿琴，也找不到牛腿琴。后来费了好大的劲，才找来一把多年不用的牛腿琴，并请来一位50多岁的增盈男子来拉琴伴奏，姑

▲ 银朝村萨玛节期间为也，男女行歌坐夜对唱情歌／吴定勇 摄／2009年

娘和小伙子们才表演性地对唱了几首牛腿情歌。

（九）寨门送客

　　来银朝为也的增盈客人，是正月初九（2009年2月3日）下午离开的。客人离开之前的初七、初八，祭萨和为也活动每天都在重复着初六的内容，毋庸赘述。

　　由于正月初九那天，笔者已经离开银朝赶到别的地方采访去了，所以那次银朝送客笔者并不在场。事后，笔者电话采访了银朝亲友吴红志。据他介绍，初九那天中午，银朝全村摆长桌宴，集体宴请增盈客人，为他们饯行。席上，宾主互相敬酒，唱劝酒歌，猜拳行令，非常热闹。

　　饭后，客人收拾行装准备出发，主寨家家户户拿出用糯米草包裹的糯米、腌鱼，赠予客人作为路上的晌午饭；各户赠送的礼物还有一方用侗布制成的面巾（也有的以毛巾代替），挂在一根带有枝丫的小竹竿上，枝丫上缀着一些白色的绒毛，类似小彩旗，煞是好看。这些东西由客寨统一接受、统一携带，到家以后才行分配。银朝村集体送给增盈客寨一头牛，侗语称"为正"（weex sedl），可意译为"留尾巴"，表示往后彼此还相往来。

砰—砰—砰，三声铁炮响过，客人要出寨门了，双方的芦笙队几乎同时吹奏起来，主寨吹的是送别曲，客寨吹的是告别曲。客人在前面慢慢地走，主人在后面紧紧地送，不忍相别。那些多年的故旧、新交的好友，尤其通过这次为也才结识的恋人们，更是依依惜别，难舍难分。

四、小结

在南部地区，银朝的祭萨习俗算是保存得比较好的，也是颇具特色的。2006年春节期间，银朝刚举办过一次大型萨玛节活动，请萨过程中有走阴仪式；有管萨人擎着萨玛伞走在游行队伍的最前面；到了萨坛，主祭人还顺着梯子走上去，踩着坛顶举行一些宗教仪式；还用老年妇女服装扎成一个假人，作为萨玛的化身，用担架抬着游行。银朝2009年正月这次萨玛节活动，省略了上述内容，不能不说是很大的遗憾。

还有，这次萨玛节虽然邀请了增盈寨来为也，但迎接和送别的场面均不隆重，甚至显出几分冷淡；客人除了部分旁观，几乎没有投入到银朝的祭萨活动中来；尤其是鼓楼对歌，双方都只派中年男女充数，对歌的数量和质量都远不能让人满意，歌手和观众都不大投入；而行歌坐夜活动，在本次萨玛节和为也中更是几乎不存在，或者说已经组织不起了。此外，哆耶活动组织得也不尽如人意，因为绝大多数时间是领唱者一个人在唱（多数是照着歌本念），队员们只是附和最后一句"耶哈耶"，几乎不记歌词……

好的方面，是银朝村重视对于青少年学生群体的培养和倚重，将他们培养成为祭萨、为也活动的主力，很大程度上解决了因青壮年大量外出务工而无法举行大型民俗活动之难题，这是值得提倡和推广的。依靠青少年吹芦笙已经做得很不错，如果能够让青少年在唱大歌、哆耶等方面也都担得起大梁，那么萨玛节、为也等传统民俗活动将会更有生命力。

2009年榕江县古州镇车江一村萨玛节调查报告

吴定勇

一、前言

　　2009年春节期间，听说贵州省榕江县三宝侗寨之寨头村在正月初四、初五前后将举办大型萨玛节活动，笔者带着两位助手王林宝、王友先于正月初四（公历2009年1月29日）上午赶到寨头村，得悉初四当天没有活动，活动将于次日举行。笔者一行初四那天只好先就萨玛崇拜在当地做些入户访谈和实地调查。

　　正月初五（公历2009年1月30日）那天，午饭之后12点钟的样子，位于寨头寨中古榕群靠近河边的萨玛祠（门额上标的是"圣母祠"）陆续有村民聚集起来。先是一群老年妇女到来，她们多数坐在萨玛祠的院子里晒太阳、聊天。

　　该村掌管萨坛的管萨人是一位六七十岁的妇女，她在两三位老年妇女的协助下，给萨坛烧香化纸致祭，祭品有特制的萨玛茶、整只煮熟的鸡、鸭以及果品，还有新制的一套老年妇女的衣裤、裙子、布鞋、头花等。

　　女管萨人跪在萨坛前的蒲团上，像佛教徒礼拜菩萨一样，双手合掌，默默祝

▼ 女管萨人在萨坛前敬献牺牲／吴定勇 摄／2009年

祷。礼毕，她站起来，环绕坟丘式的萨坛土堆四围又烧了些香纸，然后在别人协助下将一些白石块均匀地添加到萨坛土堆上。

接着，以管萨人为首，一群老年妇女手牵着手，环绕萨坛土堆哆耶，边舞边唱萨岁歌。歌词的主要内容是追缅萨玛的丰功伟绩，祈求萨玛福佑村寨平安、六畜兴旺、五谷丰登。

中午13时左右，更多的村民来了，有上百人聚拢到萨玛祠里来。人群以妇女为主，有六七十岁的，也有二三十、四五十岁的，她们聚集到萨玛祠前的鼓楼坪上，围成两层同心圆，手拉着手哆耶，歌颂萨玛。

这时候，聚集到萨玛祠的男性村民只有二十来人，他们主要是来主厨或帮厨的，因为榕江县古州镇政府为这次萨玛节资助了一笔钱，村里用来买了一头大肥猪，所以安排了一些人来，按照祭萨传统将猪按在水桶里淹死，然后在萨玛祠前的空地上架起炉灶，烹煮猪肉，准备晚宴。

下午5点以后，萨玛祠前广阔的草坪上摆满了一种当地人用来吃火锅的轻便桌子，煮熟的肉菜被均匀地分装后陆续端到各个桌子上。人一下子多了起来，村中各家各户基本都来了一两位成年人，四百来人一群群地自由组合，围桌而坐，等待晚宴的开始。

傍晚18时许，待聚餐的村众到得差不多了，管萨人和几位老年妇女及男性寨老，代表村众，端着猪头等祭品，到萨玛祠内敬祭萨玛。之后，晚宴开始。

寨头村的这次萨玛节活动比较简略平淡，没有完整地包括一次大型祭萨活动的基本过程，没有广大村众积极的投入和参与，没能反映出三宝一带侗族传统萨玛节的基本面貌，笔者遂决定不将其作为一个节日实录报告的内容来采写。

榕江三宝地区是著名的侗族聚居区，是侗族人口最集中、最富庶、交通最便利的侗族居住区之一。其中的章鲁方言是侗族的"普通话"（侗文方案以三宝章鲁语音为标准音），而以三宝地区为主体的榕江侗族萨玛节更于

2006年就进入了第一批国家级非物质文化遗产名录（另一个是黎平侗族萨玛节，于2008年进入第一批国家级非物质文化遗产扩展项目名录），因此，三宝萨玛节在侗族萨玛节中的重要性、代表性可见一斑。可惜自2009年以后，虽几经努力，但笔者在三宝一带至今未找到一次民间自发的、完整的大型萨玛节活动来进行实录性采写，是个很大的缺憾。

这里，笔者只能以榕江县古州镇中心村一村（位于三宝腊夏，汉称车寨，2003年并入古州镇以前属车江乡中心村，故以下简称车江一村）2006年农历正月十二日（公历2006年2月9日）萨玛节活动视频材料为依据，并结合三宝月寨（古州镇中心村五村）2007年农历二月十二日（公历2007年3月30日）萨玛节活动视频，及笔者最近几年来多次在三宝一带实地调查的观感和材料，对属于三宝腊夏的车江一村2006年农历正月十二日的萨玛节活动，作一追述性的节日实录。

二、村寨概况

（一）三宝侗寨的自然条件与物产

三宝侗族位于榕江县古州镇车江坝区，包括车寨、妹寨、章鲁、寨头、英塘、脉寨、六佰塘、月寨、口寨、乐乡等十村九寨，近三千户一万余人，居民绝大多数是侗族，亦杂居有汉、苗、瑶、水等兄弟民族。寨蒿河（又名车江）自北向南沿其西侧流过，上述大小不一的侗族村寨傍河而居，寨边河岸上栽有四季常青的护堤榕树。因位于寨蒿河车江坝区上中下三段的乐乡、寨头和车寨的三个深潭中，各有一个大如圆桌的球形巨大石块，在河潭中时隐时现、上下游动，传说是古时三条龙王迁走时遗留下来的珠宝，故车江一带又得名"三宝"。乐乡附近的几个村寨叫上宝，包括平松、平比、干列、乐乡、定达、宰章等寨；寨头附近的几个村寨叫中宝，包括口寨、月寨、脉寨、寨头、章鲁等寨；车寨附近的村寨叫下宝，包括车寨、妹寨。三宝是个地域概念，居住于三宝一带的三宝侗族则是具有相同语言、习俗的侗族的一个支系，也是一个合款组织。居住在车江坝区的侗族是三宝侗族支系的主体。根据车江一带流行的祭祖歌和口寨村腊王萨玛祠门前立于道光十八年的《名垂万古》碑记，三宝侗族先祖先由"粤"（今广东、广西）迁徙至"雷州星县"，再由"梧州""浔州"沿河而上，最后定居黔地三宝一带。

车江坝区长约30华里，宽3—5华里，阡陌相连，分布着一万多亩良田，属中亚热带偏南湿润季风性气候，盆地平均海拔为255米，年平均气温18.1℃，无霜期320天，年均降雨量1200毫米。这里田连阡陌，宽阔平坦，土质肥沃，植被良好，可一年三熟（春熟油菜、小麦，夏熟西瓜，秋收稻子），是贵州少见、黔东南罕有的万亩大坝，盛产水稻、花生、甘蔗、油菜、棉花、生姜、葛薯等农作物和西瓜、柑橘、杨梅、梨子等水果。河里盛产鱼虾，稻田里也是禾壮鱼肥（侗族素有稻田养鱼传统），是闻名遐迩的鱼米之乡。正如《三宝根源歌》有云："Dih tut magx nal，Wac xih mags kgongl miinc mags houh，Saot miix kgaox daeml mags yil bal"。大意是："（三宝地方）土地肥厚，稻谷棉花都长势极好，田塘里的鲤鱼草鱼长得像大腿一样粗。"特别值得一提的是，以车江大坝为主产区的榕江西瓜，以个大皮薄、瓤红肉沙，香甜适口，耐储耐运等优点而驰名省内外，产品除供应贵州广大消费者外，还远销重庆、成都、昆明、武汉、长沙等大中城市。常年种植面积约1.5万亩，年总产西瓜2500万公斤。这里也是远近有名的蔬菜种植基地，出产的绿色蔬菜远销香港。

加上古来交通便利（有寨蒿河连通都柳江），如今又有321国道和夏蓉高速公路、贵广快速铁路穿境或贴身而过，且与黔东重镇古州（今榕江县城）仅一河之隔，农副产品可以就近拿到集市里售卖，经济条件较好。因此，三宝侗寨是离县城最近、交通最便利、最富庶，也是侗族人口分布最多、最密集的侗族社区之一。榕江、从江、黎平毗邻一带侗族地区有句古谚云："gaeml lail fos, miiul lail duox。"大意为"侗族地方数车江最好，苗族地方数托苗（一个苗族村寨）最好"，足见三宝一带之富庶和优越。

（二）三宝侗寨的社会组织与生活习俗

穿境而过的寨蒿河清澈见底，寨边河岸上栽有四季常青的护堤榕树。寨内木屋与窨子屋错落有致，鳞次栉比，江水、榕荫、村寨、田园构成一幅幅美丽的风景画。

三宝侗族的社会组织，可分为"宝"—"寨"—"格"—"兜"。一"宝"辖数"寨"，有数百户到一千数百户不等；各"宝"间政治地位平等，对外有守望相助之责，共同对付入侵之敌；对内则要恪守公约，为安定地方尽职。"寨"是村民自治的基层单位，侗族地区"寨"与"村"的关系是：村是基层行政组织，寨是自然居住聚落（即自然寨），村一般包括数寨（以一两个大寨为主体，加上周近若干个小寨），但有时一个大寨就是一个村，如黎平的银朝；有的特大寨子可划为若干个行政村，如黎平的肇兴被划为5个行政村，榕江的车寨被划为3个行政村。大寨又按地段与家族相结合分为若干"格"（可大致理解为具有血缘关系色彩的居住地段或片区），格内居民互视为兄弟，各家族之间不能通婚（近代有所变化）。如黎平的肇兴就分为仁、义、礼、智、信五个"格"，一个"格"为一个行政村；榕江的车寨（含妹寨）有"腊海""腊宣""腊饶""腊流""曼令""腊威""腊万""腊金""腊香"和"迫洛"、妹寨11个"格"（三宝侗语称"赏·sangx"或"团寨·donc xiah"），分为3个行政村：一村辖5个"格"，二村辖3个"格"，三村辖3个"格"加一自然寨（恩荣堡）。"格"下可包括若干个"兜"。"兜"是侗族社会组织的基本单位，最初是由出自同一父系血缘的若干个父系家庭组成，过去它有共同的墓地、山林和祭祖田，"兜"内严格禁止通婚。但一些后到的外来户，也可通过结拜而加入某个"兜"为兄弟，成为"兜"内的一员，只是不享有该"兜"的共同墓地、山林和祭祖田。随着人口的发展，"兜"可分裂为若干个"基"，但仍受"兜"制约；随着人口进一步增长，"基"可以从"兜"正式分裂出去，上升为"兜"，与其母体"兜"平起平坐。一"兜"包括两个以上的"基"；"基"之下为"公"（ongs），一"基"包括数"公"；"公"之下为"然"（yanc），一"公"包括数"然"（家庭）。随着人口的发展，若干年后"基"会上升为"兜"，"公"会上升为"基"，"然"会上升为"公"。

清代咸丰同治乱世之前，三宝侗族住的是吊脚木楼，咸丰同治乱世期间大量民居被毁。此后重建时改为地屋，开面多为四排三间或三排两间，加后厦或偏厦做厨房，楼下住人，楼上存放粮食或杂物。晚清以降，有的富裕人家封上了窨子屋。三宝侗族男子服饰与当地汉族男子服饰基本相同。女子服饰分裙装和裤装两种。裙装已经不是生活用装，只有祭祀的时候才穿。裤装是现在生活用装，上装分冬夏两种：冬装为无领右衽中长上衣，多为青黑色，脱肩、胸匾、袖口饰蓝干；夏装式样同冬装，不饰蓝干，多为蓝白两色，白衫袖口绣有黑白花纹图案。盛装式样无异，只是布料有别，质地多为绸缎或细布。下装为管裤，裤脚加滚边，没有冬夏之分。发式，着木梳绾于或盘于头顶，平常不插饰物。首饰多为银饰，有银花、银链、银镯、银耳环等，金饰多为金戒指，玉饰多为玉镯。除了手镯外，其余首饰着盛装时才佩戴。

秉承侗族"饭养身，歌养心"之传统，三宝侗族男女老少都喜欢唱歌。流行于这一带的歌种主要有琵琶歌、牛腿琴歌、酒歌、耶歌等。直到20世纪80年代，三宝一带还比较流行行歌坐夜，琵琶歌、牛腿琴歌大有用武之地。三宝侗族的节日主要有春节、二月二、萨玛节、三月三、四月八、五月五、六月六、七月半、八月十五、九月九等，其中以春节最隆重。

三宝侗寨的公共建筑有鼓楼、萨坛、土地庵等。萨坛和土地庵几乎每个村寨都还有存留。鼓楼过去在三宝也几乎是见村皆有，惜绝大多数已经毁弃，现仅存车寨鼓楼和三宝鼓楼。车寨鼓楼位于车寨大寨的北端，距离县城2公里，建于嘉庆年间，毁于咸同乱世。光绪十七年在原基础上重建，坐北朝南，为三重檐四角攒

▲ 寨头妇女们在萨坛前的鼓楼坪上哆耶/吴定勇 摄/2009年

肩顶木质结构。底层设有戏台，供侗戏班演出。该鼓楼1984年被列为县级重点文物保护单位。三宝鼓楼位于寨头车江古榕群省级风景名胜区内，建于2001年秋，建筑面积1050平方米，占地面积225平方米，楼高36.8米，21层，配有寨门和长廊。建成当年，因其在侗族鼓楼中"最高、最大、层数最多"，而入编《大世界吉尼斯纪录大全》。

三、三宝侗族的萨玛崇拜

与南部侗族地区其他侗族支系类似，三宝侗族的宗教信仰主要有图腾崇拜、祖先崇拜和自然崇拜。在万物有灵观念支配下，龙、蛇、蜘蛛、青蛙、古木、巨石、水井等，过去都可成为人们崇拜的对象。后来受到汉文化的影响，社（土地）神崇拜也一度非常流行，几乎每个村寨都在村头寨尾置土地庵，四时飨祭。三宝人信奉风水，不仅阳宅要符合风水格局，还力图寻到风水宝地以安葬先人骨骸，并筑坟立碑，岁时祭扫；晚近以来，多在家中堂屋（客厅）设祖位神龛，朝夕供奉。佛道文化在三宝一带有所渗透，人们头脑中有初步的神佛概念，如佛祖、菩萨、玉皇大帝等，但礼佛参道者少，出家

修行者更是罕见。

比较而言，萨神崇拜在这一带比较流行，有坐守山坳的"萨对"（sax tiuk），有守桥头、床头的"萨高乔"（saxgaos jiuc）、"萨高降"（saxgaos xangc），有偷盗魂魄的"萨两"（sax liagx），传播天花的"萨多"（sax oh），制酒曲的"萨宾"（sax bins），等等，这些女性神祇在三宝侗族那里家喻户晓。

当然，在众多的崇拜对象中，萨玛是包括三宝在内的南部侗族普遍崇拜的最高神祇，她被尊为侗族的共同圣祖母和最高保护神。人们普遍认为她能主宰一切，保境安民，佑六畜兴旺，神圣不可侵，至高无上，经常显圣，活跃于辖境。这位女神在侗族的宗教意识领域里，影响最大，扎根最深，地位最高，威望最盛，是侗族虔诚崇拜的对象。

（一）三宝一带的萨玛传说

三宝一带流行的关于萨玛的传说，与其他侗族地区大同小异，其大致是：由于朝廷不断扩疆拓土，进行大规模的军事征服，居住在岭南一带的"越人"后裔不得不背井离乡，溯江沿河逃往今贵州、广西、湖南交界及鄂西南一带居住至今。古时有一名侗家女子，她幼名"婢奔"（可意译为"飞姑娘"），成年名"杏妮"，其父母随避难的乡亲逃到今贵州东南部，他们在黎平、从江两县交界的大团寨住下。"婢奔"五岁起就跟爸爸学武艺，武艺非常高强。再加上她越长大越漂亮，乡亲们便以"杏妮"（即"仙女"的侗腔谐音）称呼她。在父母被丹阳寨的汉人大财主李董顺加害致死后，杏妮投奔到六甲寨与舅父九库居住，并与当地青年石道结为夫妇。为躲避地方劣绅李董顺的欺压，夫妇两人又逃到螺蛳寨安身，在率众乡亲开挖水塘的劳动中，挖到一把威力巨大的九龙宝剑，后又蒙贯公赠送一把神扇，法力十分了得。

后来，李董顺又找上门来，威逼勒索，欺压乡民。杏妮夫妇俩不堪压迫，遂率众款兵反抗，杀死仗势欺人的恶霸李董顺。李董顺在州府做官的儿子李顶郎上书朝廷，诬称"峒蛮"造反。朝廷派出大军赶来镇压。杏妮夫妇率领广大侗族乡亲顽强抵抗，保卫家园，多次挫败官兵。但终因众寡悬殊，又由于宝剑和神扇被敌人用计偷走，战到最后的杏妮与两个女儿最后在今黎平县境内的龙额乡"弄堂概"跳崖身亡。杏妮壮烈牺牲以后，被侗族人民所追怀景仰，侗家人尊她为本民族的保护神和圣祖母，几乎每座侗族村寨都建有圣母"萨岁"庵坛纪念她。

但根据流行于三宝等地的萨岁歌及有关宗教典籍，萨玛似属生活在隋唐时期的越人后裔的部落首领，她为岭南一支与侗族先民关系密切的古越人后裔的某王某公所生所养，与门当户对的"六郎将军"为婚。她聪明神武，年及十四便管理桑梓，执掌乡事，巡抚属地，是一位能帅兵征战，善治地方，掌有车马兵将旌旗，捍卫领土，平息祸乱且屡建奇功的军政首领。当时境内动乱，桑梓不兴，她一次又一次率兵征讨，亲自料理，使民兴兵旺，安居乐业，是深得朝廷嘉许、赏赐，深受部落民众拥戴的女首领，身后被侗族民众奉为民族保护神和最高神祇加以膜拜。后来侗族先民被封建王朝一步步紧逼，不得不从岭南的梧州、浔州一带溯江逃难，来到今黔桂湘毗邻一带安家落户。三宝脉寨等地的《萨岁歌》有云：

> Danl xup sax siis,
>
> nyaoh aox muc xul xinv,
>
> muc xul xogl xingv,
>
> yinh xul map.
>
> yidx sax qak nyal,
>
> map gangh gangh,
>
> map touk nyogl yangc,
>
> sax sav soh,

map touk nyal yoh.

sax qak jenc.

daeml neit meix mags,

weex nyil dangc jeenh sax,

Siik weengh bav nyax,

Saip sax xut.

这首《嘎萨》可意译为：

当初萨岁，

在那梧州郡，

由梧州起身，

从那浔州来。

扶萨上河

来纷纷，

来到富禄

萨休息，

抵达"约河"

萨上岸。

萍潭大树，

建立萨殿堂。

四支纱桄，

让萨来守防。

这首歌里的nyal yoh和daeml neit meix mags（一般借汉字写作"邓概美麻"），位于今黎平、从江两县交界的龙额一带，这里是带着萨玛崇拜习俗迁徙而来的侗族先民下船登岸并落寨安家，最初建立萨坛的地方。侗族过去有每迁至新地都要带上一撮故土之习俗，故许多后落寨的侗寨建立萨坛都要到daeml neit meix mags萨玛坛来取回一撮土，将daeml neit meix mags（"邓概美麻"）视为萨玛的一种源头和根本。上面有关萨玛的传说，很可能是侗族迁徙过来以后，附会着这重意思逐渐演绎出来的。

不管怎样，人们普遍认为她经常显圣，活跃于辖境，能主宰一切，保境安民，护佑六畜兴旺，神圣不可侵。在三宝一带，据说过去人们时常看见她坐在祠前，梳头晒发，休息乘凉，冬天则晒太阳取暖。据传民国初年，车寨"腊敖"有一老人，于清晨到其辖区的湾街，突见有许多人肩挑猪肉，欲闯入境内，被一位彪形大汉，即"萨"的"部属"，持着大刀阻拦，驱之向河边而往。老人回到家门，又见这些人欲进寨中，被一位红光满面、身穿锦衣褶裙之老妇（应为萨玛本身），手持宝剑，把守寨门，不许入村。挑肉者不得不沿寨边前进，走到"腊万" 寨门，鱼贯而入。时逢瘟疫，晚上，只听见"腊万"这一"格"内的大街小巷，阴差的脚步声和铁镣声交织，四处巡捕，死人不绝。

又据说，1936年，有位私塾先生在"腊敖"的神祠里开堂教书。有一学童于祠门前小便，不久该生无故跌扑在石门槛上，碰断门牙并随之病故。私塾先生以为"得罪"了萨玛，遭到报应，不得不迁到别处教学。

又传，1987年春节期间，车寨迎外村"龙灯"，晚上燃放"花炮"，连连爆炸，受伤多人。众皆议论说伤者都是在事前没有喝萨玛茶，没有得到萨玛护佑而受伤……

类似故事，举不胜举。这些虽不足为据，但却反映了当地侗族群众对于萨玛的信仰和崇拜程度，及其权力威望至今未减。

（二）三宝一带的萨玛祭坛

侗族的萨玛祭坛基本上有两种形式：一是露天式，多在旷坪或寨边择一适当地点，以土堆垒，用石围砌，形同墓丘；大者直径丈许，小者三五尺，高矮不一，顶上植一株黄杨或蓄一蓬芦草，旁边放一把纸伞；也有个别的只安一巨石，无其他设施，侗语称"堂萨"（dangc sax），可译为圣母堂。

一是屋宇式，在屋宇内设立土坛以供奉，侗语称"然萨"（yanc sax），可译为圣母屋，近人也书之为"圣母祠"或"威宁祠""通灵祠""历古神坛"等。今天三宝一带的萨玛坛全属室内形式的圣母屋，共有11座，其中车寨4座（"腊海"和"腊宣"两个团寨共一个，"腊饶""腊流"和"曼令"3个团寨共一个，"腊威"一个，"腊万""腊金""腊香"和"迫洛"4个团寨共一个），妹寨、章鲁、寨头，脉寨、月寨各一个，口寨两个。这些萨坛所供奉的主神有的是萨玛本身，有的则据称是其妹妹或女儿。

据说口寨两坛所供主神是姊妹，各居寨头、寨尾；脉、月两寨祭坛所供奉的一为姊、一为妹；寨头和章鲁，亦复如此；车寨腊海、腊宣萨坛及腊饶、腊流两处萨神，均系"妹寨"萨神之女；"腊威"和"腊万"两处萨神，又为腊饶、腊流萨神之女。这些萨坛之间地位平等，互不统属，但人们认为萨坛的神主之间可存在走亲、串门等关系。故过去凡遇到境内不宁，人畜不兴之时，人们往往请鬼师过阴卜问，看神主是否已到母家或姊妹家走亲串门去了，导致村寨无所庇佑才不清吉。如经卜问"属实"，人们会吹笙鸣锣，由管萨人率众前往，取对方坛中一撮泥土放回己方萨坛，表示迎萨回归，庇护村寨。这种现象，应同侗族比较原始的多神崇拜有关；而母女或姊妹关系之认定，又可能与落寨前后有关。

上述萨坛，以口寨的"通灵祠"设立最早，时在清道光十八年（1838）；次是脉寨萨坛，建于咸丰三年（1853）；其余萨坛都建在光绪年间。且多以砖砌成，形同平房，以车寨"腊威"的最大，高约一丈六七，宽约三丈，深约三丈，前有天井，后安神位；次是"腊万""腊敖"，比之略小。其余小者约一平方丈，大者两三平方丈。

三宝一带的萨玛祠，多数祠前或祠旁植一株黄杨，意喻萨玛神威常在，永远保境安民。唯"腊敖"祠植有芭蕉一株，似以其原籍植物为其表征，以示萨玛祠其来有自。

据巫师说，神"坛"的规模，因寨而异，大者为三十六"堆"（dih·地），中者为二十四"堆"，小者为十二"堆"。每一"堆"为一部"将"，分兵把口，各守一方，名曰十二堆"将"（xangv），十二堆"兵"（biingl），十二堆"甲"（kgebs），是为其神"部属"之处。三宝一带的神坛规模，全按"十二堆"设置，即于祠中杂垒白石一堆，中有银元一块，粘有鸟粪的白石一颗。当中植一木椿，束一把半开半合的黑色纸伞。这把伞的枝骨尖端，须和伞柄的竹节相齐，顶上披着红绿色网状纸剪。有的还插以纸花，并在伞下和白石上面，陈放衣裙布鞋布袜草鞋等物。其中，草鞋必不可少，且每一年须更换一双。另有弓箭、木剑、棕叶圆扇各一把。还有一圈葡萄藤，表示将"坛"箍住。离石堆尺许，钉有12个木桩，按一左一右，一子一丑……间隔钉成围圈。桩高一尺上下，披以彩色纸剪，下置一枚银毫，是为"部将"之位，称曰"十二堆"，歌之为"六地阴，六地阳"。伞前安置五个木桩，装饰与前桩相同，但稍微矮小，作为"地祇"之位。也有的只置两个木桩，分别称之为"大将""小将"。坛前平摆三五个小杯，再前面置一香炉，右侧放一盏油灯。这是地面上的一般布局。

至于地下埋藏之物，品名殊异，多少不一。据说，1959年，在"敖格"的圣母祠中，挖得四颗铸铁，形状大小如羊角。1987年复又将之按东西南北方位，埋于其间，而后架一铁锅于其上，锅内竖一木桩，名叫"腊桂"（legl kuil）（汉曰"桂

▼ 三宝寨头萨玛屋内坟丘式萨坛全貌
／吴定勇 摄／2009年

木椿"或阴沉木，系深埋于地下多年已经部分炭化的树木，不易腐烂），周围铺以白石和细砂，再加锅覆盖。也有的于锅内置一剪刀、火钳、布匹。或用白银塑一女像，穿戴盛装，粗如拇指，高约五寸，以银碟垫托于锅中，用五彩绸缎缠裹，四周撒些白米、茶叶、木炭、朱砂之类，覆以一锅对口相盖，再掩土夯实。也有的说，还要蚂蚁窝一个，九尺长茅三根，腐枫木中自生浮萍一撮；另到"衙门"取一撮土，于山中找一坨虎粪，一并置于坛中，表示兴旺发达，神威浩大。

三宝一带的每一萨坛，皆有一位老年妇女负责日常管理，叫作"登萨"（dens sax），可意译为萨坛管理人，简称为管萨人。三宝的管萨人一般多出自老户，可世袭，即管萨人老去可由其家族妯娌或其儿媳继任；现在也有的通过"卜测"产生。

一村所在的车寨共有4户管萨人，全系杨姓。管萨人的职责：一是管理祠中田产钱财和神衣、用器；二是打扫祠内清洁，关开门锁，不许人畜随便进入；三是月之初一、十五，上香敬茶；四是逢年正月，择日敬祭，鸣锣通知境内居民；五是遇集体活动，主持喝萨玛茶仪式。除此之外，无特殊权利，也无任何报酬。有的祠坛，有一点固定资财，诸如田土等，皆出租分花，作为购买香纸蜡烛用费。若收不敷出，或无积累，则临时号召各户捐献。

（三）三宝一带的祭萨活动

除了管萨人每月初一、十五的例行祭扫之外，三宝一带的祭萨活动主要有"年祭""盛祭""联祭"和"临事祭"等。

年祭。年祭主要流行于下宝的车寨、妹寨，传统上是年年举行。每年正月上旬，择一佳日（一般是正月初八），该日大清晨，管萨人打开萨玛祠大门，洒扫一番之后，焚香礼拜，敬献贡品。不久，格内各户来一男一女（男的只要成年均可前往；女的须是已婚或老妇，未嫁之女及孕妇皆不得介入），各自备酒肉饭菜，陆续拿到萨玛坛前焚香敬祭。临近中午，前来祭萨的村民们自由结合围席而餐，男的举杯相劝，以饮酒为乐。女的用餐完毕，乃于祠中，或祠前旷坪，围成圆圈，手牵着手，以甩手踏步为拍，绕圈哆耶，歌颂萨玛的美德、灵威、赐福，祝之"健康""长寿"，保佑村民安康，六畜兴旺；室外，

▲ 女管萨人在萨坛前焚香化纸／吴定勇 摄／2009年

有笙者吹笙，有铜锣者击锣，直到中午，尽兴而散。

盛祭。下宝一带的车寨、妹寨，传统上是一年一小祭（年祭），三年或更久一盛祭。盛祭，是在年祭之后晚些时候（如正月十二）或于年祭当天进行（年祭清早进行，盛祭是中午饭后开始），以中老年妇女为主体，举行全村寨集体性的盛大祭萨活动。主要环节和内容有祭萨、过阴、转寨、哆耶、聚餐等。主要牺牲有纯黑毛猪、绿头公鸭和打鸣公鸡。传统上，要抬活三牲转寨，最后回到萨坛宰杀，不许用刀，而是将猪溺死于水桶中，鸡鸭则以一根反搓绳索勒颈勒死。三者皆以火除毛，不用热水滚烫。

联祭。盛行于上宝、中宝一带的章鲁、寨头、脉寨、月寨等地，过去各村寨几乎年年轮流举办，多在农历春之二月上旬择吉日举行。到时由各户集资，备办酒菜，请一鬼师前来主持敬祭活动，在一群老妇和少数寨老参与下，给诸神位增添或更换红绿纸剪。主要牺牲有纯黑毛猪、绿头公鸭和打鸣公鸡。早饭后，寨中妇女（未婚和怀孕者除外），有五六十人以至百余人不等，换下时装，恢复古服（即身穿青黑色绒、布短衣，下着齐膝褶裙，脚穿布套布袜，勾鼻绣花拖鞋，头绾偏髻，插以银簪和金银纸花，颈挂银链或泡木芯链，左袖别一颗穿有红绿丝线缝针），戴银项链等首饰。有的还由"巫师"赠予一"夕"（xigt）（有的用糯草芯一根，或"美茂猫"meix muh meeux，侗语，树名一根，经巫师念咒语后，折成长约寸许一束，以线束之，据称可避邪恶，侗语谓之"夕"），系于衣角，以避恶邪。妇女们和少数男性寨老在萨玛屋会齐后，芦笙隆隆，管萨人和"巫师"于室中焚香化纸，燃烛点灯，献茶献衣献供品，燃放鞭炮。

此时，一老妇（管萨人）立于门前，鬼师与之一把半开半合黑色纸伞，上套银链。三声铁炮响后，一男性寨老手持一束桃花、芦苇（桃花表示春已来临，芦苇象征"令剑"）在前开路，后有三五位男性寨老陪同，其中有一人鸣锣开道；管萨人手持"阴阳"黑伞，率领众妇尾随；最后是芦笙队伍，浩浩荡荡地绕村寨游行，或在旷场上绕行数周，再结队而行。离开萨坛时，管萨人分赐萨玛茶，人们都摘一点萨坛上的黄杨树叶戴在身上以辟邪。路上吹笙不绝，边走边鸣放铁炮，沿途群众，夹道观看。每到一村，主寨鸣炮欢迎，给游行队伍敬萨玛茶，或送糖果、点心，表示敬意。游行队伍行到预定村寨，宾主乃汇集于广场，结成圆圈哆耶，歌唱萨神的来历、职能等。歌声此伏彼起，相互竞赛，芦笙齐奏，观者多达三五千人。歌毕，结队同往口寨"步秀"（puv xiuc），复又如此哆耶、歌唱，直到日落偏西，才各自率队回村。是时男人们已备好菜肴，凡集资者皆汇聚于广场或大院聚餐。

临事祭。过去，凡遇到重大天灾人祸，出现重大灾异，则认为由于某种原因导致萨神离去，缺少萨神保护所致，须临时请鬼师前来祭敬、修复萨坛。如是局部修葺，称"母萨"（mugx sax），主要内容是为萨坛更换地面部分的木桩、白石、萨玛伞，修缮屋宇、围墙、迎接萨神来归等；如是大规模修复，称"校萨"（xaok sax），即对萨坛地面、地下及屋宇（围墙）等进行全面的修复，主要内容和环节有禁寨、安木桩、砌坟、垫土、栽树、立伞、修缮屋宇（围墙）等。无论是"母萨"还是"校萨"，都意在修复好萨的殿堂，迎请萨神重新归位以保境安民。集体外出参加重大活动，诸如为也、赛歌、舞龙或出征、御敌，为求萨玛保佑以旗开得胜，寨老们会聚集村众于神坛之前享祭，称"随萨"（sigx sax），即由主祭和管萨人主持祭萨仪式，先作一般性的上香敬茶，再给参与祭萨的村众各喝一口萨玛茶，同声呐喊三五声，请萨随行护佑。

四、2006年车江一村萨玛节基本过程

（一）节日的背景和准备

据一村寨老杨朝明介绍，进入21世纪以来，该村所在的三宝车寨虽然每年在正月上旬都还举行年祭，但民间自发举行的盛祭已经非常少了（各级政府发起或组织的各种萨玛节活动除外）。不过，2006年正月十二日（公历2006年2月9日），车寨一村举行了一次民间自发的大型祭萨活动，即盛祭。

2006年前后在车寨的几次实地调查中，笔者了解到，2003年起，榕江县县城实施扩建，开始征用古州镇中心村一、二、三、四村的土地，每平方米补偿24元，一亩补偿费折合16000元；如果田里还有庄稼未收割就被征用，每平方米再补偿青苗费13元。加上青苗费，每亩的补偿费也就26667元。许多村民表示，对于征地他们是无法接受的。首先，他们认为补偿费非常低。他们说，车江大坝的土地都是高产良田，一年三熟，又紧邻城镇，水陆交通极为便利，每亩年收入不下5000元，每亩26667元的补偿费只大致相当于他们耕种5年的收入；其次，也是最重要的是，车江中心村人均不足半亩耕地，总的补偿款平均每人也就万把元。这点钱在当时最多只够三五年的生活费，根本不足以用来改变他们的生计方式，而政府又不在就业方面给予保障，所以村民们担心四五年后他们生活无着，更砸了子孙的饭碗，他们的后代将无以为生。极不愿意土地被征用的村民们做了种种努力，包括上访、向媒体求助等，但都不起作用。他们为此忧心忡忡，无计可施。尤其是一村，因离县城最近，与县城仅一桥之隔，在征地方面首当其冲，土地被征用最早、最多，所以更是忧心如焚。

一筹莫展之际，车江一村村民们想到了本民族的保护神萨玛，他们决定于2006年正月期间举行盛大的祭萨活动，希望神威广大的圣祖母帮助他们守住土地，保护家园。他们全村集资，购买了一头全身无杂毛的大肥猪和一只打鸣大公鸡、一只绿头公鸭，以作三牲，另外置办一套老年妇女的衣裙、布鞋、首饰，燃放铁炮的火药以及鞭炮等。还决定到周边延请会走阴的师傅来主持祭典。

（二）"修复"神位

车江一村的居住地段大致包括"腊万""腊威"两"格"。两格地段内分别有一个萨玛祠，即临近河边的"腊万"萨玛祠和临近榕江师范学校原址的"腊威"萨玛祠。位于河边的"腊万"萨玛祠是一个两进的平房建筑，前面是天井式的院子，有近二十平方米，进门的左墙角栽有一棵黄杨树；进门的右墙角，栽有一丛芭蕉树；靠着右墙，立有几块石碑，是重修萨玛祠的功德碑，记载着一大串捐资者的姓名。里面一间是正殿，地面比前院高二三十厘米，有十多个平方米，正中间是一坟丘式的土堆，是为萨坛。土堆上放置一些白石块。土堆正中立一把半开的黑色油纸伞，侗语称"伞萨"（sank sax），可汉译为萨玛伞。伞上披挂着陈旧的红黄绿各色的剪纸和一根项链，还插着红色纸花。伞下挂一把扇，再下面杂陈着衣裙和勾鼻布鞋及布袜、草鞋各一对。伞正前方的土堆上插5个小木桩，披挂红黄绿青紫等各色剪纸，看起来像小彩旗，表示东西南北中各方守将；再前又立两个桩子，是为"大将"（daih xangv）"小将"（siut xangv）把守大门，装饰同前。离土堆尺许，用砖头和水泥筑成一个十多厘米高的圆圈，圈上等距离地钉有12个木桩，桩高尺许，披挂彩色剪纸；桩下各埋一枚银币，表示十二地，侗语称为"许尼堆"（xebc nyih dih），意为十二部将守护四面八方。土堆正面靠左还斜靠着一把半开的萨玛伞。土堆正后方的墙根上靠着一个水泥制成的小供桌，桌上摆放3个茶杯；供桌脚下是一排香案。临近师范学校的"腊威"萨玛祠设施与前者大同小异。

2006年农历正月十二日上午，晨饭后，车江一村包括管萨人在内的一群老年妇女和几位男性寨老杨光茂、杨文祥、赵良德、杨光亮等最先来到"腊万"萨玛祠，从八孖（地名，位于榕江县境内）请来的走阴师傅水保也来了。他们用箩筐挑来筛细的干净泥土和一些白石块，带来柴刀、竹签、剪刀、彩纸、糯谷草和香蜡纸钱等。

人、物到位后，人们各有所司地忙开了。从八孖村请来的走阴师傅年近花甲，小名水保。他先是剪出一些彩色剪纸，然后口喷符水净坛，将彩色剪纸和新项链披挂到土坛上立着的纸伞上，换下伞上旧的剪纸和项链。接着，他把村民挑来的干净泥土均匀地添加在土坛上，然后把一些白石块嵌进泥土中。他还用三根芭茅草打成3个草标，插在土坛的正前面。与此同时，管萨人在两三位妇女协助下，在萨坛前后点燃香蜡纸钱，给萨玛倒茶、敬酒，献上刀头肉，将带来的衣裙、鞋袜、头花、首饰等摆在萨坛旁边，供萨玛换用。其余妇女和寨老们，有的削竹签，有的搓草绳（将用来勒杀鸡鸭），有的挑水填满放在天井中的大庞桶（将用来淹死肥猪）。竹签等备齐后，由两位妇女将小的剪纸套在一些竹签上，然后插到土坛上，其场面让人联想到飘飞的战旗插到了刀光剑影的山头上。

（三）走阴请萨

经过以上一番对于萨坛的"修复"后，接下来可以走阴（亦称过阴）请萨了。

走阴是侗族中一种据说可以通灵的巫术活动。会走阴的人，侗语称"商那"（sangh nagt），汉语直译是"睡眠师"，可意译为走阴（或过阴）师。通常情况下，是人们请走阴师下到阴间，把亡人魂魄请来与阳间亲人对话，卜问亡人在阴间的情况和所需。三宝一带的盛大祭萨活动，往往也通过走阴，把萨玛请来与村众对话。但这种走阴必须是既能够走阴、又熟悉祭萨仪式的师傅方能胜任，一般的走阴师无法胜任。车江一村这次从八孖请来的水保，据说就是一位熟悉祭萨仪式的、经验丰富的走阴师。

开始走阴了，只见走阴师水保面向土坛，赤脚坐在一只高凳子上，脚边的地面上放着一盛满大米的升斗。他点燃一炷香插在米升里，烧一摞纸，念念有词，然后用一块黑布盖住头脸，但用一只手挑起布块下端，使黑布与脸部之间留有较大的缝隙以便香烟上升熏到他的鼻子。他先是欠身伸过头去，让香烟对准自己的鼻子熏。有顷，他放下盖头端坐，两手自然下垂，开始双脚蹬踏地面，踏踏有声，如跨马疾行。"骑行"的同时，他时而吹口哨，时而唱巫歌，他的两手也是时而下垂，时而放在腿上。有时候，他还双脚离地悬空，扇动双臂做飞翔状。

一番上天入地的辛苦"跋涉"之后，走阴师双脚着地，停止"奔驰"，开口说声"萨到了！"为了证明萨的到来，他的右手变魔术似的，不知何时从哪里捉到了一只活蜘蛛，放在地上，旁边一位老妇立即拿张纸钱将小蜘蛛接住，小心翼翼地捧到后墙根上的小供桌上供奉。侗族认为蜘蛛是一种与人的魂魄有关的灵物，祖先亡魂常以蜘蛛的形态出现，清明扫墓时如在坟冢附近发现蜘蛛，就认为先人感应，出来享受祭品了。

眼见萨到了，围在一旁的妇女们七嘴八舌地和萨"聊"起来，或问萨是否一直住在这里，是否安适；或问萨在"生活"中缺少什么，有何需要；更多的是请求萨玛守护好家园，保佑田地不被征用。对于众人的问候和请求，走阴师以萨玛的口吻一一作答，说她（萨玛）一直住在这里（萨玛祠），但过得并不舒心，这附近环境糟糕，夏天臭气熏天，令人难以忍受（做呕吐状）；冬天衣裙鞋袜等时有不周，说到伤心处，忍不住抽泣哽咽，潸然泪下。众人赶忙劝慰萨玛，并答应立即搞好萨玛祠周边的环境卫生，今后会更加周全地供奉萨的衣食和日常用品，希望萨玛能留下来护佑村寨、守卫家园。萨玛答应了他们的请求，走阴结束。笔者注意到，走阴师正常状态下说话不结巴，但他代表萨玛说话时则明显结巴。

（四）带萨游行

走阴结束后，走阴师拿起那把斜靠在土坛左前侧的萨玛伞（大家相信萨玛的神主已经进入到伞里面），递给候在一旁的管萨人；拔起土坛上的3个草标，递与3位男性寨老，并示意另一位戴鸭舌帽、戴着一副眼镜的男性寨老拾起地上的铜锣，带领大家从环绕土坛开始进入转寨游行阶段。

于是，在大家喝了萨玛茶之后，那位头戴鸭舌帽的男性寨老左手拾起土坛边的铜锣，右手持小木槌，走在最前面，带领大家逆时针环绕土坛转了三圈，然后走出萨玛祠，沿着村巷游遍一村聚落，然后穿过村中大路走向田野。几乎每走一步，鸭舌帽就敲锣一声，似乎是在鸣锣开道。他后面是3名手持草标的男性寨老。据寨老杨朝明介绍，从萨坛上拔出的芭茅草草标相当于令箭，让3名寨老手持草标走在前面，也有驱邪开路的意思。再后面就是手擎萨玛伞的管萨人，人们认为萨玛就藏在伞里面与众同行，故管萨人走路必须格外小心，擎伞的手不能换，步履不能快。管萨人后面是一两百人的队伍，主要是中老年妇女，也有少妇及小孩，但里面没有孕妇和未婚女青年。

在转寨队伍行进的同时，有一队妇女近二十人在"腊威"萨玛祠烧香敬茶，献上衣裙鞋袜头花等物，然后环绕萨坛转圈哆耶。等到游行队伍来到附近时，她们也加入转寨的行列里。

沿途有不少人夹道观看。游行队伍中举着三块横幅，分别写着"祈求萨玛庇佑显灵退回侗家失去土地""祈求萨玛庇佑车江大坝风调雨顺""祈求萨玛保佑三宝侗寨人口清吉六畜兴旺"等字样，每块横幅各由两名妇女一左一右举起。保佑人口清吉、六畜兴旺、风调雨顺等，本是萨玛固有的"职能"；而要求萨玛显灵，让有关方面退回三宝侗家失去（被征用）的土地，则是临时向萨玛提出的诉求，也是本次大型祭萨活动的主旨。

（五）踩堂哆耶

当游行队伍走近田坝中预先指定的一块平整空地时，入口处响起了砰砰砰三声铁炮，以示迎接萨玛进入踩歌堂。队伍进入踩歌堂之后，管萨人擎着萨玛伞在场地中央站定，6名妇女举着横幅站在管萨人身边，几位男性寨老也站在旁边；其余众人则以他们为中心，手拉手围成若干个同心圆哆耶，每唱完一首耶歌，人们都要呐喊三声。笔者注意到哆耶"同心圆"有个特点：当里面一圈顺时针转圈时，与之相邻的外面一圈则逆时针转圈；反之亦然。

(六) 杀牲祭萨

过去，三宝一带祭萨转寨，要抬着活的三牲转寨巡游，回到萨坛之后才杀牲。此次盛祭，没有严格遵照传统，没有抬着三牲巡游。在游行队伍起身走出萨玛祠的时候，全部由男人参加的杀牲仪式就开始了。只见几名壮汉把捆住四肢的肥猪抬进萨玛祠，萨玛祠天井式的前院放着一只盛满水的大水桶；壮汉们将猪头按进水桶里淹死，然后用稻草等盖住肥猪生火去毛，接着抬到祠侧的河里剖开清理。牺牲还有绿头公鸭一只、打鸣公鸡一只，但也不用刀杀，而是用绳套住颈子勒杀，清理后整只煮熟。

牺牲煮熟后，由走阴师主祭，一些寨老协助，把猪头、刀头、整鸡整鸭拿到正殿中的土坛前，燃香化纸，敬祭萨玛。

(七) 晚宴会餐

傍晚5时许，游行队伍结束哆耶回到"腊万"萨玛祠，男人们搬桌凳、上酒菜；妇女们在祠前的空地上又手挽手哆耶一阵子。傍晚6时许，人们陆续落座，晚宴开始。参加晚宴的，每户来一男一女两个成年人，一般都是自由组合；只有一桌要求几位男寨老和管萨人等同席，最上首的座位留给萨玛，表示陪萨饮宴。

席间，有人举杯互敬，有人以歌劝酒，有人猜拳打码，大家开怀畅饮，与萨同乐。直至大家尽兴而散，本次萨玛节活动宣告结束。

五、小结

车江一村本次萨玛节活动，是因事而为的，带有很强的目的性和功利性，也反映了侗族群众对其民族保护神萨玛的信仰和依赖。

同其他侗族地区的萨玛节活动相比，车江一村本次萨玛节活动最大的特色是"妇女当家"，管萨人是女性，参与祭拜仪式的主要是女性，哆耶的是女性，游行队伍中除了个别男寨老之外几乎全都是女性……这与萨玛崇拜作为一种女神崇拜本身的性质相吻合。相对于其他地区男性化已经非常突出的萨玛节活动，车江一村女性特色浓厚的萨玛节活动似乎更多地保留了其女神崇拜的传统，显得尤为可贵。

活动当时由于笔者不在现场，仅凭很不专业甚至不太完整的视频资料和事后实地调查，无法更加准确完整地描述节日的全过程，一些重要细节无法准确交代甚至有可能描述错误，这是很大的遗憾。

2012年广西龙胜宝赠村祭萨节调查报告

龙　政

一、前言

2012年3月7日（农历二月十五日）清晨6点半，笔者和广西壮族自治区桂林市民委覃科长、广西灵川县民族局阳副局长一行21人，乘汽车从广西龙胜各族自治县县城出发，走了半个小时来到瓢里镇。因为路程较远，前面也没有可以吃早餐的地方，于是大家便在路边小吃店草草用过早餐又冒着小雨往前赶。又经过两个多小时的颠簸，于上午9点钟抵达广西龙胜县宝赠村。

一下车，眼前见到了一座侗族风雨桥架在一条小溪上，山谷间是一片开满油菜花的稻田，我们终于来到了宝赠村侗寨。前来接我们的村支书黄菊娥说这是宝赠村普团，祭萨节活动将在前面的宝赠村上寨举行。正在这时，雨下得越来越大，像是为我们接风洗尘。沿石板路继续冒雨前行，远方可以隐约见到上寨的寨门。临近寨门时，一阵鞭炮声过后，芦笙又响起来了。寨门虽然不大，但能感受到侗族建筑的魅力，两边还有一对小石狮。寨门是侗家人重要的交际场所，是侗族的"礼仪之门"，此外还可以供人们休息、躲避风雨。

按当地习俗，必须先喝了拦门酒，才能通过寨门。过了寨门，也就进到了宝赠村上寨，我们此行的目的地。

二、宝赠村概况

（一）宝赠村的自然条件与经济生活

宝赠村地处湘桂边境，位于广西壮族自治区桂林市龙胜各族自治县的乐江乡境内，距离县城约67公里，地处山谷，四周青山环绕，中间是开阔的田垌，所种稻谷产量高、米质好。传说此地有宝，因而得名"宝赠"。村落海拔500－550米，东接本乡独境村和平等乡庵田村，南与地灵村、大雄村接壤，北邻同乐村，西靠西腰村，处于行政区划的边缘交叉地段，地理位置相对闭塞。这里属热带季风性湿润气候区，四季分明，热量丰富，雨量充沛，年平均气温16℃，无霜期280天，年均降水量1100—1500毫米，森林覆盖率68%。

宝赠村共有11个自然寨，分别是上寨、普团、江坪、高赠、高塘、懂里、盘坡、飞冲、阴山、高桥、松六，人口约2400人。水稻播种面积1605亩，群众收入主要靠种植稻谷、苗木等。过去，宝赠的粮食以糯稻为大宗，辅以适量的籼稻和少量的小米、玉米等；由于糯稻产量低，随着人口增长、粮食压力剧增和政府有关杂优品种的推行，到20世纪90年代，已变成以种植杂交水稻为主。如今，除了用一些高山阴冷水田种植少量糯稻以备节日之需，其余水田全部种植产量较高的杂交水稻。蔬菜主要有青菜、白菜、韭菜、辣椒、豇豆、豌豆、扁豆、苦瓜、白瓜、黄瓜、南瓜、番茄、茄子等。出产红苕、洋芋、黄豆等，但一般不用作主食，红苕、洋芋主要用来喂猪，黄豆用于制豆腐。每户一般常年喂养有一至数头猪和数十上百只鸡鸭鹅，几乎都是粮食加青饲料喂养，不用工业饲料和化学添加剂，这些家畜家禽除了少量售卖，几乎都用作自家日常待客的肉食。过去，耕牛（主要是黄牛）在宝赠喂养较多（通常是一户喂养四五头或更多），除了用于耕田，也是肉食的重要来源；现在，由于外出务工者多，耕牛已越来越少，没有几户养牛了。此外，宝赠人还保持着侗族稻田养鱼的传统，每年稻子成熟季节放水捉鱼，一户可有数十上百斤稻田鲤鱼，这是家庭肉食的重要组成部分。水果有柑橘、李子、梨子、板栗等。闲暇时间，人们上山采集自然生长的蕨菜、野菜、竹笋、杨梅、野果等，作为生活之补充。

宝赠的经济作物有油菜、油茶、油桐、木耳、香菇以及"三木药材"等，但多属零星经营，没有成规模。这里林木茂盛，但一般只有杉木、松木、楠竹等被视为可用之材，尤以杉木为贵；其他包括枫木、青杠、麻栎乃至楠木等树种被统称为"杂木"，多用于柴薪。

（二）宝赠村的人文环境

宝赠村方圆几十里都是侗族聚集区，侗族文化特色浓郁，传统文化保存相对完好。

据说宝赠先人是明朝洪武年间迁至此地，上寨、普团、江坪本是三兄弟，后分家，便有了现在的上寨、普团、江坪。关于三个寨子的来源还有一句款词是这样写的："包娃秀庸（侗语音）进上寨，满松广央进普团，银桥车松进江坪。"

宝赠村，全为一色的侗民居住，是这一带侗族村寨集中的中心区，有"八百里侗乡南大门"之称，是龙胜侗族文化精华荟萃的宝地。长期以来，这里的侗家人不断受到周边侗族文化的影响，并注意加强对自身侗文化的保护，才使得全村至今仍然保存着比较完整的侗族传统文化。宝赠村所有民居均为统一的"干栏"式木楼建筑，全以青瓦覆盖，鳞次栉比，错落有序地分成若干个形块，又由这些形块共同组成一个完整的村寨。青山掩映，小桥流水，丝丝清泉到人家，犹如世外桃源。步入其内，令人感慨万千。这里一条条纵横交错的巷道铺满整齐有序的青色石板；一座座蔚为壮观高耸入云的鼓楼耸立寨中；还有横跨溪流之上、长廊式的风雨桥，古朴的戏台，散发出浓郁的侗族传统文化气息。

（三）宝赠村的文化艺术

宝赠村侗族的文化艺术丰富多彩，有"文化之乡"的美称。2004年，龙胜各族自治县民族局在宝赠村举办侗族大歌培训班，宝赠村许多侗族群众自发去学。侗族大歌韵律严谨，题材广泛，情调健康明朗，比喻生动活泼，声音洪亮，气势磅礴，节奏自由。在自治县民族局的支持下，该村成立了侗族琵琶歌队。琵琶歌，因以琵琶或牛腿琴（侗语称"格以"）伴奏而得名，曲调欢快流畅。宝赠的民间故事传说，题材广泛，体现了侗族人民丰富的想象力和追求光明、战胜邪恶的善良愿望。民间故事《吴勉王》在当地侗族社区广为流传。侗戏在宝赠村也深受侗族群众的喜爱，这里有"人人爱唱戏，个个爱看戏"的传统。侗戏台步简单，动作纯朴，曲调唱腔多样。演唱时，用胡琴、"格以琴"伴奏，击锣钹鼓闹场，着侗装，不画脸谱，富有浓厚的民族色彩，其中以《珠郎娘美》最受欢迎。"哆耶"、芦笙舞、春牛舞和草龙舞等，是当地侗族群众举行各种盛大活动和节日庆典经常跳的民间舞蹈；哆耶是群众性的集体歌舞，或男或女，彼此互相牵手搭肩，围成圆圈，边走边唱；芦笙舞是由舞者边吹奏芦笙边舞的集体舞蹈。乐器除上述外，还有侗笛、唢呐等。

宝赠村目前有文艺队5个，队员180多人，以村文艺队为龙头，逢年过节都有节目演出。每年春节从正月初一一直演到元宵节。宝赠村村级文艺建设在龙胜侗族地区有良好的社会影响。2004年以来，宝赠村文艺队每年演出均在20场次以上。且文艺节目题材广泛，曲艺有侗族大歌、琵琶歌、哆耶、侗戏、彩调等；舞蹈有"打糯粑""剪糯禾""榨油""闹春"等，反映了侗族人民生产、生活文化气息及风土人情，深受群众喜爱。

（四）宝赠村的手工艺

宝赠村手工艺品有挑花、刺绣、彩绘、雕刻、剪纸、刻纸、藤编、竹编等。刺绣是侗族妇女擅长的工艺，她们在服饰上刺绣各种图案花纹、人物、禽兽、花卉、草虫，形象生动，色彩绚丽而调和。现在宝赠村侗族妇女跟上时代步伐，与外地客商签订协议，用农闲时节干起刺绣的活儿。

（五）宝赠村的建筑工艺

鼓楼、桥梁是宝赠村有代表性的建筑艺术。最有代表性的鼓楼有4座，均为木质结构，以榫头穿合，不用铁钉。分别有三或五层，呈四面倒水，高3—4丈，飞阁重檐，形如宝塔，巍峨壮观，是族姓或村寨的标志，也是公众集会的议事场所。风雨桥以普团桥建筑风格最具特色，有一百多年历史，至今保存最完好，是石礅木桥，有长廊桥道，桥亭重瓴联阁，雄伟壮丽。

（六）宝赠村的风俗习惯

当地侗族群众的饮食以大米为主要食物，有的还保留种糯谷，剪禾把，吃糯粑的习惯。普遍喜食酸味。自行加工的"酸鱼""酸肉"，贮藏十数年不坏。宝赠村依山傍水，是龙胜最具代表性的侗寨。村头寨尾多蓄有古树，风雨桥横跨溪流之上，寨中有鱼塘。按族姓聚居，鼓楼耸立其间。住"干栏"房，楼上住人，楼下关养牲畜和堆置杂物。

为也是至今宝赠还保留的一项集体社交联谊活动。农闲斗牛，是集体娱乐之一。这里还保留行歌坐夜的"走寨"习俗。

（七）宝赠村的宗教信仰与重要节日

宝赠村的侗族群众信仰多神，崇拜自然物，古树、巨石、水井、桥梁等均属崇拜对象，而以女性神"萨岁"（意为创立村寨的始祖母）为至高无上之神，建有"萨堂"。以鸡卜、草卜、卵卜、螺卜、米卜、卦卜测来定吉凶。当地侗族群众以过春节、祭牛神（农历四月初八或六月初六）、吃新节（农历七月间）较为普遍。有些还在十一月过侗年。由于民族之间的交往，侗族还过清明、端午、中秋、重阳等节日。

三、宝赠村祭萨节的背景

龙胜境内的侗族，主要分布在西北部的106个村寨，其中主要聚居在平等乡的平等、寨江、龙坪、平熬、独车、固洞、蒙洞、寨枕、平定、硬州、广南、庖田，以及乐江乡的独境、江口、平黄、石甲、金陇、地灵、宝赠、西腰等20个村寨。至新中国初期，这些村寨都还保留有萨坛，逢年过节，择日举行大小不一，形式内容不同的祭祀活动，祝颂萨玛健康长寿，功德无疆，保境安民，人畜兴旺，五谷丰登。但目前只有广南、龙坪、宝赠、平熬等村寨仍然设有起源相同、性质相一，而内容形式、规模称谓不尽一致的萨坛，对萨玛进行供奉。

龙胜侗族萨坛建于何时，无法考证。据传县境萨坛在宋代前已建有，为县内最古老遗址之一。萨坛为一圆形土石堆，直径5米，外围用鹅卵石或青砖砌造，墙高3米，无顶盖，坛中栽种一株桂花树，树冠浑圆如伞。坛朝南开一扇门，里边干干净净无一杂草。建坛时，坛下埋有铁锅、锅铲、碗、茶摅及铁三脚架等，供"萨"打油茶之用。靠近萨坛，一般建造一木房供寨上妇女每月农历十三日聚集，打油茶敬奉"萨"，与"萨"一同欢饮。如今还有些村寨的萨坛虽已废弃，妇女们有时仍聚集于一清静之家，进行打油茶敬奉萨玛的活动。

（一）萨玛传说

关于萨玛来历，在宝赠以及周边侗族地区流传着以下几种传说：

其一：

萨玛原是贵州古州六洞人，生于农历正月初八，她生性善良、勇敢、聪慧，自幼从师习武，武艺高强。成年后嫁给孟杰为妻，夫妻俩爱打抱不平，伸张正义，被众人推举为侗兵首领。

一次，朝廷官兵侵犯侗族地区，烧杀掳掠。萨玛和丈夫孟杰率领侗兵抵抗，多次杀退官兵，后因寡不敌众被官兵包围，孟杰阵亡。萨玛带领11名女兵冲出重围，11名女兵也先后阵亡，她也不慎陷入烂泥之中被官兵乱箭射死。后人敬仰她和11名女兵的英勇无畏精神，立坛祭祀，祈求神灵保佑。

其二：

古时候，有个侗族男子叫香萨，生一独女叫子容，子容一出生娘便死去了，全靠父亲香萨用米汤喂养成人。

子容13岁那年，玉皇大帝为使天下太平，让凡间百姓安居乐业，下诏在凡间招一批未吃过母乳的女童到天庭去学法术，以解救天下苍生。香萨让子容应召上天庭学法。

子容在天上学法两年，学成回乡，人间已经过了25个年头。她走遍了千山万水，斩妖除害，巡查千村万寨，除暴安良。从此，千里侗乡人人安居乐业，处处歌舞升平。她所到之处，深受人们爱戴。后来玉皇大帝召她回天宫封为天神，派她每月初二、十二、二十二下界巡察。侗家人为祈求她的保佑，寨寨修建神坛供奉。每月初二、十二、二十二，寨上中老年妇女须集中坛庙烧香化纸，打油茶举行祭祀活动，祈求萨神保佑村寨安宁。

其三：

远古时代，有一位十分能干、心地善良的侗家妇女，带着丈夫，挑儿背女，走尽千山万水。凡遇到有水源的开阔地带，先一一插上记号，再告诉没有田种的侗族子孙，为他们选址建寨，开田造地，创建家业，使侗族子孙得以迅速繁衍生息，许多人得到安居乐业。后来人们为了纪念她，建坛立庙，世代供奉，是为萨玛。

其四：

传说，三国时候，蜀国军师诸葛亮出兵南征南蛮，蛮兵首领孟获率部抵抗，后被诸葛亮七擒七纵，孟获降蜀，而英勇善战的孟获夫人婍花，不为所屈，率兵继续抵抗。后因寡不敌众，婍花英勇献身。侗族人民为纪念她，寨寨建萨坛，凡遇战事或遇到重大灾难，都到坛前举行活动，祈求保佑。

其五：

古时候，贵州有一侗族男子带着八个女儿为避难离开家乡，来到广西龙胜，最小的八女儿名叫"萨岁"。萨岁父女，个个武艺高强，上山能打虎，下河能捕鱼。一天，他们来到八十里南山下一个叫杉冲（今龙胜蒙洞）的地方，发现这里地势开阔，土地肥沃，水源充足，长满了野生稻谷。于是其父决定把第八女儿萨岁留在这里定居下来，他带领其他女儿到别处安顿好后，又回到杉冲同萨岁开田造地，为她招夫婿，建家立业。其后，萨岁夫妇经过多年艰苦创业，开出良田数十亩，山地数十亩，种下杉树数十亩，牛羊满山，鸡鸭成群。养育了七男三女，一家十二口，有吃有穿，过着美满幸福的生活。然而，天有不测风云，在萨岁四十岁那年，丈夫不幸病故，丢下十个儿女给萨岁一个人。萨岁含辛茹苦，把几个儿女养大成人，还教他们练武织布，又过来十多年，个个成家立业，杉冲成了一个远近闻名的小村寨。

山外有一个恶人叫万八成，手下有一帮打手，四处行劫。他们得知萨岁的寨子比较富有，多次想来打劫。一天黄昏，万八成叫打手把萨岁的寨子包围，只因惧怕萨岁母女武艺高强，不敢贸然进寨。萨岁知道寨子被包围后，一面派人与万八成等对话，一面派人到附近的村寨求援，并暗中派人连夜到万八成家中把他的老婆抓来，逼迫万八成退兵，并要他从此不再到杉冲来侵犯。此后，侗乡山寨，平定安稳，人们安居乐业。在萨岁120岁那年，一对凤凰飞过她的房顶，她含笑辞世。人们为纪念她，立坛世代供奉。

（二）萨坛的安置及所埋藏的神物

宝赠村萨坛设在宝赠上寨寨中石坪的一角，以象征一寨之主，保佑人畜平安。神坛的构筑，中用河边卵石砌成，四周以山藤系小杉木条并围而成；神坛直径约六七尺，围栏高约五六尺；坛圈正面设双扇木门，门前置香炉或设石板小神龛，内置香炉。

建坛时，须请坛匠、师公制坛安神。坛匠从前是从贵州侗族地区请来，

其后本地亦有传承匠师。经匠师占卜，神坛方可破土动工。神坛竣工后，择吉日安神，在坛内土堆正中掘坑竖埋一个萨神的木雕像和银制微型纺纱机、织布机、三脚架、锅头各1件；银制梳、碗、杯、筷各12只（双）。埋藏的神物用一平底大铁锅盛装，按顺序摆放，上用一大铁锅覆盖，埋入土中。土堆表面用各色卵石镶成圆圈。非祭祀日，任何人不得擅自进入坛内。

安置萨神，全寨人须先食素斋戒3日。安神之日，全寨隔夜熄灶火，从寨上挑选两位年45岁以下已有孙子、且家中男女齐全的男子，在坛前用火镰击石取火，举行祭坛仪式。其后各家各户从萨坛取火种回家生火，意为火神亦受萨神管束，并祈求保佑世代炉火通红，人丁兴旺。祭坛仪式结束，众人唱耶歌，跳芦笙舞，最后举行安坛宴，由各家户主参加聚餐。

（三）宝赠祭萨的形式

1. 接神祭

在侗民心目中，萨神是侗家的灵魂，故每迁到新的地方定居建寨，必须先安萨神坛。有的村寨发生火灾神坛被毁，亦须重新安坛，举行接神祭，否则魂不附身，必多灾难，人畜不旺，五谷歉收。

接神祭有二种情况：

一是由村民推举德高望重，并熟悉萨坛历史掌故的老年男子数人，请师公择吉日，先食素三日，然后于吉日起程，前往贵州古州六洞或之利高秧、邓海美麻或黎平五开等处立有古老神坛的侗寨祭坛迎接萨神，并由当地坛匠、师公陪送回来。入寨时，寨上成年男女都穿上本民族古装，吹芦笙、放铁炮夹道欢迎。接连数日哆耶、唱歌、跳芦笙舞、杀猪、宰羊，举行寨宴。经陪送萨神过来的坛匠、师公占卜，萨神乐意在此村寨安居，才择吉日安神祭坛。

二是由寨老带上一把伞，领着为人正直、热心公益的男性寨老数人，老年妇女数人，芦笙队数十人，身着民族古装，于吉日良辰到附近设有萨坛的村寨迎接萨神。去时寨老不撑伞，芦笙队亦不吹芦笙，到达目的地后，在萨坛前打油茶祭祀，表演芦笙舞，请求萨神回寨。回时，寨老走在前头打伞，其意是为萨神遮风挡雨；男女长辈紧随寨老，芦笙队最后压阵。途经别寨时，芦笙高奏过路曲而过。回到本寨，全寨男女老少盛装出寨迎接，接至神坛又举行祭祀仪式。

无论是去贵州或是到附近村寨接回萨神，安神祭坛当日，全寨男女老少食素斋戒，其祭坛仪式与初次安神坛一样隆重。畜禽祭品有猪、牛、鸡、鸭等，一律溺死，不得动刀见血；祭品还有腌鱼、糍粑、黄豆、米花、油茶等。龙胜寨枕、独车等寨，还牵一头侗语俗称"伴萨列（羊）"的大公羊陪祭。祭时，吹芦笙、放铁炮，中老年男女在神坛、庙前对唱赞颂萨神的耶歌。祭毕，由各户主参加坛宴会餐。晚上继续哆耶、唱歌、唱戏祝贺。

2．神坛祭

萨坛，有专户老人世代管理，逢年过节，烧香化纸斟茶祭祀。全寨性的祭祀活动，有定期和不定期两种。其中定期祭祀又有年祭、月祭之分。年祭期大都是农历正月初八、十月初五、十月初八、十月十五。月祭祭期一般在农历初一、初二、十二、十五、二十二。年祭全寨参加，备办畜禽等祭品，祭祀仪式较为隆重，祭后哆耶、跳芦笙舞。

月祭仅部分中老年妇女自带糍粑或糯饭、黄豆、米花、茶叶、油茶等祭品，集中坛庙打油茶祭供。祭后吃油茶、哆耶，唱迁徙歌、颂萨神歌等。

不定期祭祀，多在村寨发生战事，或出现各种灾异迹象，或是冬季农闲村寨之间开展为也活动期间，临时祭坛。如逢久旱不雨，稻田虫灾严重，禾苗大片枯黄，村寨发生瘟疫，鸡乱啼叫，发生火警，甚至出现日食、月食等情况，都由寨老临时决定，召集寨上中老年男女筹办畜禽祭品，请师公择吉日主持众人祭坛；或是由寨上中老年妇女盛装集中坛庙举行油茶祭，祈求萨神保佑，消灾纳福。此外，正月舞龙玩灯，头天晚上须先到神坛拜祭，然后方可出游；或于开始出游的傍晚携龙灯先到神坛见神，方可到别处游玩。别寨来为也，寨上杀猪款待，本寨和为也客寨长者共同用猪头在坛前祭供。或新建鼓楼、风雨桥，结婚多年不育，小孩夜哭，等等，则多在自家火炉边祭萨，祈求萨神早送贵子，小孩快快长大。在侗族人民的传统观念上，萨神是至高无上、神通广大、无所不能、有求必应的保护神。

五、2012年3月宝赠村祭萨节基本过程

宝赠村的寨祭活动从前是七年一次，现在随着当地侗族经济发展和精神生活需求，已改为一年一次，在农历二月第一个卯日举行，而且祭祀活动又被赋予了新的内容。当天，宝赠村上千名侗族群众和部分游客聚集到宝赠上寨。祭祀程序依次为生祭、巡游、熟祭、歌舞表演、百家宴、文艺晚会等六个活动环节。

2012年3月7日（该年农历二月第一个卯日），宝赠村举行了一年一度的

大型祭萨节活动——寨祭，其基本过程如下：

（一）组织者暨相关准备

祭司。龙胜侗族地区每个村寨一般都有自己的祭司。祭司是一种专门替人礼赞、祈祷、祭祀的祭师。祭司神通广大，学识渊博，主要职能有司祭、行医、占卜等活动；其文化职能是整理、传授巫文化，撰写和传抄包括款词、医药、工艺、礼俗等典籍。以前祭司在侗族村寨里的生育、婚丧、疾病、节庆、出猎、播种等生活中起主要作用，祭司既掌管神权又把握文化，既司通神鬼又指导人事，是整个侗族社会中的知识分子，是侗族文化的维护者和传播者。一个村寨的祭司，由一人或数人担任。根据具体情况不同，祭司、甚至参与祭祀的人都要在典礼前一段时间洁净身体。

2012年宝赠村祭萨活动的祭司由吴永能担任。其实吴永能还是宝赠村的寨老，很多政府方面感到非常棘手的事情，到他这里却往往做得很顺当。比如计划生育，政府推行困难重重，但当他出面时很多难题都迎刃而解了。可以说他是宝赠村的"领袖"或"长老"。如果没有像吴永能这样的寨老，作为龙胜保存最完好的侗寨——宝赠村中的风雨桥、鼓楼等将无人组织修缮，可能早已朽坏。吴永能61岁了，原来是村干部，担任过村长，现在退下来了，由于德高望重，敢作敢为，勇于负责而被选为寨老。他非常平易近人，与所有的寨老一样没有任何特权，更不是村子里的首富，甚至根本就称不上富有。然而，村民们对他非常尊重。

据笔者所知，村子里55岁以上的老者才有资格担任寨老，寨老完全是民选，有时甚至是没有投票的选举，即被村民公认为寨老，而无须有形的投票或举手或点豆（如土改时的选举）等。像宝赠村这样大的村寨通常都有很多名寨老。一般由大家推举一名寨老当头儿。寨老没有任何报酬，也没有津贴，平时与大家一样参加农事劳作，仅在特殊情况下，他才发挥作用，如决定修建风雨桥、平抑争端等，只是在处理事件过程中或结束之

▲ 宝赠祭萨。萨坛前摆放香案，其上摆放香纸、刀头、酒碗等祭品／龙政 摄／2012年

后，享有一两餐酒肉招待，或非常少量的报酬。对寨老最基本也是最重要的要求是德高望重，办事公道，有责任心，此外没有特殊的要求。文化水平的高低、是否识文断字、有无社会关系、财产的多少都不是条件，甚至根本就不会被考虑。

祭品。一般为肉牲（大多为猪），在祭祀的时候可能会用到祭品，如鸡、猪，还有鸭肉粥和鸭血粥、米等。一般是一碗米、一只猪的头脚、尾巴及五脏（各取一小片）、一碗酒、一碗用鸭血和糯米熬成的粥。

祭坛。就是萨坛，作为祭祀活动地点。是以鹅卵石砌起一个高约一米、直径三米的圆台基，台中安放一口新的大铁锅，锅中放有蒲扇、草鞋、纺车、刀剑、杯盘碗盏、银器首饰等物，然后将另一口新锅覆盖于其上，用泥土封好，筑成一个圆丘，并于丘顶植一株常青树，插上半开半合的红纸伞，周围摆上白白亮亮的岩石。萨坛前就是举行祭萨的石坪。

祭萨特别讲究，带有很神秘的色彩。必须由祭司来占"鸡骨卦"以确定祭萨的时间。

2012年，因为萨坛的围栏多年失修，上寨的村民小组组长吴必卫还于前一天组织村民上山砍了一些有锄头把大小的杉木条，作为修补围栏之用。第二天在"熟祭"之前，由六七个村民将杉木条削去皮，换下萨坛篱笆中腐烂的木条。

村民告诉笔者，萨堂没有特定的神主牌位，萨坛内放置的所有器物，都只是一种象征。萨不是一个具体的偶像，而是一种自然宗教理念的产物，她集主宰、保护、启示、兴旺族人等功能于一身，是侗族人原始崇拜世俗化的形象代表，被侗家人称为自己的保护神。

（二）生祭

生祭，就是用活的牲畜或未煮熟的牲畜肉作为祭品。节日清晨，天刚蒙蒙亮，上寨村民小组组长吴必卫领人抓鸡捉鸭，担水烧锅，做好准备。之后，随着三声铁炮响过，5—7个村民在祭司吴永能和村民小组长吴必卫的带领下，到指定的猪圈，将猪从猪圈里抬了出来，两个人分别抓住猪耳朵，一个人抓住猪尾巴，防止猪过激乱跑；三人用绳索将猪四脚绑住，猪大声嚎叫起来，声音响彻云霄。留两人在楼下土灶上烧好一锅水，四人将猪抬至溪边，将其摁到水中溺死。接着抬到一块大石板上，一人拿起一把磨好的杀猪刀，从猪的颈窝下，对准心脏，一刀捅进去，一股鲜血射了出来，流到下面的盆里。然后将其头、尾、四蹄割下（意为整头猪），由祭司拿到萨坛祭拜萨岁。

（三）巡游

大约上午10点30分，在祭司吴永能的引领下，寨中两个德高望重、品格高尚的寨老随行，带着公鸡等祭品来到萨坛前祭祀祷告，请求萨玛动身，与村众一起转寨巡游。请萨仪式中，另有一人手持铜锣在旁，适时敲锣。

接着，三位长老由祭

▼ 宝赠村转寨前，主祭人和寨老等祷告，请萨玛跟大家一起转寨巡游／龙政 摄／2012年

▲ 转寨队伍来到田坝／龙政 摄／2012年

司吴永能领头，走在巡游队伍的最前面，沿途鸣锣开道，意思是为老祖母开路。两位壮士抬着萨岁神像（萨岁撑着伞）的轿子紧随其后，再后就是萨的子民——众村民。队伍排成一路长长的纵队，穿过村巷，走过田野，将几个寨子巡遍。

队伍中以妇女为主，村里的男性只是充当着仪仗队和芦笙队的角色。众村民里，多人挑着禾把和礼篮等，还有24个"卫兵"和众人护卫。另有县城里来的"九九"艺术团腰鼓队助兴，热闹非凡，场面十分壮观。

巡游队伍从"开门"（由祭司按五行、八卦来推算，2012年的开门在寨子的南门）出发，由上寨依次到普团、江坪等周边各个侗族村落进行游行赐福活动。沿途经过风雨桥、鼓楼、土地庙（分寨头土地、桥头土地、渡头土地）都要拜祭，而各寨村民则在风雨桥、鼓楼、寨头设香案，迎接"萨"的到来。每到一处，祭司手扬拂尘洒向祭拜的人们，以示把平安幸福带给全体村民。而村民则将封包（一元至几十元不等）放到"萨"前的篮子里，以示对祖母神的敬献。

（四）熟祭

熟祭，就是用煮熟的祭品来祭拜萨玛。中午12点30分，巡游队伍游行结束，重新回到萨坛。祭司拿出煮熟了的猪头、猪蹄、猪尾（意为整头猪）、24碗鸭血粥等熟食当作祭品，开始祭拜萨玛。只见祭司吴永能走到萨堂的香案前，依次摆上三牲，点上香烛，在萨坛前作法、祈祷，请求萨玛保护寨子风调雨顺，五谷丰登，人畜兴旺。

随后，聚集在萨坛周围的群众一起举行隆重的祭祀活动，各人在萨堂前烧香、烧纸祭拜萨玛。

外出务工的年轻人和嫁到外村的妇女，当天都回宝赠祭萨，以求萨玛保佑一年平安无事，一切顺利。 祭祀仪式的程序是：点香烛、焚纸钱、放鞭炮、主祭者诵祭词，祈求萨玛保佑全寨清吉平安。祭萨后，全寨所有的人每人吃一碗鸭血粥，意为大家都得到萨的赐福。

（五）歌舞表演

歌舞表演活动是熟祭之后在萨堂前的石坪上举行，石坪中间烧一堆火。表演队伍是由各个寨子组织的文艺表演队组成，主要节目有哆耶舞、芦笙踩堂、打糍粑舞、讲款、板凳舞、捶布舞、唱琵琶歌等侗族传统歌舞节目。

其中一个节目是，20名

▼ 妇女们表演捶布舞／龙政 摄／2012年

身穿节日盛装的侗族青年男女在萨堂前走起了九宫八卦，脸上显得十分严肃。祭萨者在萨坛外整理好自己的装束，喝一瓢圣水，然后向萨礼拜。口中念道：

> 高山连着高山啊，
> 这是我们的屏障。
> 我们神圣的祖母啊，
> 你是这深山的阳光。
> 坛里的白石多亮啊，
> 表明你没有离开众人的身旁。
> 坛外的古树多葱茏啊，
> 你的福荫护着侗乡的四方……

接着，《侗族远祖歌》骤然响起，歌声嘹亮，悠扬动听。此时的萨坛一片歌声，此时的宝赠侗寨锣鼓震天，一片欢腾。这歌声来自村民的心中，在山寨上空久久回荡。

整个歌舞表演过程，众村民都兴致勃勃地观看。表演场地的四周挤满了人，附近民居楼上的窗户后也露出一双双观众的眼睛。

……

歌舞表演活动刚结束，寨上所有的人都到石坪中篝火堆里抢火种回家，以示薪火相传。

（六）百家宴

宝赠以前祭萨活动是不吃百家宴的。近年来，随着宝赠村祭萨节知名度不断提高，节日内容也有所改变，除了传统的祭祀祈福外，在政府有关部门的倡导下，还增加了歌舞表演、物资交流等活动内容。

2012年祭萨节的组织机构分为两部分，一个是负责祭祀活动的机构，由祭司来组织；另一个是负责歌舞表演和就餐的机构，由村民小组长来组织。祭祀完毕，村民们在各自的村民小组长组织下参与百家宴活动。

这天全村各家各户的代表，提着竹编的精致漂亮的食盒，盒内放着一碗碗侗家人最爱吃的腌制酸猪肉、酸鸭、酸鱼等，还有自酿的糯米酒，从四面八方赶到寨头的村礼堂（兼戏台）。在登台铁炮鸣响后，百家宴在村礼堂内摆设开来，村民们坐在木桌旁，丰盛的侗家佳肴摆满了木桌。百家宴是全村村民聚会的好时机。

当天，无论是提交"赞助费"的单位和个人，还是免费前来参观体验的外地游客，都被盛情邀请坐到长长的宴席上，品尝当地侗家人的美味佳肴。一番品尝美食之后，宴会上便是频频举杯，觥筹交错。无论是亲戚朋友、还是陌生客人，无论是侗族同胞、还是兄弟民族同胞，无论是尊贵的领导、还是平凡的农民，大家不分贵贱贫富、不分文化差异，只要坐到了宴席上，大家都异常兴奋与活跃。参加宴会的人在长长的宴席上不断游走，相互之间以酒为介，你敬我一杯，我还你一碗，叙家常、谈工作、聊生活、说理想、交流情感，相互勉励。在这里没有羞涩、没有隔阂，大家或以朋友相称，惺惺相惜；或以情谊相交，情真意切。百家宴上，各族同胞畅所欲言，总结过去，展望明天，交流思想，增进团结。村民们边谈边饮，百家宴从下午2点一直进行到晚上8点。

在南部侗族地区，关于百家宴有一个美丽的传说。相传古时候，一个侗寨遭到洪魔的袭击，眼看稻田被沉没，房屋被冲倒，人们就要被洪魔吞噬，忽从天上下来一位英雄，用他有力的臂膀斩断了洪魔的脊梁。侗家人为了表示对英雄的敬意，家家户户都想请英雄到家中吃饭，但英雄第二天一早就要离去，不可能逐一到各家做客，怎么办呢？这时，一位漂亮的侗族姑娘想出了个好主意：每家做几道最好的菜，全寨人一起来款待英雄。由于这个宴席集百家之长，所以就叫百家宴。从此，侗族人每逢寨子里来了贵客或遇上喜事，族人聚会时，都会设百家宴，这个习俗一直沿袭下来。由于百家宴的菜肴通常摆放在由木板拼接起来的狭长桌子上，宾主分列两侧相对而坐，故亦称长桌宴。至今，南部侗族地区的黎平、榕江、从江、通道、龙胜、三江等地的侗族村寨，在婚丧、节庆及为也等活动中，百家宴（长桌宴）仍是一道常见的传统民俗场面。

笔者认为，百家宴的产生应与旧时社会生产力低下有密切的联系：一是过去社会生产力比较低，侗族人民需要紧密地团结协作才能更好地生存发展，于是，每当村寨举办重大庆典、举行大型活动或村民举办红白喜事，都喜欢摆长桌宴；大家无论尊卑贵贱、远近亲疏，都坐在一起，打成一片，有利于搞好邻里关系、增进亲朋友谊、提高村寨的凝聚力；二是侗族地区山高水寒、资源贫乏，人们生活都不富足，一家一户很难独自招待一大群宾客，而摆长桌宴则便于亲朋、邻里携带酒菜帮衬，共同招待来宾。

百家宴是侗族的一种文化载体，随着社会的发展进步，百家宴已不仅仅指宴会本身，而是指以宴会为核心的、包含众多侗族民俗文化活动在内的综合性活动，具有丰富多彩的文化内涵。

（七）文艺晚会

当天参加文艺晚会的文艺队共10支，除了本村的5支文艺队外，还有来自本乡的地灵村、大雄村、同乐村、西腰村，以及来自湖南省通道侗族自治县的陇城乡的农村、社区文艺队。

文艺晚会在一阵烟花爆竹中拉开序幕。被邀请前来参加联欢的湖南省陇城乡文艺队表演了《陇城小曲》，获得阵阵掌声。地灵村的《琵琶歌》、大雄村的《捶布舞》、同乐村的《舞龙》、西腰村的《板凳舞》，以及宝赠村《侗族大歌》《春牛舞》《计划生育好处多》《计划生育奖励政策好》等节目，都深受群众喜爱，台下观众的掌声、呐喊声、欢呼声响彻夜空。优美的民族舞、狂欢的现代舞、独唱歌曲、琵琶歌弹唱、脍炙人口的趣味性小品等精彩节目一个接着一个，观众的掌声、喝彩声也一波接一波。由于当时相机内存已满，笔者无法拍摄这个文艺表演场面。但我们事后发现，这种文艺表演与2013年年底三江县枫木村过侗年时的文艺表演场面很相似。

舞台上，这些临时组织起来的业余演员们的一招一式都很到位，他们的表演和创意，从策划、编排、服装、场记到表演，并不比专业的差。整个晚会激情奋进，载歌载舞赞颂社会和谐，赞颂党的富民政策，让人们感受到生活的美好幸福。

宝赠村党支部书记黄菊娥说，举办文艺晚会，其目的是促进农村文艺队的交流学习，丰富老百姓的精神文化生活，提高老百姓自身的文艺素质。她说，以后计划每年至少举办一次这样的文艺联欢晚会，让其逐渐成为该村的特色文化。她认为，各个文艺队都用通俗易懂的表演风格，表演了突出民族特色的民俗民间节目，歌颂党的民族政策，宣传民族团结进步，促进社会和谐，推动着民族文化的传承和发展。

六、小结

广西龙胜是目前侗族分布区域的最南边缘，也是南部侗族地区的最南边缘。宝赠村是龙胜侗族地区侗族文化保护得最好的一个村寨，其风俗习尚与黎平、从江、从江、三江等县的侗族接近，而又有自己一些显著的特点。比如这里的大型祭萨，保持着古老的春祭和秋祭的传统，祭萨过程中保持着献生、献熟等古老传统仪式，是其他侗族地区少见的。

是什么原因导致了这些显著的特点，这些特点对于当地侗族又意味着什么，等等一系列问题，都值得作进一步深入探究。

2012年通道县坪坦村萨坛安殿活动专题报告

吴文志　石愿兵　林良斌

一、前言

　　侗族地区的萨玛崇拜由于"文化大革命"的影响，祭萨活动一度中断了十多年。改革开放后，民众信仰自由得到尊重，祭萨活动在侗族地区逐步得到恢复。湖南省通道县坪坦乡坪坦村分为两个自然村，即坪坦大寨和高坪小寨，该村老萨坛设在高坪小寨的鼓楼旁。坪坦大寨民众一直想在大寨新建一个萨坛，但由于种种原因未能如愿。2012年，时逢坪坦村列入通道县侗寨申报世界文化遗产名单，侗寨进行大规模的村落改造，村老年协会借此再次提出动议，得到广大民众的积极拥护。2012年农历六月初四（公历7月22日），该村举行新萨坛安殿活动，笔者以湖南省通道县侗学研究会代表的身份全程参与了这项活动，有幸见证了安殿活动的全过程，并考察了与此相关的文化现象。

二、村落概况

　　坪坦村位于湖南省怀化市通道侗族自治县南部，距县城双江镇22公里，是百里侗文化长廊的腹心地带。全村总面积6785亩，其中耕地面积761亩，人均0.69亩，辖11个村民小组，据2011年底统计共有236户，总人口1093人，均为侗族。1954年以前，属广西壮族自治区三江县辖，1954年10月划入湖南通道县至今，是乡政府驻地，是全乡政治、经济和文化的中心。居民主要从事农业和林业生产，经济来源主要靠劳务输出。

坪坦，是一个具有悠久历史的村落，大约形成于宋代。宋以前这里是一片茂密的原始森林，石、杨、吴、胡（后不知何故改为吴姓，但为了与原有的吴姓相区别，称为初吴；原有的吴姓称下吴，即居住在初吴下游的吴姓，初吴、下吴之间可以通婚）四姓四公与今坪日、横岭两个侗寨的先祖一同聚居在今务坪组。当时人口繁衍慢，石姓先祖到40岁才生下一男婴，且体弱多病。其父为子治病，经常深入深山老林寻药。一日，他来到一片原始森林，因劳累便靠在一棵大树下昏昏睡去。睡中得一梦："你儿命弱，不是药石能治好的，需拜祭大树为重生父母……"第二天，他依梦所言带其子到这里拜祭大树为重生父母。结果，其子病痛渐消，健康成长……事后，他将此奇遇与其他三公一说，大家都认为这里是风水宝地，于是四公相继迁入这里居住，这就是坪坦侗寨。后又有李、陈、冼等姓迁入而形成现在的侗寨格局。

坪坦村侗族以信仰侗族的始祖神——萨玛为主，对外来宗教也不排斥，村寨内除建有萨玛坛外，还有飞山宫、南岳庙、城隍庙、雷祖庙、李王庙和孔庙等一些宗教建筑，但没有佛教的寺庙建筑。

三、2012年坪坦村萨玛坛安殿活动

2012年7月22日（农历六月初四），坪坦村举行新萨坛安殿活动。新萨坛坐落在坪坦大寨。安殿活动的基本环节和内容如下。

（一）安殿活动主办者、组织者和参与者

本次安殿活动的主办者是坪坦村，通道县及坪坦乡有关部门、机构给予了关注和支持。组织者包括主持人、寨老、村干、祭师（分设主祭师和副祭师）、理事等。其中，主持者由省级非物质文化遗产——讲款传承人

吴祥跃（坪坦乡高团村人）担任；主祭师由熟悉祭礼仪式的省级非物质文化遗产——祭萨传承人吴昌恒（坪坦乡高上村人）担任，他负责接萨、安萨、祭萨等各道程序的各种仪式；理事由坪坦村老人协会会长杨雄义担任，负责仪式过程中的所有后勤保障，下辖三个小组：一是厨事组，二是接萨队（内又分接萨小分队和抬萨游村小分队），三是耶歌队（内又分耶歌队和芦笙队）。

（二）坪坦村本次萨坛安殿活动的基本过程

1．准备

准备工作要做四件事：

一是封寨，类似于交通管制，即在所有的进出寨子的道口搭拱门，上挂柚子树枝、松树枝和茅草等辟邪物，在举行祭萨活动过程中禁止与此活动无关的人员进出寨子；还禁止村民开展无关的活动，全寨禁火三天。

二是遴选两位配偶健在、子女双全、有儿有孙的老年妇女，由祭司等带领前往据说是萨玛的故乡——贵州省黎平县龙额乡的"弄堂概"（longl dangc kaip）萨岁山萨玛跳崖殉难处的总萨坛，取回数颗白岩石和一撮土，以象征将萨玛请到本村萨坛。

三是选派数批人员去寻找安殿用的吉祥物或象征物：一窝九层的蚁房（无蚁房也可用蜂房），一根横过小溪水的野葡萄藤，一撮山冲朽木积水洞中自生的细浮萍，一勺两江汇合处的漩涡水，一根在草丛中无风自动的茅草，一块久埋地下的阴沉木，等等。

每一样吉祥物都有各自的寓意，都寄托着人们美好的愿望：九层蚁房，象征萨玛住的九层宫殿有千军万马保护；横跨小溪的野葡萄藤，象征萨玛的顽强奋斗精神，并寓意山寨将像野葡萄藤一样茂盛；山冲朽木积水洞里自生的细浮萍，象征侗家人如浮萍一样，不论在何种艰难的环境下，都能生存、繁衍；两江汇合处的漩涡水，象征侗家人团结、互助与包容的精神；无风自动的茅草，据称可以驱妖、辟邪；久埋地下而不朽烂的阴沉木，将雕刻成神像，并安上银心、银胆，穿上红、黄、绿三色绸缎衣裙，佩戴银帽和耳环、项圈，以作萨玛神主。

四是准备一头全身无杂毛的黑猪作祭祀牺牲用。

2. 接萨

接萨活动分两段进行：一是派小分队到萨玛的故乡———黎平县龙额乡上地坪村的"弄堂概"萨岁山的总萨坛去"背萨"（一小块白石、一撮土）；二是小分队从"弄堂概"萨岁山接萨回来后，留在村里的小分队负责从村口迎接萨玛到即将安殿、尚未完工的新萨坛里临时安顿，然后再择吉日一同请萨巡游村寨，保护地方。

2012年7月20日（农历六月初二），坪坦村接萨小分队，前往黎平县龙额乡的"弄堂概"萨岁山去接萨。队伍由村老人协会会长杨雄义带队，队员有祭师吴祥跃，老奶奶杨淑颜、陆建颜，通道县侗学研究会指派副会长吴文志带着摄像师韦志忠等全程见证并摄影、录像。

车子由县城出发，到黎平县后喊上黎平县县志办主任石干成当向导，一行七人向"弄堂概"进发。经过四五个小时的行程，于当日下午4时许到达黎平县的肇兴乡，再经从江县洛香乡到达与龙额交界的同乐村下车，再步行约1个小时，终于到达萨岁山脚下。

萨岁山位于黎平县龙额乡与从江县洛香乡同乐村交界的一条狭长的山冲里，是一座相对高度约100米的、相对独立的小山峰，仅有一条崎岖的山路上山，其他两面是稻田，一面是溪河，山上树木郁郁葱葱。站在山顶上往四周看，除有路上来的一面坡度比较平缓之外，其余三面皆是陡峭的悬崖，是一处易守难攻的去处，与传说中当年萨玛抵御李家王朝，因战斗失利退守该山头，最后在该处跳崖牺牲的情形颇有几分吻合。

山顶是一块不大的平地。萨岁总坛就坐落在山顶上，是个露天式萨坛，只见中央放置几块石头，立着一把已破旧得只剩部分骨架的旧式纸伞，面前散乱地摆放着许多瓷质小酒杯，应是人们祭萨后陆续遗留下来的。地面上残留许多新旧不等的烧化香纸的痕迹和香烛脚。

此次接萨队伍一行到达时，带来一个竹篮，竹篮内有一把小红纸伞，一大把香纸，一沓百元人民币，6个小竹筒制成的茶杯/酒杯，3个矿泉水瓶子装着的米酒，一本手抄本祭萨典籍；还提着两个装有萨玛茶的竹筒，一个四面玻璃罩的方形茶油马灯，马灯是点着的。

接萨队伍到来后，两位老奶奶朗声道："萨！我们来接您去湖南省通道县坪坦村啰！"之后，村老人协会会长杨雄义张罗着在萨坛前燃香化纸，摆上竹筒杯给萨玛敬献萨玛茶、倒酒。

接着，祭师吴祥跃面向萨坛站立祷告，念念有词，手持一瓶矿泉水并不时含水喷洒静坛。老奶奶杨淑颜、

▲ 接萨队在祭坛前摆放的祭祀用品／韦志忠等 摄／2012年

▲ 接萨队带队杨雄义在祭坛前点燃香火／韦志忠等 摄／2012年

▲ 将抓起的泥土和白石块包好放入口袋带回家／韦志忠等 摄／2012年

▲ 接萨队在回家的路上跋山涉水／韦志忠等 摄／2012年

陆建颜伺立左右。几度，祭师吴祥跃还面向萨坛跪地，从身上掏出类似木鱼的东西敲击、祷告。

祷告完毕，祭师吴祥跃将净坛用过的矿泉水瓶子递给在场的老奶奶杨淑颜、陆建颜，带队的杨雄义等人各抿一口，表示大家都诚心祭萨并将得到萨的保护。

然后，大家在地上捡拾32颗白石块，用手在地面上抓了一撮泥土，都用口袋包裹，放进一个竹篮中带回去。

下午6时许，由祭师吴祥跃撑红伞在前开路，一老奶奶提灯引道，一老奶奶提竹篮，其余人员在后护卫，喊一声"萨！跟我们到坪坦村去啰"后，一行七人开始往回走，跋山涉水，然后乘车，借道广西三江的富禄、沙宜，经陇城一路顺顺利利，于当晚11时许回到坪坦村。

迎萨小分队一到达，早已等候在村口的接萨队伍顿时锣鼓喧天、鞭炮齐鸣、芦笙阵阵。见到迎接的队伍，迎萨小分队中手提篮子的老奶奶把篮子一放，大声说："萨到了！"

接着，祭师将萨的象征物——泥土、白石石块从车上移到轿子里。因当夜已晚，不能进行游村活动，由接萨队伍将萨神请进一个四人抬、蒙着红黄色新布帘的轿子，迎到已经砌好外围、有待正式安殿的新萨坛里临时安顿。此前已择好吉日，将于7月24日（农历六月初四）举行巡游转寨和安殿活动。

是夜，村里出现了鸡乱叫、狗乱跳的奇异现象，使整个村寨一阵惊慌，大部分村民一夜无眠。

3.转寨游村

7月24日（农历六月初四），是预定的安殿吉日。

清早，村里派出一名老年男子到村外两条溪水交汇处，用竹筒取来漩涡水。

与此同时，全村男女老少盛装打扮，齐聚等待正式安殿的新萨坛前，准备进行安殿仪式之前的接萨游村活动。

经过一系列祭拜仪式之后，萨玛乘着轿子被请出来，和大家一起转寨游村。

▼ 转寨仪式开始／吴文志 摄／2012年

游村队伍从待修的新萨坛出发时，祭师吴祥跃手撑一把萨玛伞、神色庄严地走在最前面，其后面依次是：两位提灯的老奶奶；省级非物质文化遗产祭萨传承人吴昌恒和另一名寨老，二人皆边走边手摇法铃；7位身着传统盛装的姑娘；4名年轻男子抬着轿子；7人组成的芦笙

▲ 用轿子抬着"萨玛"一起转寨游行 / 吴文志 摄 / 2012年

队，边走边吹芦笙；12位配偶健在、有儿有孙的老年妇女；众老年妇女、众老年男子；一般村众，众人中有男女少年芦笙队、挑着担子的妇女、村外嘉宾等。

　　抬着萨玛，长长的队伍浩浩荡荡由等待安殿的新萨坛出发，经鼓楼—祖公入寨石姓纪念碑—高坪老萨坛—李王庙—雷祖庙—吴姓飞山宫—杨姓飞山宫，一路笙歌，一路鞭炮，最后回到萨坛前，抬萨转寨游村仪式结束。转寨过程中，一路上有人夹道围观。

　　时逢"两岸少数民族（侗族）文化传承与发展研讨会"在通道县举办，来自台湾的暨南国际大学教授潘英海、政治大学教授张俊逸等，内地的全国侗族文学学会会长吴宗源、贵州省侗学研究会会长杨序顺、广西壮族自治区侗学研究会会长吴浩，以及相关专家学者和县乡有关领导100余人，也如期赶到坪坦村，参加了转寨游村仪式和接下来的安殿、祭萨仪式。

　　笔者注意到，转寨巡游过程中，省级非物质文化遗产祭萨传承人吴昌恒一直手持法铃，非常醒目。

在接萨和转寨过程中，我们还注意到，不论是去接萨的路上，还是抬萨游村的途中，全寨老幼都神色庄严，连小孩都不会随意嬉笑；而当抬萨转寨仪式结束后，不仅小孩们恢复了原有的嬉戏本能，连大人们也都面带微笑，一脸的轻松愉快。看得出，村民们对接萨和转寨仪式都感到非常庄严神圣，似乎他们都有一个信念：萨接来了，今后村寨就安然无恙，万事大吉了。

事后有人告诉笔者，萨岁坛安殿后，此前夜间鸡乱鸣、狗乱叫的现象再也没有发生过。

4．安殿

7月24日（农历六月初四），上午第二道仪式是安萨玛坛，即安殿仪式。

安殿前，先由主祭师吴昌恒在萨坛前的祭台上打卦验证。他从"工具包"里取出一对用黄牛角破开做成、用来打卦的"告"（gkeeuv），并舀来一碗井水，画符净身，然后就念念有词起来："古州本堂，古州本县，达摩寨上，达摩寨下，达摩天子之神，萨玛（大祖母）天子，萨玛撑伞在前，萨你（小祖母）撑伞在后，白虎将军在前，木雷将军在后，还有南师兵师，王师守堂，芦笙阵阵，脚穿花鞋，耳戴银环，离了古州本堂，古州本县，来到哪，来到苗乡苗地。又到哪？来到洛香、肇兴。又到哪？来到三江富禄。又到哪？来到三江沙宜。又到

▼ 即将举行安殿仪式的新萨坛／吴文志 摄／2012年

哪？来到湖南境界。芦笙在前引导翻山，翻了青龙界，来到大路甘溪、陇城、坪坦，引萨进寨，引萨进村，来到新建的萨坛里……"念毕，将手中的"告"往地上连丢三次，全部一覆一仰，即全是一阴一阳为宝卦，说

▲ 安殿仪式进行中／吴文志 摄／2012年

▲ 把要埋入萨坛地下的物品逐一置放到萨坛底部／吴文志 摄／2012年

明萨已接到。安殿仪式可以如期进行了。

安萨仪式开始，主祭师吴昌恒又化符净身、净化周围环境。然后请萨神降临护坛。只见他摆上三杯酒、三杯茶、一块刀头肉和一只公鸡，又点上三炷香，燃烧几张纸，先念洒水咒："一起东方甲乙木，二起南方丙丁火，三起西方庚辛金，四起北方壬癸水，五起中央戊己土，天无忌，地无忌，年无忌，月无忌，日无忌，时无忌，百无禁忌。"然后再念请神词："大杯酒礼，大碗供肉，奠祀天地神灵，请你五神五庙（即天王氏、地王氏、人王氏、伏羲氏、神农皇氏，李王庙、飞山庙、前殿金花小娘、后殿金花小妹），潘、郑、韩、孟四位夫人把坛扬法；还有广西七十二庙，湖南二十四神来共同护佑。"请完神又打卦，又是一阴一阳为宝卦，证明神灵已降临，可以安坛，否则要重新请。

坪坦村新建的萨坛坐落在寨子中心鼓楼旁的大型芦笙坪边，与鼓楼并排，是目前全国侗族地区规模最大的萨岁坛，为5×5米见方，按金、木、水、火、土五行划分五个方位，以土为中心。坛高2.88米。坛前安一个长3.3

米、宽0.8米、高1.5米、重达2吨的祭台，两边有拾级而上的青石台阶，四株大桂花树分栽两旁，使萨坛更显庄严、伟岸。

安殿仪式开始，主祭师吴昌恒继续在祭台前祭祀。

与此同时，祭师吴祥跃在萨坛里做安殿仪式。他先将从"弄堂概"背来的白岩石、一撮土以及事前采集到的蚁房、刻好的阴沉木雕刻神像，一同埋在萨坛中央的土位上；其上架一个铁三脚撑架，上放锅、勺、碗、筷等一应炊具，以及纺纱机、织布机等女工器具，并用桑树做成万年伞（用桑树穿过一铜钱，以五色绒线捆成伞状）插入正中央，四周安两圈白岩石，里圈8个，代表八卦，外圈24个，代表24位龙神。其余4种吉祥物有：浮萍放入水位，野葡萄藤放入木位，茅草放入火位，两江漩涡水放入金位……系列吉祥物放置完毕之后，上盖一新簸箕，表示包罗天地；再以土覆盖，又以石头垒砌成圆形石包。以子午为线，子为正门，供人们烧香、敬茶；午为后门。坛顶上栽一根阴阳藤和一棵万年青树。

最后，由主祭师敬三炷香、三杯萨玛茶，化数张冥纸，并念诵祭词："请您天子大祖母，您是最大的祖婆，您是一身雪白的祖婆，您是最好的祖婆，您是最聪慧最坚强的祖婆，您身穿银丝，您头戴银线，请您走出南冒山头，请您走出大鱼塘，请到坪坦大寨，请到本县本乡本寨，请到本坛本殿。"念毕，安坛仪式结束。

整个仪式神秘而庄重，围观的寨老们和上年纪的老年妇女，均默不作声，以肃穆的目光静静地观望着，以十分真诚的心情静静等待着、祈祷着。

5．祭萨

当天第三道仪式是祭萨。祭萨仪式开始时，只见两名壮年汉子抬着一头无任何杂毛的黑猪（有杂毛的必须染黑）来到萨岁坛前，然后由四位年轻人将黑猪头朝下往一个装满水的大水桶里淹，直到淹死。此时，全场一片欢呼，人们的脸上充满着胜利的喜悦。据吴老先生介绍，历史上侗族的"沉塘" 即将人丢到水塘里淹死，是侗款处罚最可恶的敌人和严重违犯款

规之人最严厉的刑罚之一。将黑猪淹死代表将最可恶的敌人"沉塘"，以此向萨岁谢罪。

溺死黑猪后，立即割下猪头、四个猪脚和尾巴，代表全猪，摆在祭台上享祭萨玛；猪的内脏装成三大碗的杂烩，也摆在祭台上。

祭祀完后，中间一碗归祭师，左右两碗煮熟分给全

▲ 用生猪头等在萨坛前献祭 / 吴文志 摄 / 2012年

寨的小孩吃。猪肉则砍成拳头大的坨坨肉，用大搪锅煮熟，全寨男女老少分吃。

在淹猪的同时，鼓楼里（传统是在萨玛屋，当时因未建萨玛屋而改在鼓楼里）由主祭师吴昌恒的徒弟主持点火仪式：堆好一堆用来引火的干燥刨木屑，由主祭师用钢火镰打击燧石点燃火种，再由寨里一位生于1946年农历六月初四日10时，与当时举行安殿仪式的月、日、时相同，名曰"天地同流"的老奶奶接住火种，接到鼓楼的火塘里，再添加干柴烧成熊熊篝火，由各家各户的户主到鼓楼里取火种回家各自生火，表示萨玛的烟火在各家各户延续不断。此时，全寨的上空升起的不仅仅是袅袅的炊烟，更是欢乐与希望。

然后，由祭师送神归位。接着，由全国侗族文学学会会长吴宗源带队，相关专家学者和来宾依次到萨坛前敬香化纸进行祭拜。

说来也非常奇巧，当天在整个游村、安殿和祭祀过程中均艳阳高照，万里长空无云；而当上述整个仪式刚刚结束，即突然电闪雷鸣，顿时下了一场持续10余分钟的阵雨，过后又马上天空放晴。当地气象信息显示，坪坦村周围10公里以外，当时都没有下雨。为此，在场的村众无不惊呼："萨显灵

了，萨显灵了！"

面对此情此景，会长吴宗源先生深有感触，他现场挥笔写下了"中国侗族萨文化之乡"的题词。这幅题词现在已雕刻在一尊高5米、重达20余吨的水彩石上，立在芦笙坪旁。

在场的其他专家学者也纷纷签字，见证这一奇迹。

祭祀仪式结束后，众男女在萨坛旁对唱萨耶，歌颂萨的丰功伟绩，以祈求萨岁护佑村寨永世吉昌。

四、相关问题的思考

(一) 关于萨玛崇拜的信仰问题

从萨玛的神祇功能来看，她主宰大地、影响风雨雷电、驱鬼镇邪、保境安民、保护村寨、赐福侗乡人民等，是一位无所不在、无所不能的民族保护神。对于她的功能，侗族人民自古以来都深信不疑。关于萨玛的神威，在民间就有很多的传说。这次坪坦村的萨坛安殿过程，我们就亲身体验了两件事：一是我们接萨回村的当天夜里凌晨一点左右，村里突然公鸡乱鸣、狗乱叫起来，村民一度惊慌，村里马上派人巡逻，很多村民一夜未眠，以防不测。但在安殿、祭萨仪式结束后，直到现在，这种现象再也没有发生过。二是安殿仪式当天，游村、安殿、祭祀过程中一直天空晴朗，而整个仪式刚刚结束，突然天空电闪雷鸣，下了一场十余分钟的阵雨，过后又晴空万里，而坪坦村周围十公里以外都没有下雨。村民们都认为是萨显灵了，预示着坪坦村今后将风调雨顺、平安清吉。这也许只是巧合，但在民间却深信不疑地认为是萨的神威所致。

（二）关于安殿活动过程简化和仪式变异的问题

调查采访中我们发现，此次萨坛安殿活动本来是民间的一种自发行为，但却在一些重要环节上与传统做法不太一致，产生了变异。一是不再禁寨。在过去，这种活动禁止外人参与，本寨人员一律只准进不准出，非本寨人员一律不能进寨。现在的观念已有所改变，欢迎各级领导、专家学者、媒体记者、采风游客等前来参与，并已融入旅游业，作为一项旅游项目对外开放；所谓封寨只是象征性地扎一个门，以示辟邪。二是不再禁火。过去萨坛安殿，全寨禁火寒食三天，各户必须预备三天的糯米饭和腌鱼腌肉等，以供这三天食用，现在已经全免。当然，尽管仪式的一些程序简化了，一些禁忌也废弛了，但从村民在整个活动过程中所表现出来的严肃、认真态度看，他们对萨玛的膜拜依旧是虔诚的。

我们认为，对活动过程和某些仪式做些与时俱进的简化和改动是允许的，只要虔诚心还在，只要核心部分没有简化和异化，只要这种文化现象一直传承下去，萨玛崇拜将依旧保持其生命力。

萨玛神坛的专题调查报告

吴定勇

　　萨玛神坛，是奉祀萨玛的祭坛，简称萨坛。历史上，北部侗族地区是否流行萨玛崇拜、建有萨玛神坛，尚有待研究；南部侗族地区，则村村寨寨都建有自己的萨坛。据杨金江等人开展于20世纪80年代的调查，广西龙胜各族自治县境内的侗族，主要分布在西北部山区106个寨，其中平等、寨江、龙坪、平熬、独车、固洞、蒙洞、寨枕、平定、硬州、广南、庵田、独境、江口、平黄、石田、金陇、地灵、宝赠、西腰等20个寨，至中华人民共和国成立初期还保留有各自的萨玛神坛；至调查当时，广南、龙坪、宝赠、平熬等寨还保留有萨坛。

　　而据杨通山1989年的调查，广西三江县独峒、八江、林溪三个乡总共有172个寨子，当时还设有萨坛的是15个。[1]

▼ 榕江县七十二寨仁里村濒临废弃的露天萨坛／潘朝勇　摄／2014年

　　据笔者了解，在从江县九洞地方，村村寨寨直到二三十年前都还设有并奉祀各自的萨坛，但如今已经多数处于多年停祀之状态，面临废弃之命运。榕江三宝的车寨、寨头、脉寨、口寨一

1.杨通山.三乡萨神崇拜调查[J].贵州民族研究，1990，（2）.

带，至今还有11座屋宇式萨坛仍在使用。在黎平的龙额、肇兴、三龙、四寨等地，萨坛还比较多见且祭萨活动仍比较活跃；通道的皇都、芋头、坪坦、阳烂一带也是如此。另外许多地区的萨坛已经废弃或濒临废弃，但仍有址可寻或有形可见。

一、萨坛的地位

传统上，萨坛是侗族村寨的灵魂，享有无比尊崇的地位。根据萨岁歌、迁徙古歌和一些口头传说，历史上侗族从岭南一带溯江而上，迁徙往今分布地区的过程中，一路携带萨玛同行，每到一处落寨定居，第一件事就是修建萨坛。流行于南部侗族地区的萨岁歌、迁徙歌、根源歌和有关念词中，提到建立村寨时都有这样的唱词："未置门楼（鼓楼），先置地头（萨堂），未置门寨（寨门），先置地柄（萨柄），未置三间堂屋（住房），先置木堂门守（祭萨玛的殿堂）。"这既说明过去侗族将建立萨坛当成了进寨落户的头等大事，也可见出萨坛在侗族村寨生活中的崇高地位。

二、建坛组织

萨坛与姓氏、血缘没有直接的关系，而主要与村、寨、格等社区组织有关联。有的村只有一个自然寨，如黎平银朝，村寨合一，只建一座萨坛。含两三个或更多自然寨的村，有的只建一座共同奉祀的萨坛，全村共有，如从江的高传，黎平的宰拱、铜关、牙双等地；有的各个自然寨分别设有自己的萨坛，各坛各祭，如从江县的信地村；有的除了各寨分别设立自己的萨坛之外，全村还建有总坛一座，凡涉及全村事务需要祭萨时，须由各寨共同出面进行，如从江高增。而一些数百户上千户的特大寨子，则分为若干格，一格或相邻的数格设置一座萨坛，各坛各祭，如榕江三宝的车寨（含妹寨），分为11格，建有萨坛5座，其中妹寨一坛，管萨人姓向；腊海和八然设一坛，管萨人姓杨；腊饶和腊刘设一坛，管萨人姓杨；腊威设一坛，管萨人姓杨；腊万、腊金、白香三格合设一坛，管萨人姓杨。黎平肇兴寨分为5格，每格各设萨坛一座。

不管什么姓氏，只要迁入某一自然寨或某一村、格（或曰"团寨""赏"），就成为这一自然寨或"格"的人，可以参加萨坛的祭祀活动，受到萨玛的护佑。如果有的人家迁居到另外的自然寨（"格"），成为另一萨坛的子民，亦可以回到老寨来参加祭萨活动，被视为不忘祖宗，受到老寨村众的欢迎。

三、萨坛的形式

目前遗存下来的萨坛，主要有四种形式：

露天坟丘式。用泥土垒成圆形土堆，外层用石头堆砌，有点像露天的坟丘。有大有小，圆形居多，也有正方形或长方形的。如榕江天甫侗支系和四十八寨支系的萨坛就是露天式的；黎平口江、银朝、铜关等处的萨坛也是这种露天式的，只是围了一层矮墙或者木篱笆。从侗族各地"萨坛"的情况来看，露天式的萨坛较普遍，也较为原始。

露天坟丘加围墙式。主坛与露天坟丘式萨坛基本一样，只是外围用砖砌高墙围住，留有两扇大门，大门上方用汉字书写"圣母祠"或"威灵祠"等门牌，大门两边书写有赞颂萨玛功德的对联。如从江龙图和黎平肇兴、堂安等地的萨坛多为这种形式。

露天屋宇式。主坛与上面两种式样基本相同，只是外围起屋宇围住。

▲ 黎平铜关游行队伍绕萨坛哆耶／吴定勇 摄／2010年

屋宇系一间四方形八面倒水的木屋或砖屋，中间是天井，萨坛置于天井内。黎平龙额、水口一带的萨坛多为这种形式。为了美化，有的把大门一方盖成三层鼓楼式的门楼，如黎平的六甲萨坛。

祠庙式。改露天萨坛为室内萨坛，坛设于祠庙内。现在榕江县三宝坝区各寨的萨坛就属于这种形式（据古碑刻记载，三宝坝区的萨坛原先也是露天的，与第一种形式相同）。祠庙大门上方用汉字书写"圣母祠"等，大门两边书写固定的对联，如："圣德庇一乡男女清吉，母恩佑全境老少平安""圣德温馨普济众生皆安乐，母恩浩荡佑我黎庶永安宁"等。

另外，还有一些地方的萨坛虽属屋宇式的室内萨坛，但比榕江县三宝坝区等地的祠庙式萨坛简朴得多。如从江县庆云村萨坛虽为室内萨坛，立在村中的一处空地上，但室内面积十来个平米，正中用瓦片围成一个直径不到一米的圆圈，地下埋有一些吉祥物，其上插着一把半开的油纸伞，作为萨玛神位。在进门的一方，沿着圆圈放置三个香炉，紧挨香炉平放一块

▲ 从江庆云村萨玛屋室内陈设／鄢从龙 摄／2013年

木板作香案，上置三个茶杯。周围几乎空旷无物。这应该属于祠庙式萨坛的初始形式。

除以上几种形式的萨坛外，还有一些比较特殊的例子。如龙胜县宝赠村上寨的萨坛没有坟丘，而在石板坪的中央钉上木桩，用山藤圈定约两米见方的地坛，当地人称"玉石栏杆"，内置一块高出地面的石板。榕江县加所寨的萨坛不在寨内，而设在寨南的一座小山垴上，山垴林荫覆盖，坛边还建一小屋供祭祀用。从江县九洞地区高传寨有两处萨坛，露天式的在寨外，祠庙式的在寨内，平时初一、十五只祭扫祠庙式的萨玛屋，大型祭典时则两处都要到。

有的地方，萨坛罕见地设在村民的家里，如从江县信地村宰友寨的萨坛，设在该寨管萨人杨公平发的家里面，以"邓你"（dinl nyax·纱桃礅——络纱具）为桩，束一纸伞，置一长凳，摆3个小杯，用糯米草比量人体四肢骨骼，长短相等，捆成一束，以示人体，侗语谓之"夕"

（xigt·尺），陈于其旁；三江林溪岩寨的"萨坛"，设在吴全德家的二楼堂屋里。

四、萨坛的地面设置

萨坛的地面设置，基本上可分两种：

露天者，其形式有三：一是用土堆垒，以石头围砌，大者直径丈许，小者三五尺，形同坟丘，顶植黄杨，或旁植芭蕉、冬青树之类，和一把半张开的纸伞，坛的四周空敞，或围篱笆或筑矮墙环绕，留一门出入；二是辟一方井，深一尺许，宽六七平方尺，旁置一伞，栽一黄杨；三是立一巨石于地，别设他物。以第一种形式较为普遍，其余的极为少见。和侗族多数地区不同的是，位于三省坡脚的黎平县牙双、三江县独洞一带的露天式萨坛，土堆上不插纸伞；并在土堆上再用石板搭一"土地庙"似的小"屋"，小屋门口放置几只小茶杯，是萨享受供品的地方。

居室内者，建有或砖或木质祠宇，大小不一。据调查，在榕江县的车寨、妹寨、章鲁、寨头、脉寨、月寨、口寨等地，共有神坛11座。其中以车寨"腊威"祠为最大，高约一丈六七，宽、深约三丈，前有天井，后安神坛。"腊万"和"腊敖"两祠次之，其余的小者约一平方丈，高七八尺；大者两平方丈，高约丈许；祠前或祠旁栽一株黄杨，俗称"千年矮"，唯"腊敖"神祠蓄一丛芭蕉。祠内垒白石一堆，表示白银，且藏有一块银元和一颗粘有点水鸟粪的白石于其内，当中竖立一棵木桩，束一把半开黑色纸伞，伞顶披着红绿色网状纸剪，有的还插纸花在其上，形同"锦伞"一般，直立中央。白石堆上，杂陈衣裙和勾鼻布鞋及布袜、草鞋各一对，而草鞋是必备之物，且有木制弓弩、宝剑和棕扇各一把，有的还有葡萄藤一圈。离石堆尺许，订有12个木桩，一左一右，一"子"一"丑"……间隔定位，环绕成圈。桩高尺许，披挂彩色剪纸，下埋一枚银币，表示十二地，侗语称为xebc nyih dih。有的"神坛"背壁下，放一矮凳，摆有三五个小杯；书写神榜，名目不一，如"前传后教历代本境土地位""前传后教历代圣母之香位""前传后教历代老师神位"等，贴在壁上。这种设置，以榕江三宝地区寨头的神坛较为完整，该坛除了具备上述设施以外，在"锦伞"前，植五个木桩，表示东西南北中，再前又立两个桩子，是为"大将"（daih xangv）、"小将"（siut xangv）把守大门。这些木桩的装饰，与前面的木桩相同，只不过是稍微矮小而已；再前摆五个小杯，置一香炉，旁立一盏油灯。

另据三江县吴世华说，该县林溪等地，"萨坛摆设有木刻神牌一方，花边女上衣一件，百褶裙一条，头巾一张，绣花勾头鞋一双，银质法郎耳环一对，芦笙一把，纸伞一把，宝剑一把"。[1]杨通山在三江县的独岗、八江、林溪调查以后说："萨坛的摆设各地不尽相同，一般都有雨伞一把，拐杖一根，鞋子一对（布鞋或草鞋），种上千年矮、十二月花、冬青等常青的花树。"[2]

五、萨坛的地下设置

据调查，在榕江县往里乡曼我村，神坛地下，埋有一口瓦缸，内盛有水，藏有三条红色活鲤鱼，用石板覆盖缸口，而后封土为坛。在榕江乐里乡兴隆寨，亦与之相似，所不同者，乃以一锅为底，一锅为盖，鱼藏其中。据说在广西融水县，也发现类似情况。榕江仁里乡大寨，则以五块银元为底座，分别粘一银丝，再粘一银蝴蝶于银丝上，成五蝶分立坛中；但在盛

1.吴世华.侗"萨"时代初探——广西三江林溪萨神遗迹调查[J].贵州民族研究，1990，（2）.
2.杨通山.三乡萨神调查报告[J].贵州民族研究，1990，（2）.

祭时，仍须有一条两斤重的倒鳞鲤鱼，或红鲤鱼为主要祭品，且于"十二地"位置，各摆腌鱼一尾，生鱼一条，立一持枪者。

黎平县企寨，用一铁锅盖一木桩，顶置银伞，下钉三颗银钉，摆三个小瓷杯。黎平坝寨，用两根小棒，交成"十"字，架在一棵用银丝缠绕的木桩顶端，端上放一银片，"十"字四支各悬一小铜铃，再覆盖铁锅。黎平尚重等地，立一木桩，桩缠银丝，旁置一根拐杖，约一尺许，以锅覆盖。

从江县高传村，则栽一棵"沉木"，名叫"美桂"（meix guil），上放银片，周围立12个木桩，锅盖其上。从江朝利洞安坛师吴玉珍说：于其地挖一方坑，立一木桩，叫作"腊桂"（lagl guil），顶覆银盖，桩缠银丝，锅盖其上，加以石板与土面相平。将从衙门堂中取来的泥土、由山中寻得的虎粪、在空朽蓄水的大树根里捞取的自生浮萍、生有三芯的芦苇、三根三尺长的茅草，用构皮纸包在一起，和带有鸟粪的白石一颗，陈放在石板上面，再垒白石成堆。

榕江县车寨"腊敖"的圣母祠，于1959年遭到毁坏时，掘得四颗铸铁，形状、大小与羊角相似。"文革"后重安此坛，复又将之按东、西、南、北方位，钉在土里，架一铁锅，内立一木桩名叫"腊桂"（lagl guil），周围铺以白石、细砂，加锅覆盖。另据当地巫师说，由于各师各教，有的还于锅内置一把剪刀，一把火钳和一匹布，蚂蚁窝一个，及如前所说的茅草、浮萍、衙门土、虎粪等。榕江县脉寨安坛师贾学章说，有的制一银女，粗如拇指，高约五寸，穿戴盛装，以银碟垫托于锅中，再用五彩绸缎缠裹，四周撒白米、茶叶、木炭、朱砂等物，以锅覆盖。

在通道县，置两口锅，作一底一盖，内陈一套妇女花衣裙和银饰及银制纺织工具等品。苗红文说："坛下埋铁三脚一个，铁锅一口，火钳一把，银帽一顶，油杉木棒一节，铁剑一口，白石若干粒。"当地学者吴文志说：萨坛的构筑，是挖一尺许深、五尺见方宽的土坑，以金、木、水、火、土，代表西、东、北、南、中五个方位，各植一桩。以"土"字为核心，向外伸展，并以一枚铜钱，扎五色绒线，从孔中插一根桑树，表示"万年伞"，放在"土"字位置，上置三

▲ 2012年通道县坪坦村安殿仪式中，在坛底物品摆放完毕后，用大竹篾盖在上面/吴文志 摄/2012年

角鼎架，旁堆锅、碗、瓢、筷、火钳、纺织工具等物，再围以两圈白石；并以若干白石，意为八卦，布在"万年伞"的周围，而后平坑盖一新簸箕，填土成坛，上植一株万年青树。陈春园说：有的地方还用一截檀木，雕成女人头像，身着衣裙，头戴银冠，耳吊银环，随同他物，共藏锅下。吴文志于2012年夏全程参与了通道县坪坦村新建萨坛的安殿仪式，见证其地下部分的安置正是如此。

综观上述神坛的形式、结构、内容、陈设，有的虽然附有封建迷信色彩，但其主体，显然是属于军事布局的迹象，反映了萨玛不是一般的神，而是掌有兵权、政权，带兵领将，治理地方之神。

六、萨坛的新建或修复

传统上，各地新建萨坛（weex daengc）或修复、重建萨坛（xaok

▲ 坪坦村接萨队队员在总萨坛地上抓泥土和白石块／韦志忠等 摄／2012年

daengc），须派出专人到位于今黎平龙额乡境内的"邓海美麻"萨玛跳崖殉难处，或者建在此地萨岁上的萨玛总坛，取回一撮土和一些白石块，以寓意确实请得萨玛来到本村寨奉祀。如通道县坪坦村2012年7月22日（农历六月初四日）举行新萨坛安殿仪式之前，于7月20日（农历六月初二）派出由村老人协会会长杨雄义带队，队员有祭师吴祥跃，老奶奶杨淑颜、陆建颜等7人的接萨队伍，前往黎平县龙额乡"弄堂概"的萨岁山总坛取土，象征接萨回村。

但湖南通道和广西三江安坛时，有的村寨则要到很远的贵州黎平县罗里孟彦的地方来取土，因为那些地方的侗族是从罗里孟彦一带迁出去的。

晚近以来，许多地方的取土仪式一般多被简化，只是象征性地走出村外数里，随便在某个山脚下取土回去，也可作数。象征"萨神"的土得来后，全寨择吉日请安坛法师把土埋放在神坛坑里，然后再堆垒成圆形墓丘式的土坛。

　　此外，还要准备一些稀奇古怪的东西。以广西三江独峒寨1933 年的一次安坛为例，安坛要准备一窝层层叠起的蚂蚁房，一根生长在刺蓬里的野葡萄藤，一撮在山冲朽木积水洞里自生自长的白浮萍，一勺浔江和榕江汇合处的漩涡水，一株挺立于荒草丛中的蓍草（多到坟山上去寻找），还要一撮财主家的火塘灰和一坨县太爷案台下的泥巴。

　　在修建萨坛时，必须请坛匠、师公来制坛安神。神坛经坛匠、师公占卜后方可破土动工。

　　神"坛"的规模，因寨而异，大者为三十六"堆"（dih·地），中者为二十四"堆"，一般为十二"堆"。十二"堆"者，曰十二堆"将"（xangv），十二堆"兵"（biingl），十二堆"甲"（gkebs），是为其神"部属"之处。即每一"堆"为一部"将"，分兵把口，各守一方。在安"坛"时，安坛师须将各"堆"安置严密妥当，不许有丝毫漏泄，维护好"寨头""衙门""兵主""甲头""乡老""州头""将马""大将""小将""人丁""六畜""五谷""钱财"，以庇护州内之事昌盛，兵马振兴，不可疏忽大意，遗漏某方不遮不管。若有所失，则认为"鬼"将从缺方闯进，寨内不得安宁。据说，安坛师因之而产生畏惧，诚恐自己被封锁在其中，往往留出一方，不加遮盖，以便脱身。故在安置神坛就绪以后，有的还另请鬼师"过阴"复查，如果发现某方空敞光亮，便以为不当，定要那位"安坛师"再行安置。

　　安置萨神，全寨人须先素食斋戒 3 日。安神之日，全寨隔夜熄灶火，从寨上挑选两位年寿45岁以下已有孙子、且家中男女齐全的男子，在坛前用火镰击石取火，举行祭坛仪式。其后各家各户从萨坛取火种回家生火，意为火神亦受萨神管束，并祈求保佑世代炉火通红，人丁兴旺。

　　祭坛仪式结束，众人唱耶歌，跳芦笙舞，最后举行坛宴，由各户主参加聚餐。

七、萨坛的管理

各个萨坛都有专人看管。看管萨坛者名为"登萨"，可译为管萨人。管萨人专门负责平时给萨神烧香献茶，打扫卫生，大祭时准备祭品等工作。一些村寨还置有公共田产，交由管萨人自种自收，其收成的一部分作为其酬劳，一部分作为大祭时的费用。管萨人的职责主要有：平常，打扫萨坛周围环境卫生和室内外卫生，初一、十五给萨坛燃烛、烧香、化纸、敬茶，管理祭祀用品；年祭或隆重祭祀时，由管萨人先祭祀，然后才轮到各户来祭祀。如需游寨、哆耶，管萨人则作为萨的替身，掌伞（托伞、夹伞）走在鸣锣开道队伍的后面、参祭队伍的前面。

管萨人一般从落寨最早的家族中产生，可以世袭，也可以通过神卜选换。出任管萨人的基本条件是为人忠厚、诚实，对萨虔诚，深得大众信赖。任期内，若无萨"暗示"（通过卜卦得知）嫌其言行不恭、管理不善、卫生不好等，则可以长期担任下去，否则将另选他人。人们认为能做这项工作也是一种荣誉，所以管理工作做得很好，也受人们尊敬。

在其他地方，管萨人都是四五十岁以上的中老年男性。唯榕江三宝坝区及邻近的个别社区，管萨人须是中老年妇女担任，其基本条件为系最早落居本寨的老户，家境中等以上，子女齐全的中老年妇女；管萨人年老或亡故，可以传给媳妇或侄媳妇担任，也可在该家族中推举或卜卦产生。

2010年从江县高传村萨玛节为也专题报告

吴定勇

一、前言

　　"为也"（weex yeek），汉语直译是"做客"，实际上是现在仍流行于黎平、从江、榕江、通道、三江、龙胜等县南部侗族农村的一种村寨之间集体走访做客的社交联谊活动，当地汉语俗称"吃乡食"或"吃相思"，多在秋后或春节期间进行。一些村寨举行大型祭萨活动时，有时也趁机邀请友好村寨前来为也，分享节日乐趣。对外为也、斗牛等联谊活动，既可以村寨为单位参加，也可以"格"为单位参加。村寨内部，"格"与"格"之间也可以开展为也等联谊活动。据前往他寨做客人数之多寡，为也可分为大为也和小为也。具体情况请参见"志略"部分"为也"条。

　　2010年初，通过亲友得知贵州省从江县高传村定于2010年春节期间举办萨玛节，并邀请停洞镇的摆横村来为也，笔者如获至宝，匆匆于春节前夕赶到高传，在当地亲友王林宝、王友先、王老喜、王老现、王卫良、王平富等人的协助下，对高传村2010年萨玛节期间的为也活动进行了专题采访。

二、村落概况

　　高传村，是隶属于贵州省从江县往洞乡的一个居民以侗族为主的行政村，共9个村民小组、3个自然寨。其中高传大寨坐落在一个船形的、狭长的溪谷小盆地上，形似船，故侗语呼xonc（传），又因其位于一条溪水（高传河，其下游依次是信地河、增盈河、孔寨河等，流经龙王潭进入四寨河，最后在四寨河口汇入都柳江）的源头上，故又称gaol xonc（gaol，谐音"高"，有高头、上游、源头之意），汉名取其谐音，呼"高传"（其实写作"高船"更贴切）。"高增""高弄"等侗语地名的得名，也类似于"高传"。

高传大寨有7个村民小组、280余户，是高传的主体。高传小寨位于大寨上游约1公里，约40户，自成一个村民小组。小寨是后来才从大寨分流出去的，故又称"新寨"。传统上所说的高传村，指的就是高传大寨和小寨，共300多户、1800余人口，约七成是侗族，二成多是汉族，另有少量苗族、水族、壮族、瑶族等的人户或人口。王姓（侗）、丁姓（汉）是高传大姓，另有吴、杨、周、韩、林、陈、郑、严、刘、蒙、漆、滕、蔡、李等二十余个姓氏。尽管姓氏繁多、民族成分比较复杂，但入乡随俗，各兄弟民族居民在很多方面都加入到了当地侗族的许多重大民俗活动中，比如共建萨玛坛、鼓楼、风雨桥、寨门，都过侗族吃新节，共同参与斗牛、祭萨、为也等民俗活动。

第九村民小组约40户，汉苗杂居，隔一座大山与高传大寨相距五六公里，是新中国成立后才被划归高传行政村管辖，只有行政隶属关系，从来不参加高传的任何集体性民俗活动，也从来不被视为传统高传村的组成部分。高传村的其他概况，请详见本书《2009年贵州从江县高传村萨玛节实录》一文。

此次应邀前来为也的摆横村，隶属贵州省从江县停洞镇，是个苗族村，含3个坐落在半山腰上的自然寨，三百多户、一千多人口，居民基本上都是苗族。该村位于高传西南面七八公里处，中间隔着大山，有一条山间小道相通。两村地界接壤，田土相连，在长期的接触、交往中建立了友好睦邻关系。

摆横的自然条件、物产、经济生活与高传近似，民居也是干栏木楼，但没有鼓楼、寨门、风雨桥、萨玛坛等侗寨设施，过去也没有为也的传统，风俗习尚与侗族迥异，不过多数村民通晓侗语，对侗族为也等风俗习惯非常熟悉。

2000年前后，由于高传所属的九洞款坪楼斗牛堂处于歇息状态，而高传当时还饲养有专门用于角斗的打牛[1]，于是就牵到15公里外的停洞斗牛堂去比角，谁知路过摆横村时打牛突然发病，只好就地将牛委托给摆横村照料。摆横村不辱使命，悉心照料高传村打牛，很快使之康复。为了体现两村之间的友谊，摆横苗寨仿照侗族为也习俗，邀请高传全村去为也，让其顺便将已康复的打牛带回家。自那以后，双方互相邀请，你来我往，进行了多次为也活动。

至2010年春节高传萨玛节期间，摆横已经是第四次应邀前来高传为也了。

三、2010年高传萨玛节期间为也的基本过程

继2009年春节之后，2010年春节期间高传再次举办萨玛节活动，与上年不同的是，本次萨玛节活动不必再"登艾"（daenl gaiv）——进行鸡骨卜寻找吉利的鸡腿骨，而只需用粗纱布把去年留下的鸡腿骨擦拭一下，称"叉艾"（sak gaiv）；同时，本次萨玛节邀请外村来为也，是上年那次萨玛节所没有的。因《2009年贵州高传村萨玛节实录》一文，已对高传村2009年正月间举行的萨玛节进行了比较详尽的叙述，故本文只侧重记录2010年高传村萨玛节期间为也的基本环节与过程。

---

1. 贵州省黔东南的黎平、从江、榕江、雷山、台江、凯里等县市的苗族、侗族有斗牛的传统，一般是村寨集体出资购买那些健壮、凶狠、好斗的公水牛，请专人用精饲料喂养，专门用于比角，称"打牛"。

▲ 高传村寨老在萨玛屋集会，决定当年转寨并为也/吴定勇 摄/2010年

（一）节日准备

2010年正月初一（公历2月14日）大清早，管萨人王家英代表村寨悄悄到萨玛屋开门扫祭，烧香敬茶，然后敞开萨玛屋大门。

初一中午，晨饭过后，寨老们齐聚萨玛屋，火塘里燃起大火，在祭师王光华主持下举行"叉艾"仪式。接着，寨老们综合村寨近年来的各种情况，以及"三年踩歌堂，五年斗牯牛"传统，决定今年春节期间继续举行萨玛节活动；并在征得村干部同意、支持的前提下，决定萨玛节期间邀请摆横村来为也，而且把日期定下：正月初六迎客，初八转寨巡游，初十送客，对为也客人的饮食招待采取集体聚餐和分派到户相结合。

接下来，一方面派人到摆横村下请帖；一方面在全村（高传大寨和高传小寨）范围内分成4个片区各自集资，每户收取数百元，用来购买生猪、蔬菜、米酒等，以备集体聚餐之用；此外，通知各家各户也要有所准备，因为客人到来之后的头两餐要分派到户分别招待。

▲ 摆横客人进村走向鼓楼坪，高传村芦笙队上前迎客，主客寨芦笙队汇合／吴定勇 摄／2010年

（二）迎客

到了正月初六（公历2月19日），从初三开始连续3天的新娘回门的彩礼迎送活动已经结束，人们从繁忙的婚嫁礼俗中缓过气来，组织了芦笙队，准备好礼炮（包括铁炮和鞭炮），准备迎接摆横客人。

当天下午4时许，摆横客人如期而至，七人组成的芦笙队打头，边走边吹奏芦笙曲，后面跟着长长的队伍，以中青年男女居多，绝大多数身着传统的苗族服装。这是由山路步行前来的为也队伍，是为也"大部队"，有近两百人。另有一些客人或骑摩托或乘汽车，先后沿着榕往（榕江—往洞）或新—往（新民—往洞）公路绕道而来。

摆横村为也大部队进入高传村以后，沿着村道，浩浩荡荡开向位于寨子中心的高传大寨的鼓楼。鼓楼坪上，高传的寨老、村干、芦笙队和一众村民已经等候多时，甫一见到客人队伍出现，高传芦笙队立即吹奏迎客曲，并趋步近百米上前相迎。会师后，主、客寨的芦笙队合在一起，一边吹奏一边走向鼓楼坪。

▲ 高传村集体宴客场面／吴定勇 摄／2010年

几乎与此同时，砰—砰—砰，三声铁炮响起，接着鞭炮齐鸣，高传以热烈的礼炮欢迎客人的到来。

（三）分客到户

前文说过，侗族农村的餐饮，农忙季节一日三餐，分晨饭、晌午和晚餐；农闲时节一般只吃晨饭和晚餐。此外，有些人有时还过早，相当于一般意义上的早餐。侗族为也，一般只正式招待晨饭和晚餐，但客人住宿的人家也常以炒米、糍粑、侗果、油茶等招待客人过早和消夜。

摆横客人一到，就被集中在鼓楼坪上列好队形，清点人数。

然后，在高传村村组干部的主持下，高传大小寨8个村民小组的村民被分成两批，第一批1、3、5、7组负责当天晚上的接待，当场就把客人三三两两地请走。

2、4、6、8组负责次日上午的晨饭，也是在村组干部的主持下，先于上午9时许广播通知客人到鼓楼坪聚集，再由主寨各家各户三三两两地把客人请走。

侗家人非常热情好客，其实不用村组干部主持分客，也不会让客人挨饿，只是那样一来，主寨各家请到的人可能多寡不均，而且有些客人（在主寨熟人故旧较多者）则可能会很抢手，有些客人（在主寨没有熟人者）则可能相对被冷落，不利于增进主客寨村众之间的友好交流。由村组干部主持分客，正是为了避免类似情形的发生。

这次为也，除了客人刚刚到来的第一、第二餐分客到户之外，此后每天的正餐——晨饭和晚餐，都是分成4个片区，在村巷的空地上摆坝坝宴集体招待客人。

客人晚上的住宿，一般就由客人初到时落脚的人家负责，但如果其家庭条件不方便，其他条件好的家庭也欢迎更多的客人去住宿。

（四）宴客

侗族为也的宴客，分家庭招待和集体招待。

家庭招待，是各家各户从鼓楼坪、村巷里拉走几位或更多的客人，杀鸡宰鸭，准备鱼肉、米酒，像招待亲戚朋友一样招待客人。席间，主人频频举杯劝酒，为客人添饭、夹菜。酒过三巡，兴之所至，还会猜拳行令、唱敬酒歌，酒香和着酒令声弥漫整个村寨。

集体招待，是整个村寨合在一处或分成若干片区，各家各户分别携带酒菜或集资备办酒菜集体宴客。本次高传为也，除了头两餐之外，都是分成4个片区集资备办酒菜集体宴客。菜有串串肉、红肉、牛（羊）瘪、腌鱼[1]、火锅、农家小炒、水煮青菜（白菜）等，酒是家酿米酒。

酒席有时摆成长桌宴，宾主面对面成两排相向而坐；有时是在一块空地

---

1. 请见"志略"部分"串串肉""红肉""牛（羊）瘪""腌鱼"等条。

▲ 高传集体宴客场面／吴定勇 摄／2010年

▲ 宾主分别用苗语、侗语唱敬酒歌／吴定勇 摄／2010年

上摆上许多低矮的小圆桌，每桌七八人，宾主搭配而坐。

此次高传招待摆横客人，除了头两餐分散到户之外，从正月初七的晚餐开始，全部是集体宴客，笔者作为采风客人有幸参与了几次集体宴客的晨餐和晚餐，深度参与、体验了高传村此次集体招待客人的宴席。

高传此次集体宴客并不是全部集中在一块，而是根据居住群落分成小寨、大寨东岸上头、大寨东岸下头、大寨西岸4个片区，各个片区各自集资备办酒菜。

各片集中一处，在村巷内平旷处搭起简易炉灶野炊，就地煮饭炒菜，就地摆开宴席。有的摆成传统的长桌宴；有的则一桌一桌地分开摆，每桌七八人。虽然各片各办，但基本上都是顿顿杀猪或宰牛，烹制成红肉、牛瘪、串串肉等菜肴；多数时候还在桌子中间的火盆上架个火锅，用猪或牛的下水、肉片、蔬菜等下火锅。酒水一律是侗家自酿的米酒，用瓷碗当酒杯。

尽管分成了4个片区开宴，但宾主加在一起，各个片区还是不下百人。由于人多热闹，各个宴席场面都非常隆重热烈，劝酒声、酒歌声、酒令声总是此伏彼起，混成一片，而且随着酒劲上来越来越热闹。除了敬酒、夹菜，好客的主人还时不时用筷子夹起肉块直接送进客人的嘴里。那些彼此非常熟稔且年龄、辈分相当的主宾，彼此还专门夹些大块肥肉送进对方嘴里，接受的一方吃又吃不下、吐又不礼貌，其尴尬难堪之状常常引起哄堂大笑。

尤其是主宾双方各操一种语言（侗语或苗语），尽管有一部分人听得懂对方简单的日常用语，但一般都不能用对方的语言来唱歌，因此，在酒歌唱和时，通常是我用侗歌唱、你用苗歌和，融洽而逗趣。由于语言不通，这种唱和有时难免驴唇不对马嘴，引得在场的明白人会心一笑。

（五）公祭请萨和转寨巡游

这年的正月初八（公历2月21日），是高传村本次萨玛节的主体和高潮。

大年初一扫祭和"叉艾"之后，间歇了6天的萨玛节活动今天又重振旗鼓，进行隆重的公祭请萨和转寨巡游。公祭请萨和转寨巡游的基本环节和过

▼ 祭萨转寨前主寨和客寨芦笙队在萨玛屋下的坪子上吹奏／吴定勇 摄／2010年

▲ 哆耶队伍里有侗族小伙和客寨的苗族姑娘（如前排左一、左四）／吴定勇 摄／2010年

程，与上一年的基本一致。所不同者，是今年的巡游队伍里多了许多陌生的新面孔，他们就是前来为也的摆横村客人。

笔者现场发现，寨老队里有苗族老人，其后面长长的游行队伍里也夹杂着许多苗族中青年男女，他们和高传村众一道汇集萨玛屋祭萨、分享萨玛茶之后，又随着巡游队伍沿着村内干道游了一圈，然后来到寨尾的"萨堂"祭祀，接着又回到萨玛屋，最后以众多青少年参与的哆耶收尾。

尤其显眼的是客寨的芦笙队，它先与主寨的芦笙队在萨玛屋下面的坪子上互相唱和地吹奏，供众人欣赏；之后又加入巡游队伍，在行进的过程中与主寨芦笙队遥相唱和，为节日平添了许多热闹的氛围。

如果为也来客是侗族村寨，参加萨玛节的客人还会同主人开展哆耶的唱和。尽管这批摆横客人系苗族，尽管不能参与哆耶，但他们在哆耶环节也不纯粹当看客，而是与侗族同胞手拉着手站在哆耶队伍中。

（六）饯行

根据侗族为也的习俗，要留住客人三宿、五宿、七宿或更久，留客宿数须为单数，以寓意留有余地，今后双方还会继续往来。高传村此次邀请摆横村为也，初六客到，初八祭萨、游寨，打算最早于正月十一送客，以凑足至少五宿。而摆横客人刚住满三宿，执意于初九就要回家。眼见实在挽留不住了，主人无奈只好杀猪宰牛，予以饯行。

正月初九（公历2月22日）上午的晨饭，高传村大小寨还是分成四个片区，摆坝坝宴集体宴客。酒菜还是那么丰盛，主人还是那么热情，只是这个午宴吃得格外地久，人们似乎想把说不完的话、唱不完的歌、喝不完的酒，尽量说、尽量唱、尽量饮。

酒席间，平日常见的猜拳打码的声音没有了，但见宾主频频举杯，酒歌唱和，我唱留客歌，你诉离别情。当有人唱到"如果今天的离别实在不能避免，但愿明年今日早早回"一句时，在场的宾主有的低声叹息，有的嘘嘘唔叹，有的甚至不能自已痛哭失声。

▼ 临别，客寨芦笙队吹奏告别曲／吴定勇 摄／2010年

（七）送别

正月初九下午15时许，砰—砰—砰，三声铁炮响过，芦笙响起，鞭炮大作，客队就要启程了，送别的时刻终于到了，半醉或酩醉的人们才从酒桌边摇摇晃晃地站起来。酒精似乎赶尽了离愁，宾主喜笑颜开，互用锅灰、颜料涂抹颜面，个个都成了大花脸。

主寨家家户户拎出用糯米草包裹的糯米饭团和腌鱼、腌肉，赠予客人以作中途食用的"晌午"饭。

主寨姑娘们则赠以面巾、手帕、花带等，这些纪念

▼ 主人帮客人挑着晌午饭包，送一程／吴定勇 摄／2010年

▲ 送客，离别队伍途中依依难舍／吴定勇 摄／2010年

品都挂在一根根小竹竿上，像一杆杆漂亮的小旗子。

姑娘和中青年妇女还拿出煮熟的红蛋，装在用五色丝线编织的网兜里，像哄孩子一样戏谑地挂到客人的脖子上。

主寨集体赠送的礼物是四头黄牛，以示"留尾巴"，寓意主客寨之间情谊深厚，为也还将继续。

挑着"午饭"，扛着旗杆，挂着红蛋，牵着"尾巴"，宾主相送，一程又一程，送出村外的田野，翻过寨尾的山坳，直到金乌西坠，天色向晚，人们才互道珍重，依依惜别。

或许是一两年内，或许是更久以后，高传村又会以客人身份醉卧摆横；而对方也将再次应邀来做客，双方你来我往，将这段兄弟情谊延续下去。

参考文献

1. 黄才贵. 女神与泛神: 侗族萨玛文化研究[M]. 贵阳: 贵州人民出版社, 2006.

2. 黄才贵. 贵州民族文化论丛[M]. 贵阳: 贵州人民出版社, 2009.

3. 吴秋林. 中国土地信仰图像人类学志——以贵州为例[M]. 北京: 民族出版社, 2009.

4. 吴芳. 女神信仰与艺术[D]. 广西民族大学硕士学位论文, 2011.

5. 张琦. 贵州黎平县六甲侗寨"萨"文化研究[D]. 贵州民族大学硕士学位论文, 2013.

6. 黄平. 侗族萨玛文化的创造性转化研究[D]. 广西民族大学硕士学位论文, 2011.

7. 张民. 萨岁考略[J]. 贵州民族研究, 1982, (3).

8. 张民. 试探"萨岁"神坛源流[J]. 贵州民族研究, 1991, (4).

9. 邓敏文. "萨"神试析[J]. 贵州民族研究, 1990, (2).

10. 席克定. 侗族"萨岁"试论[J]. 贵州民族研究, 1993, (3).

11. 石开忠. 宗教象征的来源、形成与祭祀仪式——以侗族对"萨"崇拜为例[J]. 贵州民族学院学报(哲学社会科学版), 2005, (6).

12. 黄才贵. 侗族堂萨的宗教性质[J]. 贵州民族研究, 1990, (2).

13. 吴文志. 萨岁为女娲神考略[J]. 贵州民族研究, 1990, (2).

14. 吴能夫. 侗族萨崇拜来源再探[J]. 怀化师专学报, 1993, (4).

15. 杨通山. 三乡萨神崇拜调查[J]. 贵州民族研究, 1990, (2).

16. 吴文志. 萨岁为女娲神考略[J]. 贵州民族研究, 1990, (2).

17. 吴世华. 侗"萨"时代初探——三江林溪萨神遗迹调查[J]. 贵州民族研

究，1990，（2）.

18. 张民. "萨天巴"质疑——兼说侗族的至高无上女神萨岁[J]. 贵州民族
   研究，1990，（2）.

19. 张民. 关于侗族"萨"神的调查报告[A]. 贵州省民族研究所编. 贵州
   民族调查（之九）[C].

20. 向零. 从江县九洞侗族社会组织与习惯法[A]. 贵州民族研究所编. 贵
   州民族调查（之三）[C].

21. 向零. 一本珍贵的侗族古籍——《东书少鬼》[J]. 贵州民族研究，
   1990，（2）.

22. 过伟. 侗族史诗与萨天巴神系[J]. 广西社会科学，1986，（2）.

23. 苗延秀. 侗族远古之神"萨天巴"是杜撰出来的吗？——致侗族文学学
   会的公开信[J]. 民族艺术，1990，（4）.

24. 吴定勇. 九洞侗族萨岁崇拜论[J]. 西南民族学院学报（哲学社会科学
   版），1994，（3）.

25. 石开忠. 宗教象征的来源、形成与祭祀仪式——以侗族对"萨"崇拜为
   例[J]. 贵州民族学院学报（哲学社会科学版），2005，（6）.

26. 胡雪梅. 跨视域中的萨玛神原型研究[D]. 广西民族大学硕士学位论
   文，2011.

27. 杨昌垠，吴平. 侗族萨玛节[J]. 凯里学院学报，2008，（5）.

28. 杨军，黄艳. 侗族萨文化研究——以广西龙胜各族自治县为例[J]. 宗教
   学研究，2011，（2）.

29. 石佳能，廖开顺. 侗族神话与侗族先民的哲学观[J]. 民族论坛，1996，
   （1）.

30. 石佳能. 侗族神话的民族特色与艺术内涵论析[J]. 民族论坛，1991，（2）.

31. 过伟. 侗族女神群与希腊女神群之比较研究[J]. 民族艺术，1990，（2）.

32. 张泽忠. 侗族萨玛节与萨玛神民间信仰[J]. 百色学院学报，2012，（5）.

33. 张泽忠. 萨玛神的"元信息"解读——侗族大神母研究系列之一[J]. 百色学院学报，2010，(5).

34. 吴国春. 侗族"萨玛节"与过侗年[J]. 理论与当代，2011，(2).

35. 龙耀宏. 侗族"萨神"与原始"社"制之比较研究[J]. 贵州民族学院学报（哲学社会科学版），2011，(2).

36. 杨金江，石本忠. 广西龙胜萨文化调查报告[A].榕江侗族"萨文化"学术讨论会论文[C]. 1989.

37. 何星亮. 土地神及其崇拜[J]. 社会科学战线，1992，(4).

后记

　　小时候，我们没听说过萨玛节，但那时候十里八村经常举办各种各样祭祀萨玛的活动，无论是参与其中，还是只在一旁看热闹，我们都是兴趣盎然，兴奋莫名。

　　笔者老家是贵州省从江县九洞地方，位于南部侗族地区腹地黎（平）榕（江）从（江）三县交界处，大致相当于撤区并乡后的从江县往洞乡（今往洞镇）。大约是1978年暑假的一个大热天，我们几个小学生跟随生产队一大群队员上山劳动。晌午休憩时，有位社员捡起一块赭石在牛棚的门板上题了一副"对子"："六月炎炎人真倩，不知何年粮关过"。几名识字的社员们读后议论纷纷，表示赞同。现在想来，这副"对子"写出了当时社员们身心俱疲的精神状态（那时生产队经常组织加班夜战，加上吃不饱肚子，人们很容易疲倦且生产积极性不高），以及不知何年何月才能吃上饱饭的绝望心情。

　　好在不久之后，我们那里就实行包产到户，开始一家一户分开劳作，虽然场面上不再是那么热热闹闹了，也没人挑灯夜战了，可是打下来的粮食却成倍地增多，人们的温饱问题很快得到了解决，半年糠菜半年粮的艰难岁月终于成为历史，一种充斥着痛苦和饥饿的历史。

　　包产到户以后，侗族民间许多过去被视为封建迷信、牛鬼蛇神而惨遭禁锢和打击的传统民俗事项也纷纷恢复，且因长期禁锢之后的有力"反弹"而一度十分活跃。在这些浩劫之后重获新生的传统民俗事项中，就包括各地大体一致却又不尽相同的各种祭祀萨玛的活动。

　　那时九洞地方各个侗族村寨的萨玛神坛都还未曾荒废，每月初一、十五都有管萨人前去洒扫、祭拜、献茶。过年期间，许多村寨举行隆重的祭萨仪式，然后请出萨神与村众一道转寨游行，有时还走进位于田坝里的踩歌堂起舞哆耶，人神共乐，祈祷丰年。

那时每年插秧之前，各个村寨都要举行隆重的"开秧门"仪式，由"活路头"擎起萨伞走在前面，带领长长的盛装队伍巡游整个村落和田坝，意在请出萨玛巡查护佑，以保一方清吉、五谷丰登。

那时九洞地方盛行牛打架。秋收之后的农闲时节，每逢亥日，九洞全款各个村寨簇拥着各自的"牛王"（集体精心喂养，专门用于角斗的公水牛），浩浩荡荡开赴坪楼牛堂参加斗牛盛会，一路旌旗招展、锣鼓喧天。而每次出发之前，均须举行隆重的祭祀和请萨仪式，请动萨神随队出征，求其保佑我方"牛王"神勇无敌，战胜对手。

那时候村寨之间的为也同样很流行，今年你请我，明年我请你，经常是一个村寨几乎倾巢而出到另一个村寨做客三天、五天或更久。这期间，宾主之间除了欢聚畅饮，还举行对大歌、演侗戏、吹芦笙等娱乐或比赛活动。为了保证出门在外平安顺遂和赛事得利，出门做客的一方出发之前也要举行隆重的祭萨仪式，请求萨玛随行护佑，以图逢凶化吉、遇难呈祥。

……

二十多年前，我离开九洞外出求学、工作。从那时起，家乡也在不断地发生着惊人的变化，以致此后我每一次回乡都会感到莫名的陌生，甚至失落而怅惘。

家乡变化的起因，主要是兴起于20世纪90年代中早期的打工潮。由于打工，绝大多数青壮年走出大山、进入城市；由于打工，过去几乎只有一点农耕收成的村民终于有了较为可观的"工资"收入；由于打工，越来越多的山里人过上了城市的生活……于是，寨子空了，青壮年成群结队外出"淘金"，只剩下老人、小孩和一部分妇女；人情淡了，大家都忙于挣钱，疏于沟通和往来；人心变了，人们越来越具有"经济头脑"，甚至把钱看得重于一切，以挣钱作为所有行动的出发点。

作为上述一系列变化的连带结果是：田地荒了，因为种田一年不及打工两月之收入；歌堂废了，因为年轻人学会了城里人的恋爱方式，无须通过行歌坐夜来寻偶；戏台拆了，因为村寨空心化，传统侗戏已经既无演员又缺观众。当然，斗牛、为也、转寨、进踩歌堂等全村性（甚至全款性）的大型传统民俗事项，就更加难得举办了，因为这些民俗事项既不挣钱，也由于青壮年大量外出而失去了活动的主体。

所以，几年前成功申报"中国节日志·萨玛节"项目之后，笔者马上面临着一个不小的难题：到哪儿去寻找萨玛节？

侗族民间，过去并没有明确将祭祀萨玛的祭会或庆典视为节日，当然也就没有相应的节日称谓。自从贵州省榕江县申报的侗族萨玛节2006年进入第一批国家非物质文化遗产名录之后，侗族总算有了国家承认的萨玛节。可是，此时侗族民间自发举办的大型祭萨庆典已经变得十分稀少，十里八村现在仍然举办隆重祭萨仪式的十不逮一，要在三四年之内找到有代表性且足够多的"萨玛节"进行现场采访实录颇不容易。官方或半官方组织举办的"萨玛节"倒是有一些，但多属移花接木、随意拼凑而"官味"十足，有时甚至一年中在同一社区举办多次"萨玛节"，十分离谱。故而，笔者只能寻找民间自发举办的萨玛节。

后来，"中国节日志·为也"被取消单独立项而并入"中国节日志·萨玛节"项目来采写，于是，本课题组的寻找目标又增加了"为也"

项，寻找之路变得更加艰巨而漫长。

幸亏得到王友先、王林宝、王老县、王为良、吴胜华等兄弟、子侄等的向导和帮助，笔者先后实地采访了从江县高传、增冲、则里、央里，榕江县寨头，黎平县银朝、三龙、寨高等村的萨玛节和为也。在吴定荣、吴定忠、吴挺、吴远周、吴国远、吴廷凯等兄弟的帮助下，笔者采访了黎平县宰拱、铜关等村的为也、萨玛节。在朋友潘正昌、梁中海、杨小勇等帮助下，笔者又采访了从江县高增、小黄等村的为也、萨玛节。本人执笔的综述、志略及数篇调查报告或专题报告，主要是基于上述各个侗族社区的实地调查采访材料完成的，在此，特向上述亲友道一声："谢谢！"

此外，广西龙胜各族自治县民族局龙政同志采访了该县宝赠侗寨的萨玛节，撰写了一篇节日实录报告；湖南省通道侗族自治县县志办的吴文志同志与石愿兵、林良斌合作采访了该县坪坦村新建萨坛的安殿仪式，合著了一篇专题报告。他们都提交了许多图片和视频。

本书顾问张勇系榕江县文化馆原馆长。张老治学严谨，在侗学研究方面著述颇丰，他对本书撰写提出了许多宝贵建议，还提供了不少珍贵的文献资料，对本书的完成颇有帮助。

中央民族大学的杨进铨老师、贵州民族大学的石开忠教授和西南民族大学的杨正文教授，作为评审专家，他们在给予本书高度肯定的同时，也就进一步修改完善提出了许多中肯的意见和建议。

需要特别感谢文化部民族民间文化发展中心的李松主任、张刚主任等领导以及王学文、崔阳等年轻学者，他们从多个方面对于本项目的完成给予了大力支持、指导和帮助。

当然，还要感谢本书责任编辑黄海龙同志，他以严谨、负责的工作态度和专业、精湛的业务水准，最终促成了本书的面世。

本书中，除了"2012年广西龙胜宝赠村祭萨节调查报告""2012年通道县坪坦村萨坛安殿活动专题报告"两篇分别由广西的龙政同志和湖南的吴文志、石愿兵、林良斌同志完成之外，其余"综述""志略"及另外几篇调查报告，均由本项目负责人吴定勇独立调查和撰写。

尽管此书很快将付梓面世了，但笔者却丝毫没有感到轻松和喜悦，反而心头一直慊慊的。这是出于以下两大原因——

其一，对于本书的完成笔者并不满意。尽管历经数载的田野调查，笔者及项目组成员跑遍南部侗族地区，先是苦苦追寻萨玛节，继而追寻同样难得一见的为也，然后伏案疾书，数易其稿，总算完成这一工作。但囿于我们的学识和水平，书中的不足和错误可能不在少数。尤其是一些节日现场的实录报告，背景材料和一般性介绍多，叙事性、纪实性和现场感不足，有些甚至缺少对基本过程完整、准确的叙述，特别是重要细节、重要场面的描写不多。还有，本书的综述部分，关于节日的起源、传承与流布，以及节日的变迁、地区差异与流行现状的阐述，如果作为一般性介绍也许无可厚非，但从为国修志的高度来衡量，从"志"本身所应具有的准确性、科学性来衡量，则可能差强人意。

其二，侗族萨玛节/为也的流行现状堪忧，前景不容乐观。尽管经过前述多年奔波于各地苦苦追寻，课题组总算在黔湘桂三省区个别侗族社区找到了已经难得一见的萨玛节/为也，但其神圣性、神秘性早已大不如前，与30年前简直不可同日而语，变得相当的简略和随意。更为严重的是，就是这样简略而随意的萨玛节和为也，眼下亦是难以为继，流行的范围越来越小，举办的次数越来越少，可谓"王小二过年，一年不如一年"。因而，我们不能不担心：再过一二十年，在侗族民间是否还能找到萨玛节？！

吴定勇

2016年4月于成都

图书在版编目（CIP）数据

萨玛节/吴定勇主编. -- 北京：光明日报出版社，2016.5
（中国节日志）
ISBN 978-7-5194-0623-3

Ⅰ．①萨⋯ Ⅱ．①吴⋯ Ⅲ．①侗族－民族节日－介绍－中国
Ⅳ．①K892.1

中国版本图书馆CIP数据核字(2016)第091587号

萨玛节

主　　编：吴定勇	
责任编辑：黄海龙	责任校对：傅泉泽
封面设计：龙　惠	责任印制：曹　诤

出版发行：光明日报出版社

地　　址：北京市东城区珠市口东大街5号，100062

电　　话：010-67078251（咨询），67078870（发行），67019571（邮购）

传　　真：010-67078227，67078255

网　　址：http://book.gmw.cn

E-mail：gmcbs@gmw.cn

法律顾问：北京德恒律师事务所龚柳方律师

印　　刷：北京华联印刷有限公司

装　　订：北京华联印刷有限公司

本书如有破损、缺页、装订错误，请与本社联系调换

开　　本：710×1000　1/16			
字　　数：236千字		印　　张：17.75	
版　　次：2016年5月第1版		印　　次：2016年5月第1次印刷	
书　　号：ISBN 978-7-5194-0623-3			
定　　价：70.00元